龙溪心学的传播与《西游记》研究

薛 梅/著

中国社会科学出版社

图书在版编目(CIP)数据

龙溪心学的传播与《西游记》研究/薛梅著. —北京：中国社会科学
出版社，2016.5
ISBN 978 - 7 - 5161 - 8099 - 0

Ⅰ.①龙… Ⅱ.①薛… Ⅲ.①心学—关系—《西游记》—小说研究
Ⅳ.①I207.419

中国版本图书馆 CIP 数据核字(2016)第 099830 号

出 版 人	赵剑英
责任编辑	熊　瑞
责任校对	周　昊
责任印制	戴　宽

出　　　版	中国社会科学出版社
社　　　址	北京鼓楼西大街甲 158 号
邮　　　编	100720
网　　　址	http://www.csspw.cn
发 行 部	010 - 84083685
门 市 部	010 - 84029450
经　　　销	新华书店及其他书店

印　　　刷	北京君升印刷有限公司
装　　　订	廊坊市广阳区广增装订厂
版　　　次	2016 年 5 月第 1 版
印　　　次	2016 年 5 月第 1 次印刷

开　　　本	710×1000　1/16
印　　　张	16
插　　　页	2
字　　　数	243 千字
定　　　价	56.00 元

凡购买中国社会科学出版社图书，如有质量问题请与本社营销中心联系调换
电话：010 - 84083683

目　录

绪　论

一　心学视野下的《西游记》研究——《西游记》与心学关系研究述评

《西游记》研究在中国古代小说研究的整体格局中并不突出。自明万历二十年金陵世德堂梓行的《新刻出像官板大字西游记》问世以来，版本繁多，但却一直没有出现像金批《水浒》、毛批《三国》、张竹坡批《金瓶梅》和脂砚斋批《石头记》这样成熟、优质且容易为读者所接受的文本批评来推动《西游记》文本的发展。五四时期，鲁迅、胡适等新文学大师及之后的郑振铎、孙楷第、赵景深、刘修业等学者，前后相继，共同确立、推动了现代《西游记》研究。新时期以来，《西游记》研究呈现出纵深、多元和强势发展的态势，使《西游记》研究在中国古代小说名著研究中的后进局面有了一定的改观。就目前《西游记》研究现状而言，主题、人物、版本、作者的研究持续走热，出版和发表了一定数量的论著、论文，论争此起彼伏，研究论题广泛、众多，如苏兴、刘怀玉等人的吴承恩研究①，陈新等

---

① 苏兴：《吴承恩年谱》，人民文学出版社 1980 年版；苏兴：《吴承恩小传》，百花文艺出版社 1981 年版；刘怀玉：《吴承恩论稿》，南京大学出版社 1991 年版；刘怀玉：《吴承恩与〈西游记〉》，东方出版中心 2008 年版。

人的版本研究①，张锦池、李时人等人的源流研究②，蔡铁鹰等人的成书研究③，朱一玄、刘荫柏等人的文献研究④，以及宋克夫等人的心学主题研究⑤等都比较突出，影响较大。这些有目共睹的成绩使《西游记》论坛呈现出纵向层面上的繁荣。为了推动《西游记》研究向宏观、整体性学科形态的挺进，近几十年间，《西游记》研究者以哲学与文学的关系为切入点，展开了《西游记》与心学关系的深入研究。

今存百回本《西游记》最早的刊本是明万历二十年（1592 年）金陵世德堂梓行的《新刻出像官板大字西游记》，而此"世德堂本"问世前的嘉靖后期至万历初年之间，正是王阳明心学最为昌盛、影响最为广泛的一个时期。故自《西游记》诞生之初，《西游记》与心学的关系就受到关注。近几十年间，从各个不同角度论证《西游记》与阳明心学关系的学者及相关论文论著逐年增多，以致《西游记》与"心学"成为了《西游记》研究中的热门话题之一。现以鲁迅《中国小说史略》的论述为界，将心学视野下的《西游记》研究分为前后两个阶段，对四百多年来《西游记》与心学的关系作一梳理。

（一）明清时期：序跋评点中的《西游记》与心学研究

明、清两代《西游记》研究者对于《西游记》主旨的认识基本一致，他们大都认为，《西游记》是一部阐发心性之学的"寓言"。也就是说，《西游记》是对心学的解读的观点，几乎在《西游记》问世之初就已经产生了。只是由于《西游记》毕竟涉及的是一个宗教题材，而佛道

---

① 陈新：《重评朱鼎臣〈唐三藏西游释厄传〉的地位和价值》，《江海学刊》1983 年第 1 期；陈新：《〈西游记〉版本源流的一个假设》，《首届〈西游记〉学术讨论会论文选》，江苏古籍出版社 1984 年版；陈新：《唐三藏西游释厄传·西游记传》合订本卷末《整理后记》，人民文学出版社 1984 年版；陈新：《再论〈西游记〉的版本源流》，《明清小说研究》（3），中国文联出版公司 1986 年版。

② 张锦池：《西游记考论》，黑龙江教育出版社 1997 年版；李时人：《西游记考论》，浙江古籍出版社 1991 年版。

③ 蔡铁鹰：《〈西游记〉之谜》，中州古籍出版社 1998 年版；蔡铁鹰：《〈西游记〉成书研究》，中国文联出版社 2001 年版；蔡铁鹰：《〈西游记〉的诞生》，中华书局 2007 年版。

④ 刘荫伯编：《西游记研究资料》，上海古籍出版社 1990 年版；朱一玄、刘毓忱编：《西游记研究资料汇编》，南开大学出版社 2002 年版。

⑤ 宋克夫：《宋明理学与章回小说》，武汉出版社 1995 年版；宋克夫、韩晓：《心学与文学论稿——明代嘉靖万历时期文学概观》，中国社会科学出版社 2002 年版。

两教也同样重视心性之学，故明清两代的《西游记》序跋评点中，在论述小说与心学关系时，多少会掺杂些许宗教意蕴和近乎参禅谈玄的呓语，这应该说是这一时期《西游记》与心学关系研究的特点。但我们对这些序跋评点做一番平心静气的考察，就能拨云见雾，明确明清两代的《西游记》研究者已经发现并从各自不同的角度开始尝试《西游记》与心学关系的研究。

金陵世德堂本所载明人陈元之《西游记序》堪称第一篇对《西游记》作出比较精到分析的文章。陈《序》云："旧有叙，余读一过。……其叙以为孙，狲也；以为心之神。马，马也；以为意之驰。八戒，其所八戒也；以为肝气之木。沙，流沙；以为肾气之水。三藏，藏神藏声藏气之藏；以为郛郭之主。魔，魔；以为口耳鼻舌身意恐怖颠倒幻想之障。故魔以心生，亦以心摄。是故摄心以摄魔，摄魔以还理。还理以归之太初，即心无可摄。"① 显然，陈元之在这里是赞成原叙者对《西游记》的认识的。尽管这段文字将小说中主要形象的象征性一一比附，未免牵强，但其强调"心生"、"心摄"观念，认为作品旨在演说心性修养之道的观点是十分明显的。因此，《西游记》原叙和陈元之《序》当可看作《西游记》与心学关系研究的发端。陈《序》之后，《西游记》的主旨关乎心性之学就成为明清《西游记》研究者的普遍认识。

盛于斯在《休庵影语·西游记误》中便说："盖《西游记》作者极有深意。每立一题，必有所指，即中间科诨语，亦皆关合性命真宗，决不作寻常影响。"② 所谓"关合性命真宗"，就是对《西游记》心性主旨的概括。

比陈元之稍晚的谢肇淛承此说并加以发挥，他在《五杂俎》中指出："《西游记》曼衍虚诞，而其纵横变化，以猿为心之神，以猪为意之驰，其始之放纵，上天下地，莫能禁制，而归于紧箍一咒，能使心猿驯伏，至死靡他，盖亦求放心之喻，非浪作也。"③ 这里，谢氏更加直接地将《西游

---

① （明）陈元之：《西游记序》，《西游记资料汇编》，南开大学出版社 2002 年版，第 225 页。

② （明）盛于斯：《休庵影语·西游记误》，朱一玄、刘毓忱编《西游记资料汇编》，第 316 页。

③ （明）谢肇淛：《五杂俎》，《西游记资料汇编》，第 315 页。

记》理解为"求放心之喻",显然是把作品的主旨与其产生时代以主张"心外无理"、"致良知"、"来心上做工夫"的阳明心学为主的社会思潮联系起来加以考察的。

托名李贽的《西游记》评点者在《批点西游记序》和第十三回总批中都云:"心生,种种魔生;心灭,种种魔灭",指出"一部《西游记》,只是如此,别无些子剩却矣"。① 而此评点本所署幔亭过客袁于令之《西游记题词》亦云:"言真不如言幻,言佛不如言魔。魔非他,即我也。我化为佛,未佛皆魔。……摧挫之极,心性不惊。此《西游》之所以作也。"② 此二者的论述多少带有一点宗教倾向,但他们观点契合,都认为此书旨在阐发修养心性,战胜自我心中魔障之理。对此,徐朔方先生《李卓吾评本西游记·前言》曾指出其评语用意之一就在于"阐明《西游记》的宗旨,即从心——人的内心与外界的交感,来探讨人生处世,并结合社会现实,寻求解脱"③。

清人张书绅的《新说西游记总批》直称《西游记》为"理学渊源":"《西游》一书,古人命为证道书,原证圣贤儒者之道。"④"《西游》一书,自始至终,皆言诚意正心之要,明新至善之学……上追洙泗之余风,下本程朱之正派。"⑤ 并说:"《西游记》是把《大学》诚意正心,克己明德之要,竭力备细,写了一尽,明显易见,确然可据。不过借取经一事,以寓其意耳。"⑥

清人刘一明的《西游原旨读法》也云:"《西游》即孔子穷理尽性至命之学。"⑦

清人王韬的《新说西游记图像序》称:"所历三灾八难,无非外魔。其足以召外魔者,由于六贼;其足以制六贼者,一心而已。一切魔劫,由

---

① 陈先行、包于飞校点:《(李卓吾评本)西游记》,上海古籍出版社1994年版,第168页。(全书所引《李卓吾先生批评西游记》中文字均出自此版本,以下不注出处。)

② (明)袁于令:《西游记题词》,《西游记资料汇编》,第223页。

③ 徐朔方:《(李卓吾评本)西游记》前言,《(李卓吾评本)西游记》,上海古籍出版社1994年版,第6页。

④ (清)张书绅:《新说西游记总批》,《西游记资料汇编》,第323页。

⑤ 同上书,第328页。

⑥ 同上书,第323—324页。

⑦ (清)刘一明:《西游原旨读法》,《西游记资料汇编》,第346页。

心生，即由心灭。此其全书之大旨也。"①

清人尤侗的《西游真诠序》中指出："盖天下无治妖之法，惟有治心之法，心治则妖治。记西游者，传《华严》之心法也。"②

综观明清时期的《西游记》序跋评点，可见他们对《西游记》的儒释道内涵用力甚巨，认为《西游记》是一部修心的寓言，既包括儒家的"存心养性之学"，也包括道家的"修心炼性之功"和佛家的"明心见性之旨"③。但这毕竟已经构成《西游记》与心学关系研究的一个重要阶段，拨开表面的三教迷雾，我们也不难从这些评点序跋文字中理出他们对于《西游记》所表现的主体意识的肯定和对作品主旨即人格自我完善的揭示。这无疑表明这些评点者已经从各自的角度发现并论证了《西游记》与心学的关系。

（二）后鲁迅时代：持续走热的《西游记》与心学研究

进入 20 世纪以后，鲁迅先生的《中国小说史略》在一定程度上认同了谢肇淛等人的说法，"假欲勉求大旨，则谢肇淛之'《西游记》曼衍虚诞，而其纵横变化，以猿为心之神，以猪为意之驰，其始之放纵，上天下地，莫之能禁，而归于紧箍一咒，能使心猿驯伏，至死靡他，盖亦求放心之喻，非浪作也。'数语，已足尽之。"④ 并转引了《西游记》中唐僧与众僧们议论佛门定旨，谈及"心生种种魔生，心灭种种魔灭"的语句。可见，鲁迅先生在《西游记》与心学的关系方面也与前人有些许同感。不过，这种同感是建立在一个大前提之上的，即鲁迅认为"作者虽儒生，此书则实出于游戏，亦非语道"⑤。与鲁迅同时代的胡适在《西游记考证》中也极力反对"把一部《西游记》罩上了儒释道三教的袍子"，认为《西游记》"并无'微言大义'可说……《西游记》至多不过是一部很有趣味的滑稽小说，神话小说；他并没有什么微妙的意思，他至多不过有一点爱骂人的玩世主义"⑥。稍后于鲁迅、胡适的研究者大都视该书为游戏性的神话

---

① （清）王韬：《新说西游记图像序》，《西游记资料汇编》，第 365 页。

② （清）尤侗：《西游真诠序》，《西游记资料汇编》，第 318 页。

③ 同上书，第 318 页。

④ 鲁迅：《中国小说史略》，齐鲁书社 1997 年版，第 133 页。

⑤ 同上。

⑥ 胡适：《西游记考证》，《中国章回小说考证》，上海书店 1979 年版，第 366—367 页。

小说，《西游记》与心学关系的研究由此停滞了近半个世纪。因此，笔者将鲁迅在《中国小说史略》中的以上论述作为《西游记》与心学关系研究的前后两个阶段之分界点。

直到 20 世纪 80 年代之后，学术界才重新开始留意心学对《西游记》的影响问题，使《西游记》与心学研究进入第二阶段。在这一阶段里，学者们旧题新说，各抒己见，使《西游记》与心学研究持续走热，持《西游记》阐扬"心学"观点的学者有增无减，已经成为当代《西游记》研究的热门话题之一。近几十年间，对《西游记》与心学关系做出综合研究的著作主要有宋克夫的《宋明理学与章回小说》①、宋克夫和韩晓的《心学与文学论稿》②、许总主编的《理学文艺论纲》③、张锦池的《西游记考论》④、刘勇强的《奇特的精神漫游——西游记新说》⑤、陈文新的《〈西游记〉：彻悟人生》⑥等，相关论文有近四十篇之多。归纳起来，这些论文、论著主要从《西游记》的主旨、人物形象、作者三个方面探讨《西游记》与心学之关系。

1. 心学视野下的《西游记》主旨研究

1982 年，刘远达先生在《思想战线》第二期上撰文，侧重探讨《西游记》与心学的关系，但主要是从心学对作品的负面影响立论的。他提出，《西游记》"是一部用心学来指导人们修心的书"，"是王守仁'心学'的艺术化，是'破心中贼'的政治小说"。⑦ 这里的"破心中贼"亦即从思想上瓦解农民起义。由于该文机械运用阶级分析的方法，过分强调作品与政治的关系，故曾遭到不少学者的批评。

刘远达以后，论著论文则多侧重于从阳明心学对作品的积极影响方面探讨《西游记》的心学主旨。论著方面，刘勇强先生在其著作《奇特的精神漫游——西游记新说》中就直接针对刘远达的观点进行立论，他认为，

① 宋克夫：《宋明理学与章回小说》，武汉出版社 1995 年版。
② 宋克夫、韩晓：《心学与文学论稿——明代嘉靖万历时期文学概观》，中国社会科学出版社 2002 年版。
③ 许总主编：《理学文艺论纲》，江苏教育出版社 2001 年版。
④ 张锦池：《西游记考论》，黑龙江教育出版社 1997 年版。
⑤ 刘勇强：《奇特的精神漫游——西游记新说》，生活·读书·新知三联书店 1992 年版。
⑥ 陈文新、乐云：《〈西游记〉：彻悟人生》，武汉大学出版社 2002 年版。
⑦ 刘远达：《试论〈西游记〉的思想倾向》，《思想战线》1982 年第 2 期。

"心学并非仅仅是'破心中贼'的哲学，在客观上还引发过思想解放。《西游记》受其影响，可以是其中强调个人主观的一面，小说极大地高扬了人的精神力量，充分表现了渴望摆脱自然和社会的种种束缚，追求不受任何辖制的绝对自由的意愿，正说明了这一点。"① 张锦池先生在《西游记考论》一书中，从文学思潮的角度提出《西游记》的创作主旨在于弘扬个性心灵解放，称该书为"以个性心灵解放为基础的文艺开山作"②。刘著和张著关于《西游记》与心学关系的观点可以说在这一论题上打开了思路。最早对《西游记》与阳明心学关系展开正面的专门化论述和全面系统探讨的著作是宋克夫先生早在 1995 年出版的《宋明理学与章回小说》及之后出版的《心学与文学论稿》，宋克夫先生在书中对《西游记》的心学主旨进行了专门讨论，他认为："《西游记》确实是一部弘扬主体人格并要求这种人格'正心诚意的理学书'"③，"阳明心学则认为'心外无理'，强调'良知'的主观性，在道德修养上主张'自明本心'、'反身而诚'，要求主体能动地以伦理自省的方式达到人格的自我完善。这两种道德完善的方式在《西游记》中都得到了不同程度的反映"④。应当说，宋著的分析是较为客观和透彻的，在刘著和张著的基础上，进一步提出了作品在"人格的自我完善"方面与明代心学的契合之处，使读者更能理解《西游记》心学主旨的前后一致性。除此之外，许总主编的《理学文艺论纲》也专设"《西游记》：艺术化的心学"一节，详细探讨小说行文中所体现的心学意识和心学要素。而 20 世纪末，袁行霈主编的《中国文学史》指出，"心学的基本思想是'求放心'、'致良知'，即使受外物迷惑而放纵不羁的心，回归到良知的自觉境界。小说特别选用了'心猿'这一典型的比喻躁动心灵的宗教用语来作为孙悟空的别称"，就是"想通过塑造孙悟空的艺术形象来宣扬'明心见性'"⑤。这样就比较正式地把《西游记》与阳明心学的关系写入了高校教材，从而得到了学术界的广泛接受和认可。

---

① 刘勇强：《奇特的精神漫游——西游记新说》，上海三联书店 1992 年版，第 50 页。
② 张锦池：《西游记考论》，黑龙江教育出版社 1997 年版，第 293 页。
③ 宋克夫、韩晓：《心学与文学论稿——明代嘉靖万历时期文学概观》，第 77 页。
④ 同上书，第 104 页。
⑤ 袁行霈主编：《中国文学史》第四卷，高等教育出版社 1999 年版，第 152—153 页。

　　论文方面，金紫千先生在《也谈〈西游记〉的主题》中认为："《西游记》是通过神话故事形象地喻明一个'求放心'的道理。"① 王齐洲先生的《〈西游记〉与宋明理学》一文研究了《西游记》与主张"明心见性"的王阳明心学的密切关系，指出《西游记》是艺术化的心学，但却比心学更为注重现实，肯定人欲。② 杨俊先生的《试论〈西游记〉与"心学"》提出："《西游记》的诞生过程与中国哲学史上的'心学'的发展历程是同步的"，"倘若寻求《西游记》思想意蕴的直接联系，阳明心学便是十分重要的组成部分"，"《西游记》不仅在大的框架、总体构思上依据了心学的基本思想，而且结合小说艺术的实际，在某种程度上突破和超越了心学"③。应当说，金紫千、王齐洲、杨俊等人对于《西游记》与心学的关系有所涉及，但并未展开论证，而宋克夫教授在《湖北大学学报》上撰写的《吴承恩与明代心学思潮及〈西游记〉的著作权问题》④ 及《主体意识的弘扬与人格的自我完善》⑤ 两篇文章仍应是较早正面、全面、专门探讨《西游记》心学主旨的学术论文，文章从《西游记》的作者考证和孙悟空的形象分析入手，深入探讨了《西游记》的主旨及其与明代心学思潮的密切联系。黄霖先生在《关于〈西游记〉的作者和主要精神》中对作品主题进行了主观和客观的分析，认为写定者在改造和加工"西游故事"时，"纳入了时尚的心学框架"，主观上是想宣扬"明心见性"的"心学"，而客观上却"弘扬了人的自我价值和对于人性美的追求"。⑥ 除此而外，潘富恩先生的《谈阳明心学与〈西游记〉的心路历程》⑦、冯巧英先生的《论〈西游记〉的心性说主题》⑧ 及朱恒夫先生的《〈西游记〉：艺术化了的心学》⑨、毛晓

---

　　① 金紫千：《也谈〈西游记〉的主题》，《文史哲》1984 年第 2 期。
　　② 王齐洲：《〈西游记〉与宋明理学》，《天津社会科学》1992 年第 4 期。
　　③ 杨俊：《试论〈西游记〉与"心学"》，《云南社会科学》1993 年第 1 期。
　　④ 宋克夫：《吴承恩与明代心学思潮及〈西游记〉的著作权问题》，《湖北大学学报》1996 年第 1 期。
　　⑤ 宋克夫：《主体意识的弘扬与人格的自我完善》，《湖北大学学报》2000 年第 2 期。
　　⑥ 黄霖：《关于〈西游记〉的作者和主要精神》，《复旦学报》1998 年第 2 期。
　　⑦ 潘富恩：《谈阳明心学与〈西游记〉的心路历程》，《运城高专学报》1997 年第 1 期。
　　⑧ 冯巧英：《论〈西游记〉的心性说主题》，《运城高专学报》1997 年第 1 期。
　　⑨ 朱恒夫：《〈西游记〉：艺术化了的心学》，《东南大学学报》1999 年第 4 期。

阳先生的《修心与修命——〈西游记〉"心性修持观"与王畿"性命合一论"比较》①、易翔宇先生的《心化"西游"——论明代阳明心学在〈西游记〉中的投影》② 等文章中都认为《西游记》是受到阳明心学影响的，"是对明代阳明心学的一种解读"。程毅中先生在《心经与心猿》③ 一文中虽不赞成《西游记》从一开始就是对王阳明心学的艺术解读，但指出在小说最后写定的过程中，还是融进了心学哲理的。杨国学先生在 2006 年连云港国际《西游记》学术研讨会上提交的《宋明理学心性论与〈西游记〉的心学观》一文从分析《西游记》产生的思想文化背景入手，探讨了以阳明心学为主的宋明理学心性论对《西游记》的影响。

当然，当代学者中也有人对《西游记》的心学主旨提出质疑的，如石钟扬先生认为，"求放心"说"不仅不是《西游记》大旨，而且有违百回本《西游记》之大旨"④。不过他的这一观点很快遭到了学者的反对，王欢、竺洪波先生在《也说"求放心"说与百回本〈西游记〉之大旨》一文中就提出："对心学与《西游记》的关系，'求放心之喻'的主题观似不能作彻底否定。"⑤

2. 心学视野下的《西游记》人物形象研究

探讨《西游记》与阳明心学的关系，离不开对《西游记》中主要人物形象的分析。因此，这一阶段的许多学者，除了单纯挖掘作品的心学主旨外，还着力通过分析《西游记》中的主要人物，尤其是通过孙悟空的形象分析，来探讨作品与阳明心学的关系。

张锦池先生在 20 世纪 80—90 年代初连续发表了《〈红楼梦〉与〈西游记〉人性观的比较研究》⑥、《论孙悟空的血统问题》⑦、《论孙悟空形象

①　毛晓阳：《修心与修命——〈西游记〉"心性修持观"与王畿"性命合一论"比较》，《福州师专学报》2001 年第 3 期。
②　易翔宇：《心化"西游"——论明代阳明心学在〈西游记〉中的投影》，《五邑大学学报》2004 年第 2 期。
③　程毅中：《心经与心猿》，《文学遗产》2004 年第 1 期。
④　石钟扬：《"求放心"说有违百回本〈西游记〉之大旨》，《淮海工学院学报》2007 年第 3 期。
⑤　王欢、竺洪波：《也说"求放心"说与百回本〈西游记〉之大旨》，《淮海工学院学报》2008 年第 2 期。
⑥　张锦池：《〈红楼梦〉与〈西游记〉人性观的比较研究》，《北方论丛》1985 年第 4 期。
⑦　张锦池：《论孙悟空的血统问题》，《北方论丛》1987 年第 5 期。

的演化与〈西游记〉的主题》①、《论〈西游记〉的著作权问题》② 等文章，认为《西游记》把孙悟空"写成具有'童心'的'真人'并从而寄寓了作者对人性问题的认识"，"孙悟空的形象定型于个性解放思潮的崛起，其血管里又最后注入了明代中叶以后由于资本主义萌芽的出现而产生的个性解放思潮的血"，"世德堂本实际上是'童心者之自文'，它把美猴王写成'自然人'形象，直到成为斗战胜佛亦不失其为天性，这在人性观上与《焚书·童心说》思想是吻合的"。

宋克夫先生对张锦池先生的观点给予了认同，并对孙悟空的形象进行了进一步的阐释，他在《吴承恩与明代心学思潮及〈西游记〉的著作权问题》及《主体意识的弘扬与人格的自我完善——孙悟空形象塑造新论》两篇文章中，认为"《西游记》通过孙悟空这一形象的塑造，高度弘扬了主体意识，同时强调了主体人格的自我完善"，"这一思想显然来自于明代心学思潮"。在其著作《宋明理学与章回小说》及《心学与文学论稿》中也专列"孙悟空的主体意识"和"孙悟空的人格完善"进行论述。可以说，宋克夫先生的论述较之张锦池先生对于孙悟空形象与明代心学关系的涉及而言，显然更加深入和系统，在正面讨论《西游记》人物与心学关系方面走在了前列。

除此之外，张晓先生在《孙悟空的人格与明代中后期人文主义思潮》中通过对以心学为代表的明代思想界所形成的思潮和《西游记》中孙悟空形象的分析，认为"《西游记》中的孙悟空所具有的自尊型人格，反映了那个时代提倡的……近代人文主义精神"③。黄霖先生的《关于〈西游记〉的作者和主要精神》也认为："从孙悟空出世到大闹天宫，作品通过刻画一个恣意'放心'的'大圣'，在有限度而不自觉中赞颂了一种与明代文化思潮相合拍的追求个性和自由的精神。"朱恒夫先生在《〈西游记〉：艺术化了的心学》中指出："孙悟空修性成功的事例亦表现了王阳明人人皆可成圣的心学思想。"

---

① 张锦池：《论孙悟空形象的演化与〈西游记〉的主题》，《学术交流》1987 年第 5 期。
② 张锦池：《论〈西游记〉的著作权问题》，《北方论丛》1991 年第 1、2 期。
③ 张晓：《孙悟空的人格与明代中后期人文主义思潮》，《明清小说研究》1996 年第 2 期。

　　进入 21 世纪，这一问题的探讨并未停滞，张小龙先生的《个体生命意识的激荡》① 认为，孙悟空的"善生"、"恶死"与当时心学思潮的强大影响力和其形成的珍视个体生命的时代氛围有密切关系。李建栋、王丽珍先生的论文《从"天马行空"到"从心所欲不逾矩"》② 对孙悟空前后六个名号进行了分析，认为孙悟空这一文学形象是在王氏心学思想的影响下诞生的。石麟先生在《孙悟空的多层文化解读》中也提出："孙悟空是人类心灵放纵与收束的象征"，"孙悟空这只'心猿'是在宋明心学的影响之下，又结合许许多多传统文化积淀而形成的一种具有哲学意味的象征物"③。

　　当然，心学视野下的《西游记》人物形象研究并不仅限于对孙悟空形象的探讨上，对猪八戒、唐僧等人物也有涉及。如邓轶芳先生的《呆子的童真与对人生欲望的追求——猪八戒形象新论》④ 和霍雅娟先生的《神魔皆有人情、精魅亦通世故——从猪八戒形象看明代市民意识》⑤ 二文就从分析猪八戒形象入手，认为"八戒形象明显地带有明代后期启蒙思想的印记"，正是在明代心学思潮的影响下，《西游记》在猪八戒身上表现了作者对人欲的宽容态度。对于唐僧，易翔宇先生在《心化"西游"——论明代阳明心学在〈西游记〉中的投影》中分析，唐僧的为善大都适得其反，"但从唐僧自己来看却是在本着自己的良知行事，这正合了王阳明对良知的论述"⑥。杨俊先生的《试论〈西游记〉与"心学"》对作品中的这些人物形象进行了总体论述，指出："唐僧师徒取经的核心，就是求得'放心'，寻找失去的善良本心。孙悟空从猴王到孙行者、斗战胜佛，猪八戒

　　① 张小龙：《个体生命意识的激荡》，《钦州师专学报》2001 年第 3 期。

　　② 李建栋、王丽珍：《从"天马行空"到"从心所欲不逾矩"》，《安庆师范学院学报》2007 年第 3 期。

　　③ 石麟：《孙悟空的多层文化解读》，《厦门教育学院学报》2008 年第 1 期。

　　④ 邓轶芳：《呆子的童真与对人生欲望的追求——猪八戒形象新论》，《语文学刊》2007 年第 2 期。

　　⑤ 霍雅娟：《神魔皆有人情、精魅亦通世故——从猪八戒形象看明代市民意识》，《内蒙古民族大学学报》2007 年第 4 期。

　　⑥ 易翔宇：《心化"西游"——论明代阳明心学在〈西游记〉中的投影》，《五邑大学学报》2004 年第 2 期。

从野猪精、悟能到净坛使者，唐僧从玄奘到旃檀功德佛，均形象地说明，西行取经的'经'就是修心向善、格物致良知。"① 他认为，作者正是通过这些形象的塑造来诠释心学基本思想的。

3. 心学视野下的《西游记》作者研究

几乎和《西游记》与心学研究第二阶段同时，《西游记》的著作权问题在沉寂了数十年后再次引起了旷日持久的争论，由于争论的双方都没有足够说服对方的证据，故关于《西游记》的作者，学术界至今没有达成一致的结论。不过，将学界的观点归纳起来分析，就会发现争论双方中都有很大一部分学者是把《西游记》的作者研究与心学挂上钩的，他们提出的《西游记》作者人选，几乎都与阳明心学关系密切。

首先是吴承恩说。最有代表性的是宋克夫先生的论文《吴承恩与明代心学思潮及〈西游记〉的著作权问题》，该文考察了吴承恩与心学人物的交游和《吴承恩诗文集》的主要创作倾向，明确了吴承恩、《西游记》与心学思潮的联系，从而肯定了吴承恩的《西游记》著作权。关于这一观点，宋先生在其著作《心学与文学论稿》中也专列一节"吴承恩与明代心学思潮"，以追索吴承恩与心学人物之关联。宋克夫先生是学术界最早考证吴承恩与心学人物交往的学者。另外，笔者在《明清小说研究》上发表文章《吴承恩著〈西游记〉新证》②，以《吴承恩诗文集》中的《赠张乐一》一诗为证，考察了《赠张乐一》、《西游记》与明代心学思潮在反对主体放纵、要求人格自我完善上的一致性，从而力主吴承恩说。稍后笔者还在《湖北大学学报》上发表《吴承恩与心学人物交游考证》③一文，在宋克夫先生的考察基础上对吴承恩与心学人物胡宗宪的交游以及与心学人物钱德洪、罗洪先、唐顺之、蔡汝楠、薛应旗、邹守益、王慎中等的间接交往情况作了进一步的考证与探讨。刘怀玉先生的新著《吴承恩与〈西游记〉》也专列"接受心学，追求平等自由"一节，对吴承恩与心学的关系进行了介绍。

---

① 杨俊：《试论〈西游记〉与"心学"》，《云南社会科学》1993年第1期。
② 薛梅、宋克夫：《吴承恩著〈西游记〉新证》，《明清小说研究》2004年第2期。
③ 薛梅：《吴承恩与心学人物交游考证》，《湖北大学学报》2008年第2期。

其次是陈元之说。陈君谋在《百回本〈西游记〉作者臆断》中提出："序文作者陈元之，即校者华阳洞天主人，也即作者，三位一体。"① 首倡陈元之说。对之作出更深刻论述的是张锦池先生的长篇论文《论〈西游记〉的著作权问题》。尽管陈元之其人究竟是谁仍是一个谜，但是我们结合上文所列的金陵世德堂本所载陈元之《西游记序》中的那段文字，就不难发现陈元之与心学的关系是不能抹杀的。

再次是李春芳说。这一观点的提出者是沈承庆先生，他在著作《话说吴承恩——〈西游记〉作者问题揭秘》中断定："《西游记》的作者就是华阳洞天主人，亦即李春芳。"书中认真考察了"李春芳其人"，指出了其心学后学的身份及其心学思想，同时还认为"摄魔以'明心'与摄魔以'还理'之别，和从原'叙''还理以归之太初'的性质看，与李春芳的'心学'思想相合"②。另外，关于《西游记》与李春芳的关系，苏兴也有他的观点，他虽然在作者问题上力主吴承恩说，但他认为，"华阳洞天主人是吴承恩好友、有明一代宰辅李春芳的别号"③，也把《西游记》与心学人物李春芳拉上关系。

最后，近年来，学者们还提出了王畿亲近说和唐顺之说。提出王畿亲近说的是毛晓阳先生，他在《修心与修命——〈西游记〉"心性修持观"与王畿"性命合一论"比较》一文中，通过对比《西游记》主题之一的"心性修持"观与王畿的"性命合一"论，指出："虽然不能说王畿可能曾经加工整理过《西游记》，但至少可以这样认为，是一熟知王畿思想甚至与王畿有亲近关系的人利用王畿的'性命合一'理论校改甚至是创作了《西游记》。"而王畿是王阳明的嫡传弟子，从阳明习心学，"得阳明学派之宗"，这一点是毫无疑问的。提出唐顺之说的则是在美国斯克德摩尔学院外文系任教的胡令毅先生，他认为，"孙悟空是唐顺之的自我写照，《西游记》的原作者是唐顺之"④。而唐顺之是南中王门的重要人物，且与心学人

① 陈君谋：《百回本〈西游记〉作者臆断》，《苏州大学学报》1990 年第 1 期。

② 沈承庆：《话说吴承恩——〈西游记〉作者问题揭秘》，北京图书馆出版社 2000 年版，第 215 页。

③ 苏兴：《也谈百回本〈西游记〉是否吴承恩所作》，《社会科学战线》1985 年第 1 期。

④ 胡令毅：《〈西游记〉作者为唐顺之考论》，《洛阳师范学院学报》2010 年第 3 期。

物薛应旂、罗洪先、王畿、邹守益等人都交往密切。

综上所述，回首《西游记》与阳明心学之关系的研究历程，众多学者兢兢业业、孜孜不倦，致力于文本研究、时代背景研究和作者考证，既较好地继承了前人已有的成果，也提出了许多独具慧眼的创见。这些研究对于深入理解《西游记》这部小说名著是十分有益的，《西游记》与"心学"已经成为了《西游记》研究中的热门话题之一，对这一论题的研讨还将继续深入下去。在此基础上，笔者认为，"心学"毕竟是一个比较大的哲学概念，时间跨度较长，所涉及的哲学家较多，且在阳明之后又分成了许多不同的派别，各自的哲学主张也存在着较大的差异。那么，对于《西游记》与心学的关系这一论题的研讨如果要继续深入下去，或者说要取得突破性的进展，就必须将《西游记》与心学的关系进一步缩小、定位。也就是说，要进一步搞清楚在心学这个大的哲学范畴内，《西游记》到底受哪个哲学派别或哪个哲学家的影响最大。顺着这一思路，笔者通过对《西游记》的文本细读、外围考证及对阳明心学、阳明后学哲学主张的全面梳理、比较，同时参照《西游记》的问世时间，认为《西游记》应当受到阳明弟子王龙溪思想的影响较大。因此，本书对龙溪心学与《西游记》这一论题展开深入研究，这对于《西游记》主题的准确理解、《西游记》作者的进一步确定都是十分有益的。

二 哲学框架下的龙溪心学传播与研究——兼论王畿与中晚明文学思潮

王畿是明中期哲学家王守仁的得意弟子，是王阳明逝世后王学的重要传人之一，在中国哲学史上占有比较重要的地位。对于王畿，学术界的研究成果并不算多，关注的内容主要在于王畿生平及交游、王畿的哲学思想及学术渊源、王畿对阳明心学的继承与发展等。中国期刊全文数据库共收录王畿研究论文30多篇，其中有关于王畿研究的三篇博士论文：2000年中国人民大学孟晓路的博士论文《儒学之密教——龙溪学研究》、2001年北京大学彭国翔的博士论文《王龙溪与中晚明阳明学的展开》、2006年山东大学郑洪晓的博士论文《王龙溪心学思想研究》及硕士论文数篇。著作方面，除了哲学史专著中对王畿所作的章节论述外，对王畿进行专题研究的著作有方祖猷先生的《王畿评传》①、彭国翔先生的《良知学的展开——王龙溪与中晚明的阳明学》②、孟晓路先生的《儒学之密教——龙溪学研究》③。此外，日本学者对王畿的研究也不容忽视，仅笔者所见到的 20 世纪至今关于王畿研究的相关论文目录中就列出了近 40 篇。

关于王畿的生平及交游，国内对此作全面系统研究的学者当推彭国翔先生和方祖猷先生。彭国翔先生早在 1996 年就撰写了《王龙溪先生年谱》，刊于《中国文哲研究通讯》第七卷第四期，并在之后的研究中随时根据所见新材料予以补充更新。该年谱十分详尽地为王畿的生平与交游系年，为以后的王畿研究提供了基本的研究资料。方祖猷先生在《王畿评传》中，对王畿所生活的中晚明转型时期的时代特点作背景式介绍后，把王畿"无日不讲学"的一生分为受学阳明、两京居官、林下讲学、晚年讲学四个阶段，并对王畿生平、讲学经历、交游论战及思想逐渐发展的过程进行了叙述和评介，在彭国翔先生《王龙溪先生年谱》的基础上有了较大的补充和扩展，使王畿的生平和交游情况更加清晰。

关于王畿的哲学思想，方祖猷先生的《王畿评传》、彭国翔先生的《良知学的展开——王龙溪与中晚明的阳明学》和孟晓路先生的《儒学之密教——龙溪学研究》都进行了全面深入的探讨，他们论述了王畿的良知观、工夫论、心体论、四无论等重要的哲学命题，同时也涉及了王畿对生死问题的态度及他的超脱之学和理想人格。方先生更是对学界所谓"现成派"的说法提出质疑而将王畿哲学的本质特征归纳为"以自然为宗"。在近十篇王畿哲学思想的专篇论文中，研究者们也对王畿的先天正心之学、真性流行之学、工夫理论、本体论和方法论及虚寂思想、老庄思想等给予了关注和论述，力图从多个角度来把握王畿哲学思想的特色。

关于王畿对王阳明心学的继承与发展，也是学者们研究的焦点。张九

---

① 方祖猷：《王畿评传》，南京大学出版社 2001 年版。
② 彭国翔：《良知学的展开——王龙溪与中晚明的阳明学》，生活·读书·新知三联书店 2005 年版。
③ 孟晓路：《儒学之密教——龙溪学研究》，河北大学出版社 2007 年版。

海先生认为，王畿以其"无工夫中真工夫"理论发展了王学工夫说①；邓国元先生等人则指出，王畿在工夫理论上对阳明实地用功的脱离，客观上导致了阳明后学末流脱儒入禅的思想局面②；杨国荣先生强调，王畿将良知视为现成本体而提出现成良知说，这在王学的衍化中有着引人瞩目的地位③；付小莉先生也分析了王畿从善恶之意至寂感之意的转换，从而说明了王畿对王阳明的继承与偏离④；由此，方国根先生明确指出，王畿的心学思想一方面促进了王学的深化和发展，另一方面也在客观上引发了王学内部的分化。⑤

除此之外，研究者们还有针对性地把王畿哲学思想与钱德洪、聂双江、罗念庵、王心斋等王学人物的哲学思想进行了比较。同时，学者们对王畿的易学思想、王畿的佛道因缘以及黄宗羲、牟宗三等人对王畿的评介等都做了专题研讨。

综上可知，在为数不多的王畿研究论著论文中，论者们大体上把握了王畿哲学的基本理论和脉络，认清了王畿之于王阳明思想的继承发展和异同，在此基础上，如能进行比较系统的提炼和归纳总结，就能从整体上完整清晰地完成王畿哲学思想的理论探讨。

不过，通过对已有论著论文的全面审视，我们也会发现，在这些成果中，95%以上都把王畿仅仅作为一名哲学家来研究，只有周群先生的《论王畿对唐宋派文学思想的影响》⑥、武道房先生的《王畿"现成良知"说与公安派文论的形成》⑦、毛晓阳先生的《修心与修命——〈西游记〉"心性修持观"与王畿"性命合一论"比较》三篇论文，涉及王畿与文学的关

① 张九海：《"无工夫中真工夫"——论王龙溪工夫说对王学的发展》，《抚州师专学报》2003年第1期。

② 邓国元、王英：《王龙溪和王阳明思想关系析论》，《贵阳学院学报》2009年第4期。

③ 杨国荣：《王畿与王学的衍化》，《中州学刊》1990年第5期。

④ 付小莉：《意之善恶何去何从——从一个侧面看王畿对阳明的发展与偏离》，《宁波大学学报》1998年第4期。

⑤ 方国根：《王畿心学思想的走向和发展——兼论王畿与王阳明及王门后学的异同》，《中国文化研究》1999年夏之卷。

⑥ 周群：《论王畿对唐宋派文学思想的影响》，《齐鲁学刊》2000年第5期。

⑦ 武道房：《王畿"现成良知"说与公安派文论的形成》，《文学评论》2012年第3期。

系。周群先生在文章中提到明代文学派别唐宋派的主要代表人物王慎中、唐顺之正是因为王畿对其讲解阳明学，并受王畿关于人性自然、"洒脱灵明"的良知说的传示，才形成他们的文学思想的。因此，王畿于对晚明文学思潮有先导之功的唐宋派文学思想的形成有直接的关系。武道房先生的论文指出王畿的"现成良知"说对公安派袁氏兄弟的心性论、人生观有重大的影响，认为公安派"独抒性灵"的文学思想和"不拘格套"的文学主张实际上是王畿主张自信本心、张扬心灵主体性的心学理论在文学理论上的延伸与转化。毛晓阳先生的论文则将《西游记》的"心性修持"观和王畿的"性命合一"论作了比较，由于篇幅限制等原因未能充分展开。仅此三篇论文，数量极少，且篇幅不长，给我们的研究提供了一些思路，但也可以看到学界对于王畿对中晚明文学的影响、王畿与中晚明文学思潮的关系等问题尚缺乏认识和探讨。

　　而实际上，王畿在哲学上继承了王阳明"良知说"的同时，提出了"以自然为宗"①的思想。在"良知"本体的认识上，王畿提出良知"盎然出于天成"，"不学不虑，天则自然"②，更注重"良知"的自然特性，在"致良知"的工夫上，王畿强调"无工夫中真工夫"、"自证自悟，自见天则"③，提出了自然致知论。同时，王畿倡导真性流行、直心以动、从心所欲的狂豪人格，直面生死，超脱世情，对人格独立、个性自由和人的主观能动性给予了极大的关注。王畿还以其无欲心体说和对"悟"的强调表明了他对于"存天理、灭人欲"的态度和对良知本体、生命真机的重视。王畿的这些思想，将在本书第一章中进行详述。总之，王畿的思想，为中晚明文学思潮弘扬主体意识、张扬个性精神和倡导自然人性、主张自证自悟提供了理论依据，有力地推动了中晚明文学思潮的兴起和发展。

　　综观中晚明的重要文学流派及重要作家、作品，龙溪心学的影响不容忽视。

———————————

① 《答季彭山龙镜书》，吴震编校整理《王畿集》卷九，凤凰出版社 2007 年版，第 212 页。
② 《白鹿洞续讲义》，《王畿集》卷二，第 46 页。
③ 《赵麟阳赠言》，《王畿集》卷十六，第 447 页。

比如周群所提及的唐宋派，就是在阳明心学尤其是龙溪心学影响下的一个文学流派。其代表作家王慎中因"与龙溪王畿，讲解王阳明遗说"①而改变了他的文学思想。另一主将唐顺之"得之龙溪者为多，故言于龙溪，只少一拜"②，"闻良知说于王畿……多所自得"③，他们交游及书信来往颇多，友谊深厚。唐顺之继承了王畿"以自然为宗"的思想，提出了"天机自然"的理论和"顺此天机"的主张，尚主体、顺自然、反束缚，为晚明文学思潮导路。

比如明代重要作家徐渭，为王畿的同乡和远房亲戚，他将王畿列入"师类"之首加以尊重。在徐渭与王畿的诗文唱和中，包含了徐渭对王畿的景仰之情、对王畿"狂者"人格的赞扬、对心学思想的领悟以及对龙溪心学的高度肯定。受王畿的影响，徐渭也继承了他"以自然为宗"的思想，改造其师季本的"龙惕说"，而提出了"本体自然"的观点。同时，受王畿的"狂者"风范的影响，徐渭在人生态度和文艺创作等方面都体现出"疏纵不为儒缚"、"有过不肯掩"的人格特点，他"半儒半释还半侠"、蔑视世俗、率真任性、张扬个性的狂狷人格无疑是在王畿影响下的中晚明个性解放精神的典型体现。

又比如李贽，这位对《牡丹亭》的作者汤显祖、《三言》的编辑者冯梦龙及公安派都产生重要影响的人物，其思想也在很大程度上渊源于龙溪心学。李贽是王畿的再传弟子和学术传人，他敬仰和崇拜王畿的为人，关注并高度评价王畿的学术著述，因而在王畿"真性流行"、"自然良知"的基础上，对自然人性进行了大力提倡，提出了著名的"童心说"和"以自然之为美"的主张。通过李贽，龙溪心学被更为广泛地渗透到晚明文学的众多作家作品中，他们共同成为中晚明文学思潮的开路人。

如此等等，不能尽述。

故黄宗羲在《明儒学案》中分析晚明文学思潮兴起的哲学渊源时指

---

① （明）李开先：《遵岩王参政传》，《李开先集》，中华书局 1959 年版，第 617 页。
② （明）黄宗羲：《南中王门学案二·襄文唐荆川先生顺之》，沈芝盈点校《明儒学案》卷二十六，中华书局 1985 年版，第 599 页。
③ （清）张廷玉等：《明史》卷二百五，中华书局 1974 年版，第 5424 页。

出："阳明先生之学，有泰州、龙溪而风行天下，亦因泰州、龙溪而渐失其传。"① 我们可以毫不夸张地说，阳明心学之于文学的影响主要是通过王阳明的重要传人王畿来实现的，王畿通过对王慎中、唐顺之、徐渭、李贽等人的思想渗透，直接或间接地把弘扬主体、张扬个性、倡导自然之风吹向中晚明文学的方方面面。因此，龙溪心学的广泛传播，成为中晚明文学思潮形成的重要原因之一。

论及于此，我们思考：作为明代文学重要作品之一的《西游记》受到心学思想影响而弘扬主体、张扬个性、崇尚自由，王畿却恰恰是把这些思想因子带入中晚明文学作品的心学人物。思维跳跃间，我们无法不抱着对《西游记》与心学思想的深度解读和对王畿与中晚明文学思潮关系的全面探讨的双重目的而走进一个重要的课题：龙溪心学的传播与《西游记》研究。

本书从传播学以及心学与文学的关系出发，在厘清龙溪心学的学术渊源、学术宗旨及主要学术观点的基础上，从哲学的角度解读《西游记》，揭示出龙溪心学的传播对于《西游记》作者、人物形象塑造及作品哲学内蕴等方面的影响。一方面，考证吴承恩与王畿的间接交游，探讨龙溪心学的传播对于吴承恩在主体意识、伦理意识方面的哲学倾向的影响，寻找龙溪心学、吴承恩诗文及《西游记》的契合点，从而为《西游记》的作者问题研究打开新的思路。另一方面，论证《西游记》作者基于对龙溪心学"以自然为宗"②、真狂、无欲、自悟的哲学主张的体悟和认同，而在人物形象塑造上，肯定了孙悟空的自由意识、狂狷意识和人格完善；表明了作者在龙溪心学"自然无欲"③ 思想影响下，对于猪八戒所提出的无欲的要求，同时受转型期新的时代背景与思想气息的牵动而对人性、人欲进行全面思考和体认，从而对猪八戒的自然人欲给予了一丝理解与宽容；肯定了《西游记》中的唐僧通过"西天取经"而修心成正，又基于龙溪心学对"乡愿之为人"、"自以为是"、"违心殉俗"、"似德非德"④ 的批判，而将

---

① （明）黄宗羲：《泰州学案一》，《明儒学案》卷三十二，第703页。
② 《与阳和张子问答》，《王畿集》卷五，第125页。
③ 《答季彭山龙镜书》，《王畿集》卷九，第211页。
④ 《与阳和张子问答》，《王畿集》卷五，第127页。

唐僧刻画为固执己见、善恶不分、迂腐无能、矫情抑性的世俗乡愿形象加以弱化、讽喻。

在研究方法上，着力于对"西游故事"与《西游记》关系的考察与比较，依据材料客观地论证《西游记》在对《大唐西域记》、《大慈恩寺三藏法师传》、《大唐三藏取经诗话》、《西游记平话》、《西游记杂剧》等西游题材作品进行艺术加工和重新改造时，所依据的哲学思想便是龙溪心学。正是在龙溪心学的传播和影响下，孙悟空脱去了史传、诗话中的宗教气息和平话、杂剧中的油滑之气，完成了从弘扬佛法到高扬主体的转化，实现了由"妖"到"人"的转变，脱胎换骨为一个自然真性、狂豪无欲、自信自悟的全新孙悟空；正是在龙溪心学的传播和影响下，猪八戒一改《西游记杂剧》中吃人劫色的妖猪形象，既对其提出了无欲的要求，又在猪八戒身上赋予了作者对自然人欲的宽容；正是在龙溪心学的传播和影响下，唐僧摘掉了史传中佛学大师的光环，亦没有了诗话、杂剧中的神异力量和佛法保佑，成为了《西游记》中立志修心复本却又脱不去世俗乡愿的腐儒形象。

《西游记》通过对西游题材作品中孙悟空、猪八戒、唐僧等人物形象的重新塑造和艺术升华，赋予其崭新的哲学内蕴，揭示了龙溪心学传播和影响下的《西游记》要求高扬主体人格、崇尚真性自由、追求狂狷率性、否定世俗乡愿的哲学思想。同时，基于对龙溪心学之"无欲者，心之本体"①、"至善者，心之本体"②、"君子之学，贵于得悟"③等哲学观念的体认，作者赋予了《西游记》在哲学上的主题思想，即通过西天取经，要求主体以自省的方式展开心性修持、顿悟彻悟，而达到自然无欲，回复本性至善，最终得成正果。也正是在龙溪心学影响下形成的这一哲学内蕴，使得《西游记》成功地跳出"西游故事"的樊篱而成为一代奇书。

---

① 《南雍诸友鸡鸣凭虚阁会语》，《王畿集》卷五，第 111 页。
② 《与阳和张子问答》，《王畿集》卷五，第 123 页。
③ 《悟说》，《王畿集》卷十七，第 494 页。

第一章　龙溪心学与阳明心学的传播

第一节　龙溪心学的学术渊源

一　王畿生平及受业阳明事略

王龙溪，讳畿，字汝中，别号龙溪，浙江绍兴府山阴县人，生于明孝宗弘治十一年（1498 年），卒于明神宗万历十一年（1583 年），享年86 岁，是明中期哲学家王守仁的得意弟子，王阳明逝世后王学的重要传人之一。黄宗羲在《明儒学案》中将其列入"浙中王门"。有《王畿集》二十卷。

始入师门：明代哲学，由明初朱学的独尊，到陈献章、湛若水，至王阳明始集心学之大成。明正德十六年（1521 年）九月，王阳明以南京兵部尚书任归里省祖墓，此后长期居留绍兴，讲致良知之说。当王学风靡天下之际，四方问学于王阳明者甚众，"先师首揭良知之教，以觉天下，学者靡然宗之，此道似大明于世"①。可见王阳明不像陆九渊那样门庭冷落，据称是"门徒遍天下，流传逾百年"②。此时，"世居越之山阴，与阳明为同郡宗人"③ 的王畿，虽"弱冠举于乡"，早有才名，但似乎对王阳明的讲学颇不以为然，"每见方巾中衣往来讲学者，窃骂之。居与

---

① 《抚州拟岘台会语》，《王畿集》卷一，第 26 页。
② （清）张廷玉等：《明史》卷二百八十二，第 7222 页。
③ （明）赵锦：《龙溪王先生墓志铭》，《王畿集》附录四，第 831 页。

阳明邻，不见也"①。多处文献记载，龙溪受业阳明，乃阳明诱入门墙，颇具传奇色彩。如袁宗道云："于时王龙溪妙年任侠，日日在酒肆博场中，阳明亟欲一会，不来也。阳明却日令门人弟子六博投壶，歌呼饮酒。久之，密遣一弟子瞰龙溪所至酒家，与共赌。龙溪笑曰：'腐儒亦能博乎？'曰：'吾师门下日日如此。'龙溪乃惊，求见阳明，一睹眉宇，便称弟子矣。"②《明儒学案》亦记载此事云，王阳明的弟子魏良器"多方诱之。一日先生（魏良器）与同门友投壶雅歌，龙溪过而见之曰：'腐儒亦为是耶？'先生答曰：'吾等为学，未尝担板，汝自不知耳。'龙溪于是稍相暱就，已而有味乎其言，遂北面阳明"③。可见，龙溪之受业阳明尝颇费一番周折，赵锦云"故其（阳明）欲得先生（王畿）也，甚于先生之欲事阳明"④，所言非虚，当时，他年仅 24 岁。王畿对于阳明之学是有一个由浅入深的了解过程的，如果说由最初的反感，到此时决心未定，那么，嘉靖二年（1523 年），王畿再次赴京会试不第，则加深了他对教条式的程朱理学的反感，他"立取京兆所给路券焚之，而请终身受业于文成。文成为治静室，居之逾年，遂悟虚灵寂感，通一无二之旨"⑤。此可谓王畿一生为学的重大转机，此后，他便不以仕途为念，而一意于阳明良知之学了。

廷试不就：由于王畿"英迈天启，颖悟绝伦"⑥，故入阳明门后，很快崭露头角，为阳明所器重。嘉靖五年（1526 年），阳明命王畿赴京参加会试，王畿不答以示不愿北上，阳明劝其曰："吾非欲以一第荣子，顾吾之学，疑信者犹半，而吾及门之士，朴厚者未尽通解，颖慧者未尽敦毅。觐试，仕士咸集，念非子莫能阐明之，故以属子，非为一第也。"⑦ 王畿思之再三，为了完成师愿，扩大阳明心学的影响，他答曰："诺，此行仅了试

---

① 《江右王门学案四·处士魏药湖先生良器》，《明儒学案》卷十九，第 465 页。
② （明）袁宗道：《杂说》，孟祥荣笺校《袁宗道集笺校》卷之二十二，湖北人民出版社 2003 年版，第 354 页。
③ 《江右王门学案四·处士魏药湖先生良器》，《明儒学案》卷十九，第 465 页。
④ （明）赵锦：《龙溪王先生墓志铭》，《王畿集》附录四，第 828 页。
⑤ （明）徐阶：《龙溪王先生传》，《王畿集》附录四，第 823 页。
⑥ （明）赵锦：《龙溪王先生墓志铭》，《王畿集》附录四，第 828 页。
⑦ （明）徐阶：《龙溪王先生传》，《王畿集》附录四，第 823 页。

事。纵得与选，当不廷试而归卒业焉。"① 此次北上途中，王畿"自良知外，口无别谈；自六经四书、《传习录》外，手无别检"。② 他将会试之事置之度外，专力于乃师之学的研习与宣讲，抵都后，与欧阳南野、魏水洲、王瑶湖及郡县入觐诸同志，相与辨证，由是龙溪名盛一时。尽管此次王畿意不在试，但"深山之宝，得于无心"，他竟和同门钱德洪同时中进士，对于这一结果，王畿谓钱德洪曰："此非吾与君仕时也。且始进而爽信于师，何以自立？"③ 故二人相与皆不就廷试而归。

为"教授师"：回绍兴后，阳明亲自迎接，并笑曰："吾设教，以待四方英贤，譬之店主开行，以集四方之货。奇货既归，百货将日积，主人可无乏行之叹矣。"④ 阳明之于王畿的器重溢于言表。这一时期，"文成之门来学者日益众"⑤，"时薛中离、邹东廓、王心斋、欧阳南野、黄洛村、何善山、魏水洲、药湖诸君咸集馆下"⑥，"四方来学者踵至，阳明不能卒遍，且不欲骤与语，则属先生（王畿）与绪山德洪辈先为导迪"⑦，"凡有来学者，夫子各以资之所近，分送会下，涤其旧见，迎其新机，然后归之于师，以要其成，众中称为教授师"⑧。而在这些被称为"教授师"的阳明高弟中，王畿又"和厚近人，随机启发"⑨，"性坦夷宽厚，其与人言，或未深契，从容譬晓，不厌反覆，士多乐从公，而其兴起者，亦视诸君子为倍"⑩。于此足见王畿受阳明赏识倍重，且在阳明门中于阳明弟子所起到的开悟导源作用对于扩大良知学的影响不容忽视。

天泉证道：嘉靖六年（1527 年）九月，在王阳明将起征思田的前一

---

① （明）徐阶：《龙溪王先生传》，《王畿集》附录四，第 823 页。

② 同上。

③ 同上书，第 824 页。

④ 《刑部陕西司员外郎特诏进阶朝列大夫致仕绪山钱君行状》，《王畿集》卷二十，第 585 页。

⑤ （明）徐阶：《龙溪王先生传》，《王畿集》附录四，第 824 页。

⑥ 《刑部陕西司员外郎特诏进阶朝列大夫致仕绪山钱君行状》，《王畿集》卷二十，第 585 页。

⑦ （明）赵锦：《龙溪王先生墓志铭》，《王畿集》附录四，第 828 页。

⑧ 《刑部陕西司员外郎特诏进阶朝列大夫致仕绪山钱君行状》，《王畿集》卷二十，第 585 页。

⑨ （明）赵锦：《龙溪王先生墓志铭》，《王畿集》附录四，第 828 页。

⑩ （明）徐阶：《龙溪王先生传》，《王畿集》附录四，第 824 页。

天，王畿与钱德洪相与论为学宗旨，钱德洪认为，王阳明所提出的"四句教"——"无善无恶心之体，有善有恶意之动，知善知恶是良知，为善去恶是格物"，是"师门教人定本，一毫不可更易"。① 而王畿则认为："夫子立教随时，谓之权法，未可执定。体用显微只是一机，心意知物只是一事，若悟得心是无善无恶之心，意即是无善无恶之意，知即是无善无恶之知，物即是无善无恶之物。"② 王畿首发著名的"四无"奥义于此。德洪与王畿因师门"四句教"与"四无说"相持不下，德洪指责王畿："若是，是坏师门教法，非善学也。"③ 而王畿则针锋相对："学须自证自悟，不从人脚跟转。若执著师门权法，以为定本，未免滞于言诠，亦非善学也。"④ 故当晚共谒阳明师于天泉桥上，二人各抒己见，阳明作了为之折中的解答："吾教法原有此两种：四无之说，为上根人立教；四有之说，为中根以下人立教。……世间上根人不易得，只得就中根以下人立教，通此一路。汝中所见，是接上根人教法；德洪所见，是接中根以下人教法。汝中所见，我久欲发，恐人信不及，徒增躐等之病，故含蓄到今。此是传心秘藏，颜子、明道所不敢言者。今既已说破，亦是天机该发泄时，岂容复秘？……汝中此意，正好保任，不宜轻以示人，概而言之，反成漏泄。德洪却须进此一格，始为玄通。德洪资性沉毅，汝中资性明朗，故其所得，亦各因其所近。若能互相取益，使吾教法上下皆通，始为善学耳。"⑤ 这就是王门著名的"天泉证道"公案。关于"天泉证道"，在《王畿集》、《传习录》、《阳明年谱》、《东廓邹先生文集》、徐阶的《王龙溪先生传》以及《明儒学案》等著作中均有记载。于王畿而言，他在"天泉证道"中，首次提出了"四无说"，且被其师肯定为"传心秘藏"，尽管阳明告诫他"不宜轻以示人"，但他却因此在王门中独树一帜。故"天泉证道"之于王畿的意义非同一般。

南浦请益："天泉证道"的第二天，阳明奉命赴两广，途经江西南昌

---

① 《天泉证道纪》，《王畿集》卷一，第1页。
② 同上。
③ 同上。
④ 同上。
⑤ 同上书，第2页。

南浦，其弟子邹东廓、魏水洲、欧阳南野等率同百余人出谒，阳明曰："吾有向上一机，久未敢发，近被王汝中拈出，亦是天机该发泄时。吾方有兵事，无暇为诸君言，但质之汝中，当有证也。"① 这里阳明所谓的"向上一机"，指的就是王畿的"四无说"，可见"其为师门所重如此"。这一年，王畿年仅 30 岁。自此以后，王畿的"四无说"由于阳明的认可而在王门弟子中广传，而王畿也因此大大提高了他在王门中的地位。

　　讲学不辍：嘉靖七年（1528 年），阳明平思田后，归途中病卒于南安，此时王畿与德洪正在奉师命赴京廷试的途中，闻讣大惊，兼程驰还，扶榇归浙，讣告同门，服丧三年，收录阳明遗言，又建天真书院，祀阳明像其中，且以馆四方之来学者，并定每岁春秋二祭，祭毕即讲学。服丧毕，王畿与钱德洪于嘉靖十一年（1532 年）始赴廷对，并积极参加了北京盛况空前的王门讲学活动，且在德洪因父母年老而离京期间，王畿的讲学对于阳明之教的彰益尤为重要。嘉靖十三年（1534 年），王畿离京师赴任南都职方主事，后得罪当朝，以南京兵部武选郎中致仕，前后在官不足十年。而王畿"名虽高，仕乃竟不达。然终不以是动其心，而益孳孳以讲学淑人为务"②。十年中，他讲学南都、聚学天真，与欧阳德、薛侃、季本、戚贤、罗洪先等人相与论学。致仕以后，王畿更是以阐扬阳明未尽之微为己任，"一归林壑，即为东西南北之人，车不暂停，席不暇暖，八十年如一日"③，到处讲学。黄宗羲在《明儒学案》中说："先生林下四十余年，无日不讲学，自两都及吴、楚、闽、越、江、浙，皆有讲舍，莫不以先生为宗盟。年八十，犹周流不倦。"④ 在年复一年的周游聚讲中，在与聂豹、罗洪先为主的往复辩难中，王畿彰益师说，更逐渐丰富了自己的思想，多所自得。晚年的王畿仍未停止其讲学活动及阐师门奥义、求师门法器之事，他自谓："区区八十老翁，于世界便有恁放不下？惟师门一脉如线之传，未得一二法器出头担荷，未能忘情。切切求友于四方者，意实在此。"⑤ 万历十

① （明）徐阶：《龙溪王先生传》，《王畿集》附录四，第 825 页。
② （明）周汝登：《王畿传》，《王畿集》附录四，第 836 页。
③ （明）周汝登：《刻王龙溪先生集序》，《王畿集》附录五，第 858 页。
④ （明）黄宗羲：《浙中王门学案二·郎中王龙溪先生畿》，《明儒学案》卷十二，第 238 页。
⑤ 《与沈宗颜》，《王畿集》卷十二，第 330 页。

一年（1583年），王畿卒，时年86岁，一代哲人于此走完了他"无日不讲学"的一生。

二　龙溪心学对阳明心学的继承与传播

王畿是王阳明的及门高足，在王阳明死后成为阳明学派的宗主，名重一时。他一生讲学，而又一生论战，是使王学成为明中晚期一股代替朱学而行的思潮以至风行天下的关键人物，他的思想不仅给明末思想界以较大的震动，而且直接激发了日本阳明学的兴起。同时，王畿又对乃师的学说进行了大胆的改造和发挥，在王学的分化、演变过程中承上启下，成为使王学蒙受诟病的有争议的人物。故黄宗羲在《明儒学案》中曰："阳明先生之学，有泰州、龙溪而风行天下，亦因泰州、龙溪而渐失其传。"① 那么，王畿于阳明之学的继承与发展究竟何在，龙溪心学于阳明心学的功过是非在王畿时人、后世学者及当代学人中又是如何品评的？于此做一梳理。

龙溪有云："我忝师门一唯参，心诀传我我传君。"② "师门致良知三字，人孰不闻？惟我信得及。"③ 这是王畿对与阳明关系的自我定位，他在这里显然是以阳明正传弟子自居，认为"先师平生所学之次第，则尝闻之矣"④，标明自己已深得阳明思想之髓。另外，王畿在嘉靖三十二年（1553年）的《滁阳会语》中提到了"沿袭之说"、"凌躐之说"、"虚寂之说"和"明觉之说"四种不正确的良知观点，此后又在嘉靖四十一年（1562年）的《抚州拟岘台会语》中比较完整地提出了六种王门"异见"，并对每种观点的特点和问题都作了说明。尽管王畿在对王门异说的归纳和批评中并没有厘出自己的学术旨归，但我们从中不难看出其于言语背后对自己独得师门真传的认定。王畿晚年多次提道：

① （明）黄宗羲：《泰州学案一》，《明儒学案》卷三十二，第703页。
② 《袭封行》，《王畿集》卷十八，第564页。
③ 《遗言付应斌应吉儿》，《王畿集》卷十五，第442页。
④ 《滁阳会语》，《王畿集》卷二，第33页。

予年逾七十，齿落发疏，精气日耗，百念尽灰，无复有用世之想。……惟是师门晚年所授指诀，修身无力，未底于成，且未得一二法器可付托，每疚于心。以故，求益四方之念，老而未衰。尚赖安人不忘平生，翼我于冥冥之中，匡所不逮，使大业日远，不致有负初心。①

不肖于师门晚年宗说，幸有所闻，数十年来，皇皇焉求友于四方，岂惟期以自辅，亦期得一二法器，相与共究斯义，以绵师门一脉如线之传。②

区区八十老翁，于世界便有恁放不下？惟师门一脉如线之传，未得一二法器出头担荷，未能忘情。③

师门晚年宗说，非敢谓已有所得，幸有所闻，心之精微，口不能宣。常年出游，虽以求益于四方，亦思得二三法器，真能以性命相话者，相与证明领受，衍此一脉如线之传，孔氏重朋来之乐，程门兴孤立之嗟，天壤悠悠，谁当负荷？④

以此来阐明自己作为阳明传人应有的责任和义务，标揭他将求友取益、传承师说作为一生的职志而不遗余力。从他这种使徒般的热情中可见，他已经将传扬师说酝酿并发展成为一种带有浓厚学术使命感的学术运动。

在王畿的身前死后，时人于传铭祭文及序跋中对王畿及其于阳明心学的继承与传播之功也多有肯定。他们一方面认为，王畿是王门弟子中最能领悟师门精义的衣钵传人。如周怡言："吾师龙溪先生为夫子入室高弟，极深研及，独得其宗。"⑤ 赵锦在《龙溪王先生墓志铭》中称："其善发阳明之蕴，而为其所重如此。"⑥ 门人萧良干指出："先生为王文成入室弟子，

① 《亡室纯懿张氏安人哀辞》，《王畿集》卷二十，第651页。
② 《答吴悟斋》，《王畿集》卷十，第250页。
③ 《与沈宗颜》，《王畿集》卷十二，第328页。
④ 《自讼长语示儿辈》，《王畿集》卷十五，第427页。
⑤ （明）周怡：《龙溪王先生六十寿序》，《王畿集》附录四，第851页。
⑥ （明）赵锦：《龙溪王先生墓志铭》，《王畿集》附录四，第829页。

文成晚年宗旨，先生独契之，为海内所共仰。"① 张汝霖强调："吾师龙溪王先生，文成之颜子也，天泉证悟之后，已授之衣钵矣。"② 周汝登曰："文成之徒，悟领者多，而最称入室则惟先生……谓为守文成之成说，而实则志自冲天；谓为扩文成所未言，而实则发不离彀。……故人而不欲希圣则已，欲希圣则必究文成之宗旨；不宗文成则已，宗文成则必绎先生之语言。"③ 稍后公安派的袁宗道说："王汝中所悟无善无恶之知，则伯安（阳明）本意也，汝中发伯安之奥耳，其犹菏泽发达摩之秘乎？"④ "嗟夫，先生（阳明）戣藏最上一着，许多年不露一点端倪，若非龙溪自悟，当终身闭口矣。"⑤ 林春认为，北都讲学学者数十人，"其聪明解悟能发挥师说者，则多推山阴王君汝中"⑥。

另一方面，他们也认为王畿于阳明之学的传播与弘扬功不可没。王宗沐在《龙溪王先生集序》中称："故阳明先生之没，所寄以续斯道者，惟先生是赖。"⑦ 亲戚兼友人张元忭对王畿的逝世甚为痛惜："先生未死，文成犹生；先生死矣，文成其不复生也！绝学如线，谁与主张？末俗如骛，谁为典刑？"⑧ 莫晋指出："当时入室弟子首推龙溪先生，阳明尝谓先生曰：'吾门之士朴厚者未尽通解，颖慧者未尽敦毅，能阐明吾学者无如子。'……先生张皇此学，不遗余力，自两都及吴、楚、浙、闽，讲堂林立，莫不以先生为宗盟。年逾耄耋，犹周流不倦，直欲使良知精蕴昭然揭日月而行中天，苦口苦心，不避疑谤，此其卫道之勇，与人为善之诚，固耿耿不可磨灭也。……昔昌黎谓：'求观圣人之道，必自孟子始。'予亦谓：'求入阳明之学，必自龙溪始。'"⑨ 而虽未及门龙溪却以私淑弟子自命

---

① （明）萧良干：《龙溪先生文集序》，《王畿集》，第1页。
② （明）张汝霖：《重刻龙溪先生集纪事》，《王畿集》附录五，第856页。
③ （明）周汝登：《刻王龙溪先生集序》，《王畿集》附录五，第857页。
④ （明）袁宗道：《读大学》，《袁宗道集笺校》卷之十七，第295页。
⑤ （明）袁宗道：《杂说》，《袁宗道集笺校》卷之二十二，第354页。
⑥ （明）唐顺之：《吏部郎中林东诚墓志铭》，《唐荆川文集》（《四部丛刊》初编集部）卷十四，第12页。
⑦ （明）王宗沐：《龙溪王先生集序》，《王畿集》，第1页。
⑧ （明）张元忭：《祭王龙溪先生文》，《王畿集》附录四，第845页。
⑨ （明）莫晋：《重刻王龙溪先生全集》，《王畿集》附录五，第865—866页。

的李贽对其敬仰之情溢于言表："先生圣代儒宗，人天法眼；白玉无瑕，黄金百炼。……盖修身行道将九十岁，而随地雨法者已六十纪矣。以故四域之内，或皓首而执经；五陵之间，多继世以传业。遂令良知密藏，昭然揭日月而行中天；顿令洙泗渊源，沛乎决江河而达四海。非直斯文之未丧，实见吾道之大明。先生之功，于斯为盛！"① "文成公之学舍先生其谁归也？"②

由此，黄宗羲在对王畿的哲学史定位中，倡言其师承阳明、亲炙最久、常存阳明大义微言，体察他为维护"师门真血脉络"的苦心，对他于阳明学的传承及在王门和王门后学中的地位和作用是给予了客观肯定的。黄宗羲说：王畿"亲炙阳明最久，习闻其过重之言"③，"亲承阳明末命，其微言往往而在。象山之后不能无慈湖，文成之后不能无龙溪，以为学术之盛衰因之"④。

在现代学者的研究中，对王畿的传承师说之功也是有肯定一面的。有代表性的如牟宗三先生指出："王龙溪之颖悟并非无本，他大体是守着阳明底规范而发挥，他可以说是阳明底嫡系。""他比当时其他王门任何人较能精熟于阳明之思路，凡阳明所有的主张他皆遵守而不渝，而亦不另立新说，他专注于阳明而不掺杂以其他；他只在四无上把境界推至究竟处，表现了他的颖悟，同时亦表现了他的疏阔，然若去其不谛与疏忽，这亦是良知教底调适而上遂，亦非是错。"⑤ 日本学者渡边秀方也认为："龙溪自师殁后，和绪山一块儿同为'王学'中心，王学发展的功绩上，他称第一人。""况思想之高，博学之功，他还远出慈湖上呢，无论如何，他当是'王门'第一功臣。"⑥

从实际情况来看，王龙溪一生干办，专为此学，殷殷可鉴，他确是最

---

① （明）李贽：《王龙溪公畿》，《王畿集》附录四，第841页。
② （明）查铎：《祭龙翁师文》，《王畿集》附录四，第847页。
③ 《浙中王门学案一·员外钱绪山先生德洪》，《明儒学案》卷十一，第226页。
④ 《浙中王门学案二·郎中王龙溪先生畿》，《明儒学案》卷十二，第240页。
⑤ 牟宗三：《从陆象山到刘蕺山》，上海古籍出版社1997年版，第200页。
⑥ ［日］渡边秀方：《中国哲学史概论》，刘侃元译，台湾商务印书馆1976年版，第133—134页。

能领悟阳明良知学说中精微圆融之论释部分的真实精神的传人。通过对阳明良知本体说的继承，王畿也理所当然地承继了王阳明心学思想解放的一面。因此，主张良知天赋，标揭良知至上，从而强调自我，肯定主体意识，就成为龙溪心学与阳明学说的最大共同点。

王阳明为了弥合程朱理学"析心理为二"而提出"良知说"，意味着对程朱理学的反拨。他把良知扩充为先天地存在于每个人心中的最高本体，"心即理也"①、"心外无理"②、"吾心之良知，即所谓天理也"③ 构成了王阳明哲学思想的核心。程朱理学中作为客观精神的"天理"，在王阳明那里则成了主观精神的"良知"。"良知"既作为最高本体，同时也是人人所共具的先天的道德意识，由此而否定了主体之外"理"的存在，在客观上打破了"天理"对人性的强制，大大提高了主体人格的地位。这样，王阳明就把"良知"作为其哲学体系的最高范畴，从而取代了"天理"最高的本体地位，打破了"天理"主宰一切的格局，高度肯定了人的主体意识和独立人格。同时，由于王阳明认为"良知只是个是非之心"，把"良知"作为价值判断的主观标准，从而突破了程朱理学以"天理"作为价值判断的客观标准的限制，在客观上为异端思想家反对"以孔子之是非为是非"提供了理论依据，充分重视了主体在价值判断中的主观作用。此外，王守仁还把"吾心良知"作为"圣人"与"愚夫愚妇"所共有的普遍人性，认为"良知良能，愚夫愚妇与圣人同"④、"良知之在人心，无间于圣愚"⑤、"满街人都是圣人"⑥，主张在"良知"面前人人平等，在客观上打破了人性的等级区别，提高了"愚夫愚妇"的人格地位。于是，个体意识和群体意识、个体人格和群体人格得到和谐的统一，人的独立存在的价值和主体意识得到充分的肯定。这在客观上为个体意识和个体人格的合理存

① 《传习录上》，吴光、钱明、董平、姚延福编校《王阳明全集》卷一，上海古籍出版社1992年版，第2页。
② 《与王纯甫二》，《王阳明全集》卷四，第156页。
③ 《传习录中·答顾东桥书》，《王阳明全集》卷二，第45页。
④ 同上书，第49页。
⑤ 《传习录中·答聂文蔚》，《王阳明全集》卷二，第79页。
⑥ 《传习录下》，《王阳明全集》卷三，第116页。

在与充分发展提供了广阔的天地。

王畿继承了王阳明的"良知说",肯定良知禀受于天,"良知在人,不学不虑,爽然由于固有,神感神应,盎然出于天成",提出"天之所以与我,我之所以得于天而异于禽兽者,惟此一点灵明……所谓一点灵明者,良知也"。① 在强调良知的天赋来源的同时,指出了良知乃是人之所以为人的理性意识,主体价值得以凸显,个体人格得到尊重。由此可见,在关于良知的来源和内容两方面的规定上,王畿与乃师的观点一脉相承。他同王阳明一样,把外在人的最高道德本体内化为一种主体的先验意识,从而使价值目标和价值主体得到一种先在的统一,这就使任何人都具有成为圣人的可能性,从而大大缩小了一般人和圣人之间的距离。"良知在人,百姓之日用同于圣人之成能,原不容以人为加损而后全。"② 而这种良知圣凡同具的思想,在理论上填平了传统"上智"与"下愚"之间所存在的不可逾越的鸿沟,使束缚和禁锢个性的封建等级制度的理论基础受到震荡,突出了个体存在的价值。王畿在王阳明所提出的为学须有切于身心,所谓"实有诸己"的基础上,强调"学原为了自己性命,默默自修自证"③,"吾辈讲学,原为自己性命,虽举世不相容,一念炯然,岂容自昧?"④ "吾人发心,原为自己性命,自信不惑,虽万死一生,亦当出头担荷。"⑤ 这种于"自己性命"的反复突出也透露出对个体自我更为重视的用意。此外,王畿还把阳明先生的是非之心与狂者精神结合起来,提出了"自信本心"的观念,提出"贤者自信本心,是是非非一毫不从人转换"⑥,"圣贤之学惟自信得此及,是是非非,不从外来,故自信而是,断然必行,虽遁世不见是而无闷;自信而非,断然必不行,虽行一不义、杀一不辜而得天下,不为"⑦。于此而强调了个体判断的普遍意义,肯定了自我,将个体的自由意识又向前推进了一步。

---

① 《新安斗山书院会语》,《王畿集》卷七,第166页。
② 《致知难易解》,《王畿集》卷八,第191页。
③ 《抚州拟岘台会语》,《王畿集》卷一,第17页。
④ 《答张阳和》,《王畿集》卷十一,第284页。
⑤ 《与赵澂阳》,《王畿集》卷十一,第289页。
⑥ 《与阳和张子问答》,《王畿集》卷五,第127页。
⑦ 《答退斋林子问》,《王畿集》卷四,第82页。

综上，王畿"亲承阳明末命"，把乃师"良知说"及其强调自我意识、尊重个体人格的思想解放精神加以继承和发扬并使其明朗化，使阳明学说在晚明广为流传而至"家孔孟而人阳明"，其传承之功不可磨灭，故"文成之后不能无龙溪"！

三　龙溪心学对阳明心学的发展与超越

尽管王畿于阳明学的传承之功是客观存在的，但就当时的实际情况而言，王畿得阳明真传的说法并没有得到同门及时人的一致认同，且明清之际的哲学家们基于对明亡的深刻反思而认为明亡与王学末流之弊相牵连，由此也将责任上溯到王畿而对其给予了或轻或重的批判。

阳明卒后，同为王门弟子的钱德洪就首先发难："师既没，音容日远，吾党各以己见立说。学者稍见本体，即好为径超顿悟之说，无复有省身克己之功。谓'一见本体，超圣可以歧足'，视师门诚意格物、为善去恶之旨，皆相鄙以为第二义。简约事为，言行无顾，甚者荡灭礼教，犹自以为得师门之最上乘。"① 尽管未直接点名，但其针对王畿之学还是显而易见的。阳明的另一弟子胡瀚，也指摘王畿仅"得其（阳明）说之一偏"②，不可谓之正统。此外，王畿与江右王门的聂豹、罗洪先的往复论辩，也是基于他们认为龙溪思想与阳明思想之间有脱离的判定。就连王畿的好友唐荆川也对其评价曰："惟兄笃于自信，是故不为形迹之防；包荒为大，是故无净秽之择；以忠厚善世不私其身，是故或与人同过而不求自异。此兄之所以生深信深慕于相知者，亦所以生微疑于不相知者也。"③

阳明后学之后，对龙溪心学游离师说并祸及后世的批判就更加激烈。《明儒学案·师说·王龙溪畿》中指出，龙溪"只口中劳劳，行脚仍不脱在家窠臼，孤负一生，无处根基"④，还批评他"蹈佛氏之坑堑"、"直把良知作佛性看，悬空期个悟，终成玩弄光景"。⑤ 认为王畿混淆了良知和佛

---

① 《大学问》，《王阳明全集》卷二十六，第973页。
② 《浙中王门学案五·教谕胡今山先生瀚》，《明儒学案》卷十五，第330页。
③ （明）唐顺之：《与王王龙溪郎中》，《唐荆川文集》卷五，《四部丛刊》初编集部，第8页。
④ 《师说·王龙溪畿》，《明儒学案》，第9页。
⑤ 同上。

性之间的界限，也就混淆了儒佛间的界限。刘宗周在论陆、王学术传衍时更是将王学末流之弊归咎于杨简、王畿，毫不留情地指出"象山不差，差于慈湖；阳明不差，差于龙溪"①、"阳明不幸而有龙溪，犹之象山不幸而有慈湖"②，认为陆学和王学的跻入于禅，只是弟子杨简和王畿的责任。黄宗羲虽然对王畿有较为中肯的哲学定位，但在其一分为二的评价中，也明确指出龙溪之说对于阳明学的游离——"师门之旨，不能无毫厘之差"、"于文成之学，固多所发明也"，以及在儒释道间的游离——"于儒者之矩矱，未免有出入"、"不得不近于禅"、"不得不近于老"③。

相较于黄宗羲理解式的同情而言，后来学者的批评则近乎痛斥。清朝陆陇其指出："自阳明王氏倡为良知之说……龙溪、心斋、近溪、海门之徒从而衍之……学术坏而风俗随之。其弊也，至于荡轶礼法，蔑视伦常，天下之人，恣睢横肆，不复自安于规矩绳墨之内，而百病交作。"④王夫之则把王畿学说的影响与明朝的灭亡联系在一起："王氏之学，一传而为王畿，再传而为李贽，无忌惮之教立。而廉耻丧、盗贼兴，中国沦没，皆惟怠于明伦察物而求逸获。故君父可以不恤，名义可以不顾。陆子静出而宋亡，其流祸一也。"⑤孙奇逢指出："当时天泉问答，龙溪实及门高第，首为四无之说，其师以为天机泄漏，接引上根。此说一出，惊诧骇异，聚讼至今。""遂使当世之士，禁为伪学，指为禅学，禅龙溪并禅阳明。"⑥

现代学者劳思光、嵇文甫的观点也有一定的代表性。劳思光指出："盖龙溪虽在阳明身后讲学多年，又以曾亲自侍阳明，动以直承'师说'自居；而谓他人误解'良知'之奥旨，然其悟境已落入禅门，昧于'化成世界'与'舍离世界'之大界限。则虽在零星意见上有独到处，在基本方

---

① （明）刘宗周：《会录》，戴琏璋、吴光主编《刘宗周全集》第二册《语类》，浙江古籍出版社 2007 年版，第 518 页。

② （明）刘宗周：《答韩参夫》，戴琏璋、吴光主编《刘宗周全集》第三册《文编上》，浙江古籍出版社 2007 年版，第 359—360 页。

③ 《浙中王门学案二·郎中王龙溪先生畿》，《明儒学案》卷十二，第 240 页。

④ （清）陆陇其：《学术辨上》，《陆稼书先生文集》卷一，中华书局 1985 年版，第 11 页。

⑤ （明）王夫之：《船山全书》第 12 册，岳麓出版社 1992 年版，第 371 页。

⑥ （明）孙奇逢：《龙溪密谛序》，李衷灿辑《龙溪密谛》，光绪三年秋九月刊。

向上仍离开儒学宗旨，可以论定。"① 嵇文甫客观地指出："龙溪心斋使王学向左发展，一直流而为狂禅派"，"龙溪心斋时时越过师说，把当时思想解放的潮流发展到极端，形成王学的左翼"②。

不管龙溪心学对后世造成的"危害"是否真如上述论者所言，但客观而言，王畿的思想在继承乃师"良知说"和肯定主体意识的思想解放因素的基础上，确实较阳明之学"多所发明"，在很多方面有一定的"出入"或者说"超越"。而学者们在探讨王畿与阳明学异同的过程中，关注得最多的莫过于功夫理论上的脱离。王阳明认为，良知作为先天的道德意识并不必然地转化为道德行为，由于"心之所发"的"意"在现实世界之具体存在且必然有善有恶，使得良知在发用流行过程中会被情欲习染所掩蔽，故他十分关注经验世界之"意"，进而强调"体究践履，实地用功"，指出"人有习心，不教他在良知上实用为善去恶功夫，只去悬空想个本体，不过养成一个虚寂。此个病痛不是小小，不可不早说破"。③ 王阳明用这种较重的语气明确了他致良知学说的核心。而王畿则把阳明良知观加以发挥改造，提出著名的"四无"理论，认为良知是一种不加工夫修证而当下具足的现成良知，他指出良知"当下现成，不加工夫修证而后得。致良知原为未悟者设，信得良知及时，独往独来，如珠之走盘，不待拘管，而自不过其则也。以笃信谨守，一切矜名饰行之事皆是犯手做作"。④ 可见，相对阳明而言，王畿的确对工夫理论有所忽视，尽管阳明在天泉证道中明确告诫王畿："四无之说，为上根人立教。……世间上根人不易得……汝中此意，正好保任，不宜轻以示人。"但王畿仍然从高明悟入，立足上根，故被后来的研究者称为"现成派"。然而，通读《王畿集》，我们不难发现，尽管王畿强调良知现成，但他并不完全否认工夫存在的必要性。较阳明，王畿强调"致知"工夫也必须循"天则之自然"，自然而然，在本体上加不得些子什么，以"无工夫中真工夫"倡导致知工夫的自然性；王畿欣赏

① 劳思光：《新编中国哲学史》三卷上，广西师范大学出版社 2005 年版。
② 嵇文甫：《晚明思想史论》，东方出版社 1996 年版，第 16 页。
③ 《传习录下》，《王阳明全集》卷三，第 118 页。
④ 《浙中王门学案二·郎中王龙溪先生畿》，《明儒学案》卷十二，第 239 页。

"独往独来，动于天游"与真性狂豪的理想人格，向往他们"从心所欲不逾矩"、"自信本心，直心以动"的圣贤气象；王畿以"圣人无欲，与天同体，无所障蔽，无所污染，率性而行，无不是道"①，把"无欲"规定为"心之本体"；王畿提出"一悟本体即为工夫"和"君子之学，贵于得悟"，以此向世人标揭他以一念自悟作为为学方法的先天正心之学。由此可见，于阳明良知说而外，王畿在"自然"、"真狂"、"无欲"、"自悟"四个方面"多所发明"，完成了对阳明理论的超越，亦形成了龙溪心学的鲜明特色。

第二节　龙溪心学的学术宗旨及其传播

在阳明后学中，王畿究竟以怎样的思想特色而在王学中独树一帜呢？要回答这一问题，必须先了解阳明卒后王学的分化情况。由于阳明一生学术变化较多、学术观点上存在语焉不详之处，同时其弟子及后学遍布大江南北，对阳明学术精髓的理解也不尽相同，加之其教育方法上的"因病立方、权实互用"，致使王学派别分异，一本而万殊。黄宗羲以师承和地域标准将五门分为浙中、江右、南中、楚中、北方、粤闽、泰州、止修八派，现代学者牟宗三承其而分王学为浙中、泰州、江右三派，他们均将王畿与钱德洪一起划归浙中派，这种仅以地域同异而不区分学术思想的分派方法自然有其缺点。故20世纪30年代嵇文甫的左右分派说以王畿和泰州学派为"左派"王学，20世纪60年代日本九州大学学者冈田武彦著名的现成、归寂、修正三大亚流论将王畿和王艮并归现成派，这种以社会政治和学术思想为标准的分派方法较之单纯的文化地域分派方法还是有一定的科学性的。而因为王畿思想中有"良知当下现成"的观点就将王畿学说冠以"现成派"的派名似乎也不能准确地把握王畿的思想特色和宗旨，关于这一点，日本京都府立大学学者中纯夫在《关于良知修证派——对王门三派说的疑问》一文中就提出了质疑。诚如黄宗羲所言："大凡学有宗旨，

---

① 《〈中庸〉首章解义》，《王畿集》卷八，第179页。

是其人之得力处，亦是学者之入门处。天下之义理无穷，苟非定以一二字，如何约之，使其在我。故讲学而无宗旨，即有嘉言，是无头绪之乱丝也。"① 那么，如何厘清王畿的思想特色和学术宗旨呢？

我们首先来看一下王畿自己对王学分化的叙述和理解。应该说，对王阳明以后王学内部出现的分歧，王龙溪所作的论述是最早也最为详尽的。嘉靖三十二年（1553 年），王畿在《滁阳会语》中首次把阳明后学中的异说歧见分为"沿袭之说"、"凌躐之说"、"虚寂之说"、"明觉之学"四类：

> 慨自哲人既远，大义渐乖，而微言日湮，吾人得于所见所闻，未免各以性之所近为学，又无先师许大炉冶陶铸销熔以归于一，虽于良知宗旨不敢有违，而拟议卜度、掺各补凑，不免纷成异说。有谓"良知落空，必须闻见以助发之，良知必用天理则非空知"，此沿袭之说也；有谓"良知不学而知，不须更用致知，良知当下圆成无病，不须更用消欲工夫"，此凌躐之论也；有谓"良知主于虚寂，而以明觉为缘境"，是自窒其用也；有谓"良知主于明觉，而以虚寂为沉空"，是自汩其体也。②

嘉靖四十一年（1562 年），王畿在《抚州拟岘台会语》一文中再次分析了王学各派形成的原因，比较完整地将王门"异见"细分为六类：

> 凡在同门，得于见闻之所及者，虽良知宗说不敢有违，未免各以其性之所近，拟议挽和，纷呈异见。有谓良知非觉照，须本于归寂而始得。如镜之照物，明体寂然，而妍媸自辨。滞于照，则明反眩矣。有谓良知无见成，由于修证而始全，如金之在矿，非火符锻炼，则金不可得而成也。有谓良知是从已发立教，非未发无知之本旨。有谓良知本来无欲，直心以动，无不是道，不待复加销欲之功。有谓学有主宰，有流行，主宰所以立性，流行所以立命，而以良知分体用。有谓

---

① 《明儒学案发凡》，《明儒学案》，第 17 页。
② 《滁阳会语》，《王畿集》卷二，第 34—35 页。

学贵循序，求之有本末，得之无内外，而以致知别始终。此皆论学同异之见，差若毫厘，而其缪乃至千里，不容以不辨者也。①

在说理和辩驳的基础上，王畿对上述六种倾向均持否定态度。正是基于对王门后学各种观点的批评，他将自己的为学宗旨概括为"以自然为宗"。

　　夫学当以自然为宗，警惕者，自然之用。戒谨恐惧，未尝致纤毫力，有所恐惧则便不得其正，此正入门下手工夫。②

这是王畿在《答季彭山龙镜书》中反驳季本"圣人言学，不贵自然，而贵于谨独"时提出的，在《与阳和张子问答》及《书同心册后语》中都有完全相同的语句。同时，他在其《心泉说》中也提出："夫君子之学贵于自然"③。且综观王畿全集，"自然"二字是全书中出现频率最高的词语，共出现两百余次。莫晋的《重刻王龙溪先生全集》在对王畿思想进行归纳时也明确指出："至先生论学，往往详本体而略工夫，盖以良知出于天，不由乎人，拟议即乖，趋向转背，学以复其不学之体，虑以复其不虑之体，工夫专用在本体上，以自然为宗，乃是不著力中大著力处。"④ 由此可见，在王畿的良知本体论和致知工夫论中都明显地贯彻了其"以自然为宗"的为学宗旨。可以说，正是在这一点上，王畿真正体现了在对阳明心学的继承基础上的发展和超越。

一　良知本体上的"以自然为宗"

王畿的良知说，是对阳明良知说的继承与发展。"良知"作为一个明确的概念，首先由孟子提出："人之所不学而能者，其良能也；所不虑而

---

① 《抚州拟岘台会语》，《王畿集》卷一，第26—27页。
② 《答季彭山龙镜书》，《王畿集》卷九，第212页。
③ 《心泉说》，《王畿集》卷十七，第504页。
④ （清）莫晋：《重刻王龙溪先生全集》，《王畿集》附录五，第865页。

知者，良知也。"① 这里孟子所谓的"良知"是指人所具有的一种不需后天反省的能力，即把"良知"作为表示天赋道德意识的范畴，并被后人所沿用。到了阳明时代，王阳明将"良知"作为"心即理"的浓缩表达，将一切合法性与合理性的根源从外在的天理转化为内在的良知，以后者所代表的道德主体性取代前者的权威，并指出"个个人心有仲尼"、"人人自有定盘针"②，强调了良知的先天性。王畿继承了其师把良知作为天赋道德意识的观点，并进一步向前推进而更注重"良知"的自然特性。

他在《白鹿洞续讲义》中说："良知者，性之灵也，至虚而神，至无而化，不学不虑，天则自然。"③ 以"不学不虑，天则自然"八个大字赋予了"良知"先天完足、自然天成的独特内涵。并在文集中反复加以强调：

先师良知之说，仿于孟子，不学不虑，乃天所为，自然之良知。惟其自然之育，不待学虑故也。④
自然之良即是爱敬之主，即是寂，即是虚，即是无声无臭，天之所为也。⑤
令干干净净，从混沌中立根基，自此生天生地生大业，方为本来生生真命脉耳。⑥
良知是心之本体，潜天而天，潜地而地。⑦
良知者，造化之灵机，天地之心也。⑧
良知在人，不学不虑，爽然由于固有，神感神应，盎然出于天成。⑨

"自然"即天然，天生如此。以上所谓"天所为"、"天之所为"、"混

---

① 《孟子·尽心上》，朱熹《孟子集注》卷十三，上海古籍出版社1987年版，第103页。
② 《咏良知四首示诸生》，《王阳明全集》卷二十，第790页。
③ 《白鹿洞续讲义》，《王畿集》卷二，第46页。
④ 《致知议辩》，《王畿集》卷六，第137页。
⑤ 同上。
⑥ 《斗山会语》，《王畿集》卷二，第28页。
⑦ 《南游会纪》，《王畿集》卷六，第152页。
⑧ 《建初山房会籍申约》，《王畿集》卷二，第50页。
⑨ 《书同心册卷》，《王畿集》卷五，第121页。

沌立基"、"天地之心"、"天成"等均可谓"自然"的代名词而强调良知本体的先天性和自然性。同时，"盎然出于天成"的良知心体含有天然的法则，这种法则贯穿于每个人的心中，与生俱来：

> 先师提出良知两字，不学不虑，天则昭然，千古入圣之学脉也。①
> 良知是天然之灵窍，时时从天机运转，变化云为，自见天则。②
> 良知自有天则，正感正应、不过其则，谓之格物。③
> 良知是天然之则，格者正也，物犹事也，格物云者，致此良知之天则于事事物物也。④

在此基础上，王畿还强调，良知天赋于主体与主体自觉地意识到良知是同步完成的，这种伴随天赋而来的明觉，又称"自然之觉"而被王畿多次提到：

> 良知者，无所思为，自然之明觉。⑤
> 自然之觉，良知也。⑥
> 良知者，自然之觉，微而显，隐而见，所谓几也。⑦

当然，王畿在其良知本体论中也进一步发挥了王阳明将本心良知作为判断是非的价值标准，从而将阳明学对道德主体的高扬、个体人格的尊重向前推进。

> 良知者，是非之则，千古相传真滴血也。⑧

---

① 《建初山房会籍申约》，《王畿集》卷二，第49页。
② 《过丰城答问》，《王畿集》卷四，第78页。
③ 《颍宾书院会纪》，《王畿集》卷五，第116页。
④ 《致知议辩》，《王畿集》卷六，第133页。
⑤ 同上书，第131页。
⑥ 同上书，第132页。
⑦ 同上书，第137页。
⑧ 《与陶念斋》，《王畿集》卷六，第226页。

良知者，本心之明、是非之则也。①

知者，心之本体，孟子所谓"是非之心，人皆有之"者也。是非本明，不须假借，随感而应，莫非自然。王霸诚伪之机，辨于此矣。圣贤之学惟自信得此及，是是非非，不从外来，故自信而是，断然必行，虽遁世不见是而无闷；自信而非，断然必不行，虽行一不义、杀一不辜而得天下，不为。②

同时，王畿既然认定"良知"的先天性和自然性，那么，他提出"良知"超越品级地位悬殊和贤愚圣凡差别而"人人具足"就显得顺理成章：

夫良知在人，圣愚未尝不同。③

良知人人所同具，无间于圣愚，只缘动于意、蔽于欲，包裹盖藏，不肯自悔自改，始或失之。④

良知不学不虑，天植灵根，无间于圣凡，人人所同具。⑤

良知良能，不待学虑而得，违之则为仁义之道，百姓之日用同于圣人之成能也。⑥

良知不学不虑，本来具足，众人之心与尧舜同。⑦

如果说孟子"人人皆可为尧舜"的思想只是提出了人人可成圣的潜在可能性，那么王畿则认为常人的良知当下就与圣人平等，他由良知本体先天自然而过渡到良知圣凡同具，同时又用良知的平等性和平常性反过来重新宣扬和诠释了良知本体的"天则自然"、"盎然出于天成"。

综上所述，王畿用他的良知先天自然、良知是天然之则、良知乃自然

---

① 《赠绍坪彭侯入觐序》，《王畿集》卷十四，第376页。

② 《答退斋林子问》，《王畿集》卷四，第82页。

③ 《〈王瑶湖文集〉序》，《王畿集》卷十三，第351页。

④ 《桐川会约》，《王畿集》卷二，第52页。

⑤ 《先师画像记后语》，《王畿集》卷十五，第410页。

⑥ 《孝友堂记》，《王畿集》卷十七，第483页。

⑦ 《与阳和张子问答》，《王畿集》卷五，第127页。

之觉、良知者是非之则、良知无间于圣凡等一系列理论，共同完成了他"以自然为宗"的学术宗旨在良知本体论上的体现。

二 致知工夫上的"以自然为宗"

如果说在良知本体论上的"天则自然"更多地体现了王畿对阳明良知说的继承和一定程度地发挥，那么在良知工夫理论上，王畿则真正如论者所言，"时时不满其师说"以至"悬崖撒手，非师门宗旨所可束缚"。王阳明以"致良知"为"学问大头脑"，"良知"是本体，"致"是工夫，通过工夫致得良知，即谓"致良知"。阳明在肯定良知作为先验的道德本体而得自于天的同时，又对本然之良知与自觉意识到的良知作了区分，认为这种天赋良知并不必然的转化为道德行为，当良知在发用流行过程中为人情习气所遮蔽时，就只有通过后天"体究践履"的致知工夫才能"去蔽"以"明复"良知本体，使之转化为自觉之知。正如阳明在天泉证道的"四句教"中提出的"无善无恶心之体，有善有恶意之动"，他认为"盖心之本体本无不正，自其意念发动后有不正"。因此阳明主张，在心发动产生各种或善或恶的经验意识后，就必须对之加以澄治和明复，故阳明的工夫论从整体上说是以诚意为中心和重点的，或者说是以工夫复本体的工夫理论。

在王畿的思想体系中，与阳明良知观的根本不同之处在于它摒弃了王阳明关于良知的"受蔽"和"明复"理论，王畿的体认良知之功，既不同于程朱理学在性外别求物理，也不是如其师的"诚意"、"格物致知"，而是"从先天立根"，"即本体便是工夫"的"易简省力"之功。王畿的"四无说"认为，"若悟得心是无善无恶之心"，则"意即是无善无恶之意，知即是无善无恶之知，物即是无善无恶之物"，既然"良知是天然之灵窍"，那么"致良知"也应"以自然为宗"，"人力不得而与"，王畿谓之"无工夫中真工夫"，强调了致知工夫的自然性。

关于王畿在致知理论上与王阳明及王门诸子不同的这一特点，黄宗羲在《明儒学案》中有一段极有针对性的论述：

　　阳明"致良知"之学，发于晚年。其初以静坐澄心训学者，学者多有喜静恶动之弊，知本流行，奴提掇未免过重。然曰"良知是未发之中"，又曰"慎独即是致良知"，则亦未尝不以收敛为主也。故邹东廓之戒惧，罗念庵之主静，此真阳明之的传也。先生（钱德洪）与龙溪亲炙阳明最久，习闻其过重之言。龙溪谓："寂者心之本体，寂以照为用，守其空知而遗照，是乖其用也"。先生谓："未发竟从何处觅？离已发而求未发，必不可得。"是两先生之"良知"，俱以见在知觉而言，于圣贤凝聚处，尽与扫除，在师门之旨，不能无毫厘之差。龙溪从见在悟其变动不居之体，先生只于事物上实心磨练，故先生之彻悟不如龙溪，龙溪之修持不如先生。乃龙溪竟入于禅，而先生不失儒者之矩矱，何也？龙溪悬崖撒手，非师门宗旨所可系缚。先生则把缆放船，虽无大得亦无大失耳。①

　　阳明重视工夫，强调以"收敛"为主，为了销欲去蔽，需保持高度的戒慎恐惧之心，需要从工夫上说本体，加强心体对外物善恶是非的分辨与选择，进而收敛复归至善的良知本体，以防止心之体被物欲所玷污。从阳明的"收敛保聚"说与"致知工夫"说出发，资性"沉毅"的邹东廓、聂双江、罗念庵、钱德洪分别提出了"戒慎恐惧"、"寂而常定"、"主静立极"、"事上磨练"等命题，主张用"收敛保聚"取代"轻快洒脱"的良知本性，由于他们都强调致良知的工夫，因而共同组成了工夫派系统。王畿与阳明及上述王门诸子不同，他仍然本着其"以自然为宗"的学术宗旨，强化"自然"本能，从本体自然和工夫自然两个方面，推崇"自性流行"的天之所为，拒斥"收敛保聚"的人之所为，进而取消销欲去蔽的道德修养工夫。徐阶在一次与王畿的对话中，以良知比喻明镜，探讨致知工夫：

　　徐子曰："镜体本莹，故黑白自辨，若镜为尘垢所蔽，须用力刮磨，以复其本体，刮磨正是致知工夫。苟执'非树非台'之说，只悬空谈能辨黑白，恐终无益，而即其谈处，先已落想像推测、日汩没于识而不自知矣！"①

他指出，因为良知被物欲所蔽，就应去欲以复良知本体，以此来说明后天的用工夫以复本体的必要性。王畿在回答中坚持从先天立根即本体为工夫的自然致知观：

> 先生曰："致知正是去垢工夫，不落想像推测。若我公见教，诚后学通病，不可不深省。非树非台，不是说了便休，然须认识得本来无物宗旨，自无尘垢可惹。终日行持，只复此无物之体。若此外加一毫帮补凑泊，终日勤劳，只益虚妄而已。"②

王畿的这种"本来无物宗旨，自无尘垢可惹"的观点是其自然致知论的出发点，基于此，他在文集中多次阐明"自然之用"的功夫，指出"人力不得而与"，排斥人之所为：

> 时至消息自然，人力不得而与。③
> 良知者，本心之灵，至虚而寂，周乎伦物之感应，寂以通故，其动以天，人力不得而与，千圣相传之秘藏也。④
> 正心，先天之学也；诚意，后天之学也。良知者，不学不虑，存体应用，周万物而不过其则，所谓"先天而天弗违，后天而奉天时"也。⑤

他认为，良知"不待修证而后全"，后天的工夫和修为只会阻碍真性的自然流行：

---

① 《与存斋徐子问答》，《王畿集》卷六，第 146 页。
② 同上。
③ 《别曾见台漫语摘略》，《王畿集》卷十六，第 464 页。
④ 《自讼问答》，《王畿集》卷十五，第 433 页。
⑤ 《陆五台赠言》，《王畿集》卷十六，第 445 页。

良知在人，不学不虑，爽然由于固有，神感神应，盎然出于天成，本来真头面，固不待修证而后全。①

灵知在人，本然完具，一念自反，即悟本心，无待于修。②

良知是天然之灵窍，时时从天机运转，变化云为，自见天则。不须防检，不须穷索。③

良知原是不学不虑、原是平常、原是无声臭、原是不为不欲，才涉安排放散等病，皆非本色。"乃若致知，则存乎心悟"，致知之外无学矣！④

警惕，自然之用。戒慎恐惧，未尝致纤毫之力。有所恐惧，则便不得其正，此正入门下手工夫。⑤

良知本顺，致之则逆。目之视、耳之听，生机自然，是之谓顺；视而思明、听而思聪，天则森然，是之谓逆。⑥

由此，王畿主张取消"加损"和去"遮蔽"的工夫，认为良知上的任何增益都是违背"自然"天则的：

良知自有天则，随时酌损，不可得而过也。⑦

良知上有增减、有轻重，皆非天则。⑧

盖是非本心，人所固有，虽圣人亦增减他一毫不得。⑨

良知本无知，良能本无能，学者复其不学之体而已，虑者复其不虑之体而已，非有加也。⑩

---

① 《书同心册卷》，《王畿集》卷五，第 121 页。
② 《祭陆与中文》，《王畿集》卷十九，第 581 页。
③ 《过丰城答问》，《王畿集》卷四，第 79 页。
④ 《答楚侗耿子问》，《王畿集》卷四，第 102 页。
⑤ 《与阳和张子问答》，《王畿集》卷五，第 125 页。
⑥ 《图书先后天跋语》，《王畿集》卷十五，第 420 页。
⑦ 《答中淮吴子问》，《王畿集》卷三，第 69 页。
⑧ 《与三峰刘子问答》，《王畿集》卷四，第 80 页。
⑨ 《致知议辩》，《王畿集》卷六，第 138 页。
⑩ 《拙斋说》，《王畿集》卷十七，第 499 页。

这样，王畿便由良知本体的自然性过渡到致知工夫的自然性，他并不否认工夫的存在，只是极力反对离开本体而谈工夫，强调本体与工夫的合一：

> 外本体而论工夫，谓之二法，二则支矣。①
> 盖工夫不再本体，本体即是工夫，非有二也。②
> 圣人学者本无二学，本体工夫亦非二事。③

当然，王畿也认为致良知工夫因人而异，他说：

> 人之根器不同，功夫难易亦因以异。从先天立根，则动无不善，见解嗜欲自无所容，而致知之功易。从后天立根，则不免有世情之杂，生灭牵扰，未易消融，而致知之功难。势使然也。④

在王畿的思想中，有高低、权实、主次两个层次，这是因为阳明在天泉证道中有这样的最后指示，但王畿自己还是立足上根，重视高的、实的、主要的层次，强调得更多的还是"易"的工夫，即从本体立根的工夫，他指出：

> 良知不学不虑，终日学，只是复他不学之体；终日虑，只是复他不虑之体。无工夫中真工夫，非有所加也。工夫只求日减，不求日增。减得尽，便是圣人。⑤

这种"无工夫中真工夫"理论的提出在并不完全否认工夫的存在基础上，强调了致知工夫的自然性。而对于中根以下的学者而言，那种从后天

---

① 《答季彭山龙镜书》，《王畿集》卷九，第212页。
② 《冲元会纪》，《王畿集》卷一，第3页。
③ 《答季彭山龙镜书》，《王畿集》卷九，第212页。
④ 《陆五台赠言》，《王畿集》卷十六，第445页。
⑤ 《与存斋徐子问答》，《王畿集》卷六，第146页。

立根的"反之"工夫，则被王畿认为是比较难的，是权法，不是主要的。

可以看出，王畿以"盎然出于天成"的良知本体论引发出"无工夫中真工夫"的自然致知论，从本体和工夫两个层面诠释了其"以自然为宗"的哲学理念。

第三节　龙溪心学的学术观点及其传播

一　真性狂豪的理想人格

"以自然为宗"的学术宗旨，体现在人生哲学上，就直接表现为对理想人格的追求。王畿将他的价值标准、人格理想、生命追求与其学术融会在一起，从而敢于勘破传统经典的神圣性和世俗毁誉及名节道谊的权威性，在意趣志向和思想性格上倡导"豪杰"、"狂者"的真性流行，斥责"乡愿"、"俗儒"的病态士风，在心态上表现出汪洋恣肆的狂者意趣和盎然洒脱、纵横自在的个性。他提出"乐是心之本体"、"直是心之本体"，向往"乐至于忘"的真乐之境，欣赏"直心以动"的纯正人性。他直面生死，超脱世情，以自然因顺的态度探究生命的终极意义。然而，王畿的"狂"，王畿的"乐"，王畿的"任生死而超生死"却没有流于放荡不羁和纵情纵欲，他提出"缠绕的要脱洒，放肆的要收敛"①，把通过内在的自力以"克念"作为入圣的应有之义。基于以上，王畿用其"独来独往，动于天游"的狂豪情结和"从心所欲不逾矩"的处世准则成功诠释了他作为一个儒者身处明代政治现实中的人格追求和价值取向。较之阳明，王畿在追求人格独立、倡导个性自由并重视人的主观能动性等方面，比其师更进了一层，而"把当时思想解放的潮流发展到极端"。

（一）"狂狷"、"豪杰"——理想人格的选择与追求

《论语》曰："不得中行而与之，必也狂狷乎？狂者进取，狷者有所不为也。"② 又曰："乡愿，德之贼也。"③ 孔子认为狂者具有志向高远、进

---

① 《水西经舍会语》，《王畿集》卷三，第60页。
② 杨伯峻：《论语译注》，中华书局1960年版，第186页。
③ 同上书，第141页。

取求真的阳刚之美，狷者也不失有所不为、不同流合污的阴柔之美，狂狷之士虽不如中行，然亦甚堪推崇。而乡愿则如孟子所言"非之无举也，刺之无刺也，同乎流俗，合乎污世，居之似忠信，行之似廉洁，众皆悦之，自以为是，而不可与入尧舜之道"，显示出八面玲珑、四面讨好的"媚世"俗态。可见，狂者以自律而自信本心，乡愿则以他律而一切行为陪奉他人，故阳明等人均否定乡愿推崇狂者。王阳明在平藩之后曾言：

> 我在南都已前，尚有些乡愿的意思在。我今信得这良知真是真非，信手行去，更不着些覆藏，我今才做得个狂者胸次，使天下之人都说我行不掩言也罢。[1]
>
> 狂者志存古人，一切纷嚣俗染不足以累其心，真有凤凰千千仞之意。[2]

王畿承孔孟及其师之意，在其文集中经常提到有关狂狷与乡愿的论说，他对中行、狂者、狷者、乡愿进行了一番详细辨析，且作了价值上的排序：

> 纯甫梅子问狂狷乡愿之辨。先生曰："古今人品之不同如九牛毛，孔子不得中行而思及于狂，又思及于狷。若乡愿则恶绝之，甚则以为德之贼。何啻九牛毛而已乎？狂者之意，只是要做圣人，其行有不掩，虽是受病处，然其心事光明超脱，不作些子盖藏回护，亦便是得力处。若能克念，时时严密得来，即为中行矣。狷者虽能谨守，未办得必做圣人之志，以其知耻不苟，可使激发开展，惟入于道，故圣人思之。若夫乡愿，不狂不狷，初间亦是要学圣人，只管学成觳套，居之行之，象了圣人忠信廉洁，同流合污，不与世间立异，象了圣人混俗包荒。圣人则善者好之，不善者恶之，尚有可非可刺。乡愿之善，

---

① 《传习录下》，《王阳明全集》卷三，第116页。
② 《传习录拾遗》，《王阳明全集》卷三十二，第1168页。

既足以媚君子，好合同处，又足以媚小人。比之圣人，更觉完全无破绽。譬如紫色之夺朱，郑声之乱雅，更觉光彩艳丽。苟非心灵开霁、天聪明之尽者，无以发其神奸之所由伏也。夫圣人所以为圣，精神命脉全体内用，不求知于人，故常常自见已过，不自满假，日进于无疆。乡愿惟以媚世为心，全体精神尽从外面照管，故自以为是，而不可与入尧舜之道。学术邪正路头，分决在此。自圣学不明，世鲜中行，不狂不狷之习，沦浃从之心髓。吾人学圣人者，不从精神命脉寻讨根究，只管不取皮毛支节，趋避形迹，免于非刺，以求媚于世，方且傲然自以为是，陷于乡愿之似而不知，其亦可哀也已。"①

王畿通过这段详细论说旗帜鲜明地表明了他对狂者的推许和对乡愿的斥责。他认为狂者心事光明超脱，自信本心，虽有"行有不掩"的"受病处"，但从不包藏遮盖；狷者能谨守礼法，思想内敛，有所不为，也有其优点。当然，在狂与狷之间，王畿也明确表示了他对狂者的更加欣赏：

算稳之人似狷，勇往之人似狂。算稳底少过，自谓可以安顿此身，未尝有必为圣之志，须激励他，始肯发心。不然，只成乡党自好者而已，所以难救。勇往底虽多过，却有为圣之志，若肯克念慎修，便可几于中行。孔子思狂，不得已而次及于狷，亦此意也。②

相比之下，他把乡愿认定为是古今各式人品中最令人鄙夷的，指责乡愿不信本心、包藏掩匿，"以媚世为心"，以世俗的毁誉为是非，围绕他人脚跟转，外表忠信廉洁，实则虚伪徇俗。在《与阳和张子问答》中对张元忭关于狂者和乡愿的提问也作了如下回答：

狂者行不掩言，只是过于高明，脱落格套，无溺于污下之事，诚

---

① 《与梅纯甫问答》，《王畿集》卷一，第5页。
② 《抚州拟岘台会语》，《王畿集》卷一，第23页。

如来教所云。夫狂者志存尚友，广节而疏目，旨高而韵远，不屑弥缝格套，以求容于世。其不掩处，虽是狂者之过，亦是其心事光明特达、略无回护盖藏之态，可几于道。天下之过与天下共改之，吾何容心焉？若能克念，则可以进于中行，此孔子所以致思也。①

这是对"志存尚友，广节而疏目，旨高而韵远，不屑弥缝格套"的狂者胸次的肯定与赞赏，而于乡愿则给予了痛快淋漓的斥责与鞭挞：

若夫乡愿，一生干当，分明要学圣人，忠信廉洁是学圣人之完行，同流合污是学圣人之包荒。谓之似者，无得于心，惟以求媚于世，全体精神尽向世界陪奉，与圣人用心不同。若矫情饰伪，人面前忠信廉洁，在妻子面前有些缺败，妻子便得以非而刺之矣。谓之同流，不与俗相异，同之而已；谓之合污，不与世相离，合之而已。若自己有所污染，世人便得以非而刺之矣。圣人在世，善者好之，不善者犹恶之。乡愿之为人，忠信廉洁既足以媚君子，同流合污又足以媚小人，比之圣人局面更觉完美无渗漏。尧舜之圣，犹致谨于危微，常若有所不及。乡愿傲然自以为是，无复有过可改，故不可以入尧舜之道；似德非德，孔子所以恶之尤深也。②

因此，王畿总结：

夫乡党自好，与贤者所为，分明是两条路径，贤者自信本心，是是非非一毫不从人转换；乡党自好即乡愿也，不能自信，未免以毁誉为是非，始有违心之行、殉俗之情。③
狂者之志，嚣嚣然以古人为期，所见者大，考其行而或有不掩者，虽若功行之未纯，而其心事之光明廓朗，略于形迹，不务为覆藏

① 《与阳和张子问答》，《王畿集》卷五，第126页。
② 同上书，第127页。
③ 同上。

掩昵之态，此则狂者之所以为狂也。若乡愿者，弥缝键闭，掩然以媚世为心，自以为是，不可与入古人之道，与狂者作用正相反。①

由此，我们于王畿笔胜舌的反复论说中鲜活地感知了身为狂者的他对于狂者胸次的感同身受和由衷赞美，也同时在他于狂狷乡愿的品评与选择中畅晓了他对"不顾毁誉"、"无所奉陪"的个体独立人格的极力向往与追求。

当然，王畿在他的文集中除了对狂者气象的热切赞美外，他把狂者的最高境界称为"出世间大豪杰"。他指出：

> 超乎天地之外，立于千圣之表，此是出世间大豪杰作用。如此方是享用大世界，方不落小家相。②

王畿心目中的"出世间大豪杰"，能够不拘泥于世俗的成见，不被道义名节所拘管，能够"打破自己无尽宝藏"，"令干干净净，从混沌中立根基"，能够保持生命的自然本性，不虚伪，不矫情，能够超越功名利禄、毁誉得丧，超越世间法甚至超越生死而达到理想的心理境界，只有这样才能"超乎天地之外，立于千圣之表"。因此，王畿在文集中对这种"出世间大豪杰"的真正理想人格反复标揭和赞许：

> 若要做个千古真豪杰，会须掀翻箩笼，扫空窠臼，彻内彻外，彻骨彻髓，洁洁净净，无些覆藏，无些陪奉，方有个宇泰收功之期。③
> 做个出世间大豪杰。眼面前勘得破，不为顺逆称讥所摇，脚跟下刲得定，不为得丧利害所动，时时从一念入微，酝酿主张，讨个超脱受用。④

---

① 《友梅毕君八秩序》，《王畿集》卷十四，第400—401页。
② 《龙南山居会语》，《王畿集》卷七，第167页。
③ 《答李克斋》，《王畿集》卷九，第206页。
④ 《与李见亭》，《王畿集》卷十一，第290页。

若是出世间大豪杰，一语之下，便当了然。本无生，孰杀之？本无誉，孰毁之？本无洁，孰污之？本无荣，孰辱之？直心以动，全体超然，不以一毫意识参次其间。①

若是出世间大豪杰，会须自信本心，以直而动，变化云为，自有天则，无形迹可拘，无格套可泥，无毁誉可顾，不屑屑于绳墨而自无所逾。……胸中光明特达，无些子滞碍，始是入圣真血脉络。②

他认为，只有追求到了"出世间大豪杰"的理想人格和理想境界，才能解脱现实的羁绊，争取个性的自由，从而达到个体精神上的"独来独往，动于天游"。王畿多次提到"独来独往"、"独往独来"，以此来描绘一种精神上旁无牵累，不被外物所役使，超脱世俗的尘垢和约束，游于天地之外的物我两忘之境：

独来独往，动与天游。③

从言而入，非自己证悟，须打破自己无尽宝藏，方能独来独往、左右逢源，不傍人门户，不落知解。④

若真信得良知过时，自生道义，自存名节，独往独来，如珠之走盘，不待拘管，而自不过其则也。⑤

人生一世，只有这件事，得此把柄入手，方能独往独来、自作主宰，不随人悲笑，方是大豪杰作用也。⑥

应缘而来，缘尽而往，独往独来，讨个临行脱洒受用，方不负大丈夫出世一番也。⑦

吾人在世，所保者名节，所重者道谊。若为名节所管摄、道谊所

---

① 《赵麟阳赠言》，《王畿集》卷十六，第446页。
② 《书顾海阳卷》，《王畿集》卷十六，第477页。
③ 《留都会纪》，《王畿集》卷四，第92页。
④ 《三山丽泽录》，《王畿集》卷一，第13页。
⑤ 《过丰城答问》，《王畿集》卷四，第79页。
⑥ 《南游会纪》，《王畿集》卷七，第156页。
⑦ 《与吕沃洲》，《王畿集》卷九，第219页。

拘持，便非天游，便非独往独来大豪杰。①

一念自信，独来独往，旁无牵累，大行不加，穷居不损。②

是非独往独来、超然而独存者，何足以语此？养生家不超不脱，不能成丹；吾儒不超不脱，不能入圣。③

此身独往独来，随处取益，以挽回世界为己任，而不以世界累其身，方为善用其大耳。④

吾人果能确然自信其良知，承接尧舜以来相传一脉，以立天地之心、生民之命、不为二氏毫厘之所惑，不为俗学支离之所缠，方为独往独来、担荷世界大丈夫尔。⑤

王畿这种有类于庄子自由观的独来独往之境是一种更甚于狂者胸次的理想境界，这种境界"非意气所能驰骋，非知解所能凑泊，非格套所能摹仿"⑥，体现的则是王畿对人格独立、人性自由的强烈要求，突出了个体存在的价值，是他所代表的知识分子在明朝君主专制背景下对个性解放的向往和追求。

（二）"乐"与"直"——心之本体的感悟与认同

与狂者豪杰、独来独往的理想人格和理想境界相适应，王畿多次提到"乐是心之本体"、"直是心之本体"，从心体本源上探寻超脱之境的自然与合理，是王畿通过对人心本然状态的体悟而将人格与哲理再次进行完美融合的理论阐释。

关于"乐"，是中国古代人生美学的重要境界，《论语》所述的"颜回之乐"、"曾点之乐"说的就是一种超越外在的物质性诉求，把内心的快乐作为快乐本源的乐。当萧全吾问到"与点之意"时，王畿不无赞赏地描述"曾点之乐"曰：

---

① 《与魏敬吾》，《王畿集》卷十二，第305页。
② 《与宛陵会中诸友》，《王畿集》卷十二，第315页。
③ 《赵麟阳赠言》，《王畿集》卷十六，第447页。
④ 《三山丽泽录》，《王畿集》附录二《龙溪会语》卷二，第700页。
⑤ 《别见台曾子漫语》，《王畿集》附录二《龙溪会语》卷三，第728页。
⑥ 《与宛陵会中诸友》，《王畿集》卷十二，第315页。

三子皆欲得国而治，未免执定做去，曾点却似个没要紧的人，当三子言志时，且去故瑟，眼若无人，及至夫子问他，却舍瑟而对，说出一番无意味话：时至暮春，春服始成，三三两两，浴沂舞雩。其日用之常，一毫无所顾忌，狂态宛然。①

基于对孔颜、曾点超脱之乐的感悟和认同，王畿指出：

乐是心之本体，本是活泼，本是脱洒，本无挂碍系缚。……孔之疏饮，颜之箪瓢，点之春风沂浴、有当圣心，皆此乐也。②

王畿多次强调"人心本乐，本与万物同体"、"此乐无加损，根于所性"，说明"乐"是人心的本然状态，是与天地万物同体的心理境界。王畿的"乐"，不是自己的的道德力量战胜感性欲望获得的心灵愉悦，他的"乐"是本体的，是先在的。由此告诫世人要顺应此心之乐而弗违：

乐是心之本体，顺之则喜，逆之则怒，失之则哀，得之则乐。③

他提出："乐至于忘，始为真乐"，只有追求真乐，乐到忘处，才能达到道德和情感上的超越而实现人生价值，体验自我与万物浑然一体、物我两忘的人生境界。在《经三教峰》中，王畿用"青牛白马知何处，鱼跃鸢飞只自然"的诗句来形容活泼的真乐之状和自然流行、无执无滞的生命之境。为此，王畿还专门创作了《愤乐说》：

乐者心之本体。人心本是和畅，本与天地相为流通，才有一毫意必之私，便与天地不相似；才有些子邪秽渣滓搅此和畅之体，便有所隔碍而不能乐。……乐是自然之和……吾人欲寻仲尼、颜子之乐，惟

---

① 《新安斗山书院会语》，《王畿集》卷七，第164页。
② 《答南明汪子问》，《王畿集》卷三，第67页。
③ 《白云山房问答》，《王畿集》卷七，第169页。

在求吾心之乐。①

　　强调的无非也是摆脱一切习气格套、意必之私、邪秽渣滓的心体之乐对于解除精神桎梏而实现个性自由的重大意义。
　　关于"直"，与"乐是心之本体"相补充，王畿也提出"直是心之本体"。所谓"直心"，应该指的是没有虚假的真心，未受世俗尘埃污染的本心，是真实无妄之心、正直而无诐曲之心。

　　　　"人之生也直"，直是心之本体，人情世事，皆此心之应迹，才有毁誉利害夹带其间，始不能直，始有许多委曲计较。若能忘得毁誉陪奉、利害体态，直心以动，自有天则。日与人情世事旋转，而不为周罗，万缘扰扰，独往独来，盎然出之而不为率易。②

　　同样强调的是纯朴自然状态的人心不能有欲望的障蔽，不能有私意的安排，必须坦怀任意，因为：

　　　　吾人为学只是一个直心，直心之谓德，无亿度处、无凑泊处、无转换处、无污染处。……才有亿度，便属知解；才有凑泊，便泥格套；才有转换，便属念想；才有污染，便涉情欲，是皆所谓妄也。③

　　故王畿由"直是心之本体"而将程朱理学人性论中天理的成分排除出去，代之以"直心"、"真性"，倡导人人依自然本性而行，也就是他在文集中经常提到的"直心以动"、"真性流行"。关于"直心以动"，他说：

　　　　人心莫不有知，古今圣愚所同具。直心以动，自见天则，德性之

① 《愤乐说》，《王畿集》卷八，第194页。
② 《与邵缨泉》，《王畿集》卷十，第296页。
③ 《直说示周子顺之》，《王畿集》卷十七，第497—498页。

· 54 ·

知也。泥于意识，始乖始离。①

　　自今以始，幸相与发个为性命真心，从事于致知之学，时时握其机、入其窍，直心以动，自见天则，使视听不违其度，喜怒不乖其节，人伦上下、远近之交，不失其宜。自性自养、自命自立，或出或处，做个天地间脱洒光明大豪杰。②

　　直心以动，全体超然，不以一毫意识参次其间。③

要求人们一切行为应当遵循率直的心灵，才不愧豪杰之所为。对于"真性流行"，他说：

　　真性流行，无处不遍，无处不宜。敛而不拘，裕而不肆，神感神应，天则自见，此固吾丈见在行持公案也。④

　　若从真性流行，不涉安排，处处平铺，方是天然真规矩。⑤

　　才著意处，便是固必之私，便是有所，便不是真性流行。真性流行，始见天则，方能尽己之性，尽人物之性。⑥

保持生命的自然本性，不虚伪，不掩饰，让视听言动都符合自己本然的心灵真实，成为王畿一再强调的行为理念。故莫晋在《重刻王龙溪先生全集》中赞赏他说："先生直心以动，从一念入微处自证自修，真性流行，空诸依傍，应亦圣门狂士之亚。"⑦

可见，王畿通过对乐是本体，直是本体的深切体悟和探讨，而指导于他在人情世事上推崇于"直心以动"、"真性流行"的行为方式。因此，我们不能不说王畿在中国人性论和自由意识的进展方面有其独特的建树，在

---

① 《意识解》，《王畿集》卷八，第192页。
② 《云间乐聚册后语》，《王畿集》卷十五，第415页。
③ 《赵麟阳赠言》，《王畿集》卷十六，第4468页。
④ 《与汪周潭》，《王畿集》卷十一，第281页。
⑤ 《池阳漫语示丁惟寅》，《王畿集》卷十六，第469页。
⑥ 《书见罗卷兼赠思默》，《王畿集》卷十六，第474页。
⑦ 《重刻王龙溪先生全集》，《王畿集》附录五，第865页。

强调人的主观能动性方面较其师更进一层，对于晚明大众摆脱宗法束缚，追求思想解放有着积极的推动作用。

（三）"生"与"死"——生命本真的思考与超脱

要达到"动与天游"的理想境界，就不能不考虑自然因素和时空因素的束缚，这就涉及一个对生死的态度问题。关于生与死，孔子在答季路之问时曰："未知生，焉知死"，注重的是生与死之间的现世人生。而一生多次濒临生死关头的阳明对生死问题也有一段论述：

> 萧惠问死生之道。先生（王阳明）曰："知昼夜即知死生。"问昼夜之道。曰："知昼则知夜。"曰："昼亦有所不知乎？"先生曰："汝能知昼？懵懵而兴，蠢蠢而食，行不著，习不察，终日昏昏，只是梦昼。惟息有养，瞬有存，此心惺惺明明，天理无一息间断，才是能知昼。这便是天德，便是通乎昼夜之道，而知更有甚么死生？"①

基于对孔子及阳明生死观的理解与引申发明，王畿提出"生死如昼夜"、"知生即知死"、"任生死，超生死"等命题。

首先，承其师"知昼夜即知死生"，王畿提出"生死如昼夜"，是自然运转的过程，因此，对生死应该采取自然顺应的态度而因顺随缘。他在《与吴中淮》中说：

> 区区暮年来，勘得生死一关颇较明白。生死如昼夜，人所不免。四时之序，成功者退，人生天地间，此身同于太虚，一切身外功名得丧，何足以动吾一念？一日亦可，百年亦可，做个活泼无依闲道人，方不虚生浪死耳。②

他认为，生死就像昼夜交替、四季转换，不过是一气的周流复始，没有办法安排和避免，故人只能以乐心、直心去探讨生命的本真，才能"不

---

① 《传习录上》，《王阳明全集》卷一，第37页。
② 《与吴中淮》，《王畿集》卷十二，第310页。

虚生浪死"。所以，他反复说道："生死如昼夜，人所不免，任之而已"①、"人生百年，只如倏忽，生死如昼夜，定知不免"②、"生本无生，死本无死，生死往来，犹如昼夜"③、"生死如昼夜，人所不免，此之谓物化。若知昼而不知夜，便是溺丧而不知归，可哀也已！"④ 这一命题的提出是王畿在对生死进行了透彻思考和体悟后得出的对生命本真和生命终极意义的理解。

其次，王畿认为于生死不能执著，进而提出"知生即知死"，强调应注重心体的修养而不执着于人间世情的毁誉利害，在得丧称讥好丑荣辱诸境上保持如如不动。他在《华阳明伦堂会语》中说：

> 吾人从生至死，只有此一点灵明本心，为之主宰。人生在世，有闲有忙，有顺有逆，毁誉得丧诸境，若一点灵明时时做得主宰，闲时不至落空，忙时不至逐物，闲忙境上，此心一得来，即是生死境上一得来样子。顺逆、毁誉、得丧诸境亦然。知生即知死。⑤

他认为，只有加强心性修为，无动于心，使良知本体常明，不为一切境相所动，才能自然超然地面对生死，因为"可以死者，以其放下，无复牵带"。于此他指出：

> 死生只在眼前，眼前毁誉利害，有一毫动念、一不来处，便是生死一不来样子。只此一条路，更无躲闪处。平时澄静，临行自然无散乱。平时散乱，临行安得有澄静？⑥

生死随缘，不作有无二见，可以死者以其放下，无复牵带，所谓"通昼夜之道而知也"。谁人肯向死前休？若信得此及，从前种种世情

---

① 《答李渐庵》，《王畿集》卷十一，第271页。
② 《云间乐聚册后语》，《王畿集》卷十五，第415页。
③ 《留都会纪》，《王畿集》卷四，第92页。
④ 《与耿楚侗》，《王畿集》卷十，第241页。
⑤ 《华阳明伦堂会语》，《王畿集》卷七，第160页。
⑥ 《与殷秋溟》，《王畿集》卷十二，第308页。

嗜好、未了之心，等于梦幻空华，便须全体放下，摄心归一，干办未后随身一着，免致临期措手不迭，同心之愿也。①

吾人生于天地间，与万缘相感应，有得有失，有好有丑，有称有讥，有利有害，种种境界，若有一毫动心，便是临时动心样子。一切境界，有取有舍，有欣有戚，有一毫放不下，便是临时放不下样子。生之有死，如昼之有夜，知昼则知夜，非有二也。②

爱生死者，未可以死，只为有爱根在。闻了道，此心已了，万缘放得下，无复有爱根牵缠，才可以死，其实死而未尝死也。③

可见，王畿强调的是"放下"，也就是不执着，强调"平时明定，临期自无散乱"，只有平时不执着于世情嗜好、声色货利，对生死忘机委顺，才能达到死前的自无散乱，心情澄静，才能"讨个临行洒脱受用"。

此外，王畿在"知生即知死"的基础上，还多次提到了"有任生死者，有超生死者"两种生死境界，上面提到的"生死如昼夜，人所不免"，以及不为世情利害所累、不为"生死所忙"的境界，可谓之"任生死"。那么何谓"超生死"？王畿有言：

若夫超生死一关，生知来处，死知去处，宇宙在手，延促自由，出三界、外五行，非缘数所能拘限，与太虚同体，亦与太虚同寿，非思想言说所能凑泊，惟在默契而已。成己成物，原非两事，养德养身，原无二学，乃是千圣相传秘藏。④

这里，王畿则把生死问题提高到了宇宙论的高度来认识，从良知本体出发指出生生死死乃"出三界、外五行，非缘数所能拘限"，到此而实现对生死最大的超越，个体精神也在浩淼广阔的宇宙历史长河中得到了最大

① 《云间乐聚册后语》，《王畿集》卷十五，第415—416页。
② 《答李渐庵》，《王畿集》卷十一，第272页。
③ 《华阳明伦堂会语》，《王畿集》卷七，第160页。
④ 《与殷秋溟》，《王畿集》卷十二，第308页。

限度的升华。

（四）"脱洒"与"克念"——"从心所欲不逾矩"的把握与体认

王畿在对狂狷乡愿的选择、对乐与直的心体体悟及对生与死的态度上都殊途同归地表达了他一切行为根于良知本体，以本心为是非，摆脱外在的束缚，"不泥格套，不循典要"、超脱俗染、无累无滞、"无入而不自得"的人格要求，用王畿自己的话说就是："缠绕的要脱洒"。然而，"直心以动"、"从心所欲"，不以外在的规范为行为准则，便很可能会违反社会共同体中普遍的道德意志，同时由于个体自我的良知主观性太强，在具体表现中难免会走向另一极端而变为感性放任。关于这一点，张元忭就曾经对王畿的理论提出过质疑：

> 今以行不掩言者为狂，而忠信廉洁为乡愿，则将使学者猖狂自恣，而忠信廉洁之行荡然矣！[1]

其实，对于类似张元忭所提出的质疑，王畿有他自己的思考：

首先，如其良知本体自然和自然致知理论一样，王畿认为学者流于猖狂自恣恰恰是他们未能真正于良知心体上立根的结果。他针对张元忭所问"甚者自信自是，以妄念所发皆为良知，人欲肆而天理微矣"，而再次强调：

> 妄念所发，认为良知，正是不曾致得良知。诚致良知，所谓太阳一出，魍魉自消，此端本澄源之学，孔门之精蕴也。[2]
> 良知知是知非，良知无是无非。知是知非，即所谓规矩。[3]

正是基于对良知本体"知是知非，无是无非"的真切体悟，王畿才反复强调所谓的猖狂自恣、肆无忌惮的狂荡之风，均"非良知之教使之然也"，而"正是不曾致得良知"之故。

---

① 《与阳和张子问答》，《王畿集》卷五，第126页。
② 同上书，第124页。
③ 同上书，第126页。

学者谈妙悟而忽戒惧，至于无忌惮而不自知，正是不曾致得良知，非良知之教使然也。①

弃规矩而谈妙悟，自是不善学之病，非良知之教使之然也。②

所以，王畿在《答吴悟斋》中云：

真见本体之贞明，则行持保任自不容已，不复为习染之所移。譬之饮食养生，真知五谷之正味，则蒸溲渍糁自不容已，不复为杂物之所泪。凡溺于习染者，不知贞明者也；淆于杂物者，不知正味者也。③

强调的仍然是要"真见本体之贞明"，才是防止猖狂忌惮的究竟法。

其次，王畿在提倡狂者之学的同时，其实也仍然指出了狂者有行不掩言等缺点，提出"君子独立不惧，与小人之无忌惮，所争只在毫发间"，因此他也还是希望狂者能够对此有所注意而"入圣"、"入于中行"。所以，王畿在"缠绕的要脱洒"的基础上，又提出了"放肆的要收敛"，认为只有两方面都做到了，"方是善学"。当然，王畿在这里提出的"收敛"，与阳明的"收敛"还是有所不同的，他指出："所谓'收敛'，非徒槁心僻处避事之谓，能于一切应感，直心以动，不作世情陪奉勾当，常感常寂，内有主而外不荡，方是真收敛。"④这段话所强调的是"内有主而外不荡"，在"直心以动"的基础上"常感常寂"，不要流于狂荡放纵，认为"愈收敛愈畅达，愈沉寂愈光辉，此是吾人究竟法"⑤。而要做到这一点，王畿也提出了"克念"一说：

苟能自返，一念知耻，即可以入于狷；一念知克，即可以入于

---

① 《与阳和张子问答》，《王畿集》卷五，第124页。
② 同上书，第126页。
③ 《答吴悟斋》，《王畿集》卷十，第245页。
④ 《与祝成吾》，《王畿集》卷十一，第293页。
⑤ 《留都会纪》，《王畿集》卷四，第92页。

狂；一念随时，即可以入于中行。①

　　克念谓之圣，妄念谓之狂，圣狂之分，克与妄之间而已。②

　　反复指出"克与妄，圣狂之所由分也"，认为"罔念斯为失，克念斯谓得"。当然，王畿所说的"克念"与阳明所说的"克念"也是有所不同的。阳明认为狂者要经过外在的他力，裁以缺点才能入道。而王畿则认为"克念"，也要"良知做得主宰"：

　　使众人知克念，良知做得主宰，便是作圣。使圣人一时不克念，良知做不得主宰，便是作狂。圣狂之分，只在克与妄之间，实非有二事也。因其有妄，故须扫除，若本无妄，扫除个恁?③

　　认为狂者可以通过内在的良知自力，克念而又不执着于克念，才能"作圣"。所以说，王畿所谓的"克念"，其实也是从先天立根的即本体为工夫，而非寻自于外。

　　基于以上两点认识，王畿对孔子年七十才达到的"从心所欲不逾矩"的境界有自己的认识和体悟。

　　孔子年七十，方能从心所欲不逾矩，吾人岂可容易放过？然此却非禁绝所能制，须信本心自有天则，方为主宰，须信种种嗜欲皆是本心变化之迹，时时敌应，不过其则，方为锻炼。④

　　伏读《年谱序》稿，发明"从心不逾矩"之义，于良知宗旨更有所证。"矩是心之体、物之则，忘体忘物，独用全真"，是极则话头。其谓"不逾矩，由不惑出"，窃意不逾矩由知天命，天命则无横心之欲，耳顺，忘矣!⑤

---

① 《与梅纯甫问答》，《王畿集》卷一，第5页。
② 《别曾见台漫语摘略》，《王畿集》卷十六，第464页。
③ 《答章介庵》，《王畿集》卷九，第210页。
④ 《答赵尚莘》，《王畿集》卷九，第226页。
⑤ 《与王敬所》，《王畿集》卷十一，第276页。

他所强调的"从心所欲不逾矩"之"矩"仍然是"心之体",是良知,而不是外在的是非准则、道德要求、世俗规矩及格套毁誉、利害得丧、习染形迹,因而提出"良知绝四,不涉将迎,不存能所,不容拟议,所谓从心所欲不逾矩,即良知也"①。可见,以"良知"为规矩基础上的"克念"和"从心所欲不逾矩",是王畿于狂者豪杰人格上提出的更高境界,而这种境界也是与他所倡导的"乐"与"直"不相违背的,用王畿自己的话来说,就是"所欲不逾矩便是乐"。

二　心体无欲的本体意识

"天理"、"人欲"之辨是中国思想史中的一个重要问题,南宋朱熹是程朱理学的集大成者,也是"存理去欲"说的理论完成者。他认为,"天理存而人欲亡;人欲胜则天理灭"②,提出"遏人欲而存天理"的主张,指出:"学者须是革尽人欲,复尽天理,方始是学。"③"圣贤千言万语,只是教人明天理,灭人欲。"④ 至此,"存天理、去人欲"成为程朱理学的主要道德修养命题。因这一命题的基调一方面是竭力维护封建阶级的纲常名教以维护其统治,另一方面是遏制被统治阶级的物质欲望与要求而遭到后世的反对和抨击。王阳明的思想体系虽然与程朱不同,但他也是强调"存天理、去人欲"的,认为这是做人的根本、学问的头脑。不过,相对于程朱,王阳明提出了"心即理"、"心外无理"、"吾心之良知即所谓天理",侧重于从心本体上说天理,明确指出"心之本体即是天理",认为天理只内在于人心。而同时,王阳明又强调,天理虽即心体,但心之所在,既是事,又是物,故天理的发见,又离不开事物。所以,王阳明在存天理去人欲上不强调认知而强调实践,在存天理和去人欲二者的比较中,强调以去人欲为先,这样就把存天理去人欲在事实上归结为去人欲的实践。

王畿继承了阳明的心理合一、以良知为本体的思想,但在龙溪看来,

---

① 《答南明汪子问》,《王畿集》卷三,第68页。

② (宋)朱熹著,黎靖德编,王星贤点校:《朱子语类》卷十三,中华书局1986年版,第224页。

③ 《朱子语类》卷十三,第225页。

④ 《朱子语类》卷十二,第207页。

去人欲属后天诚意之学，并非上乘，较之诚意，王畿更倾向于正心而倡先天正心之学。为了更好地标揭其先天正心之学，进一步阐明心本体的道德属性，王畿在他"以自然为宗"的哲学宗旨基础上，又提出了"无欲者，心之本体"的命题，以其"自然无欲"论来反对传统的"存天理、去人欲"的修养方法，同时，王畿又看到现实中"贤人以下，不能无欲"，故提倡"时时做寡欲工夫，以求复其本体"。因此，王畿"以无欲为至，以寡欲为功"，用他的无欲心体说与寡欲功夫说相结合，在一定程度上体现了对"存天理、去人欲"的否定，并以此为出发点，更好地诠释了他的"四无"理论。

（一）"天命之性，粹然无欲"的无欲心体说

王畿的无欲心体说与他的"以自然为宗"的良知本体论是密切联系的。他在《与阳和张子问答》中说："意根于心，心无欲则念自一，一念万年，无有起作，正是本心自然之用。"① 在《答季彭山龙镜书》中又用几乎相同的语句再次强调："意根于心，心不离念，心无欲则念自一，一念万年，主宰明定，无起作、无迁改，正是本心自然之用。"② 这里所谓的"心无欲而念自一"，指的就是无善无恶的心体本原，本没有货色名利等心，以及由此而来的闲思杂虑，遵照"体用一源"的原则，其"流行发用"自然会呈现出"念自一"、"无起作、无迁改"的状态。所谓的"本心自然之用"，究其本义，强调的也是如果遵循良知的自然本性去生活，去观察和对待一切社会现实，就能摆脱各种社会关系的束缚，摆脱在社会生活中形成的争名逐利的欲望的束缚。这里，王畿的自然流行发用的理论基础和前提正是他在文集中反复提到的"无欲者，心之本体"。

> 夫天地灵气，结而为心。无欲者，心之本体，即伏羲所谓乾也。刚健中正纯粹精，天德也，有欲则不能以达天德。③

---

① 《与阳和张子问答》，《王畿集》卷五，第 125 页。
② 《答季彭山龙镜书》，《王畿集》卷九，第 132 页。
③ 《南雍诸友鸡鸣凭虚阁会语》，《王畿集》卷五，第 112 页。

无欲者，心之本体，即所谓乾也。①

王畿"拈出无欲二字为圣学第一义"②，把"无欲"规定为"心之本体"，认为心的本性就是无欲的，从而给心的本然状态赋予无欲的道德伦理意义，与良知一并成为道德修养的出发点。他进一步解释说：

至善者，心之本体。天命之性，粹然无欲，其虚而灵者，皆其至善之发见。③

心之本体原是至善而无欲，无欲则止，有欲则迁。④

灵明首出，刚健无欲，混沌初开第一窍，未生万物，故谓之大始。⑤

天命者，无欲之体，所谓"维天之命，于穆不已"，是也。圣人无欲，与天同体，无所障蔽，无所污染，率性而行，无不是道。⑥

有所不为不欲者，良知也；无为无欲者，致知也。⑦

无欲之谓仁，仁，人心也。良知者，心之明觉，一体之仁也。⑧

"一者无欲也"，一即太极，无欲即无极。⑨

在王畿的思想体系里，作为心之本体的至善良知本来就是"粹然无欲"的，太虚、明镜式的心体，作为"混沌初开第一窍"，原初就是一种排除欲望、情感、兴趣等感性因素的抽象存在，是与天同体的天命之性，它无所障蔽、无所污染，始终保持着不为利欲罗网所束缚、不为现实纷扰所支配的至纯无欲之态。

换言之，只要遵循心之本体的无欲之态，保持个体原初的真实呈露，

---

① 《大象义述》，《王畿集》附录一，第652页。
② 《格物问答原旨——答敬所王子》，《王畿集》卷六，第142页。
③ 《〈大学〉首章解义》，《王畿集》卷八，第175页。
④ 同上书，第176页。
⑤ 《答季彭山龙镜书》，《王畿集》卷九，第213页。
⑥ 《〈中庸〉首章解义》，《王畿集》卷八，第179页。
⑦ 《复阳堂会语》，《王畿集》卷一，第9页。
⑧ 《书耿子健冬游记后语》，《王畿集》卷十五，第416页。
⑨ 《南游会纪》，《王畿集》附录二《龙溪会语》卷五，第759页。

就可以"达天德"，就是圣人之学，就是"为学真正路径"，就能"明"而"不贪"、"不为情所移，不为垢锈所蚀"，就能"自然警惕，当变而变，当化而化，潜见飞跃，神用无方，不涉踪迹，不犯安排"。他强调"不动于欲"的"天性之知"，强调"最初无欲一念"的所谓"元"。

忠信也者，无欲之本心也，惟无欲则可以达天德。①

无欲者，自然而致之者也，圣人之学。②

无欲不是效，正是为学真正路径，正是致知真正工夫。③

夫人心无欲则明，有欲则昏，贪者欲之滋也。惟一介取予之不苟，而后能无欲；无欲而后能不贪；不贪而后能与万物为一体。一体者，心之明觉，其机自不容已，非有所强而然也。④

不为情所移，不为垢锈所蚀，是无欲以致之也，本自平顺无可疑。⑤

无欲则自然警惕，当变而变，当化而化，潜见飞跃，神用无方，不涉踪迹，不犯安排，吾心刚健之象、帝命之不容已者，正如此。⑥

知一也，不动于欲，则为天性之知，动于欲，则非良矣。⑦

今人乍见孺子入井，皆有怵惕恻隐之心，乃其最初无欲一念，所谓元也。⑧

在这些论述的基础上，王畿进一步指出"盖自然之所为，未尝有欲也"⑨、"人心无欲则止，有欲则迁"⑩，提出"以无欲应世"，才是"千古经纶手段"，才是"天德之良知"。

---

① 《书进修会籍》，《王畿集》卷二，第48页。
② 《太极亭记》，《王畿集》卷十七，第482页。
③ 《与聂双江》，《王畿集》卷九，第200页。
④ 《书耿子健冬游记后语》，《王畿集》卷十五，第416页。
⑤ 《格物问答原旨——答敬所王子》，《王畿集》卷六，第144页。
⑥ 《答季彭山龙镜书》，《王畿集》卷九，第213页。
⑦ 《答中淮吴子问》，《王畿集》卷三，第69页。
⑧ 《南雍诸友鸡鸣凭虚阁会语》，《王畿集》卷五，第112页。
⑨ 《与阳和张子问答》，《王畿集》卷五，第125页。
⑩ 《南游会纪》，《王畿集》附录二《龙溪会语》卷五，第750页。

圣人无欲应世、经纶裁制之道，虽至于位天地、育万物，其中和性情、本原机括，不过如此而已。①

儒者之学务于经世，古人论经纶无巧法，惟至诚为能之。至诚也者，无欲也。以无欲应世，立本知化而无所倚，此千古经纶手段，天德之良知也。②

由此，他总结道："儒者之学，以无欲为本；君子之学，以无欲为要。"更加强调了"无欲"作为"心之本体"的自然性和重要性。

儒者之学，以经世为用，而其实以无欲为本。无欲者，无我也。③

君子之学，以尽性为宗，以无欲为要，以良知为诀。人生而静，天地之性也。天性本无欲，凡有欲皆生于动，故曰感物而动，性之欲也。④

这样，王畿由其"无欲者，心之本体"入手，一步一步把"无欲"上升为为学的机要，并将他的这一理论概括为"自然无欲"论而反复强化：

自然无欲无妄者，圣人也。⑤

或者以为圣人本体自然无欲。……圣人自然无欲，是即本体便是工夫。⑥

为了进一步论述其"自然无欲"论，阐明"无欲者，心之本体"的命题，王畿又提出了"虚寂"、"静"、"淡"等几个与"无欲"相关联的概念，同样强调"虚寂者，心之本体"、"静者，心之本体"、"淡原是心之本体"，共同为无欲心体说和自然无欲论服务。

---

① 《答季彭山龙镜书》，《王畿集》卷九，第212页。

② 《别见台曾子漫语》，《王畿集》附录二《龙溪会语》卷三，第727页。

③ 《贺中丞新源江公武功告成序》，《王畿集》卷十三，第367页。

④ 《松原晤语寿念庵罗丈》，《王畿集》卷十四，第391页。

⑤ 《答章介庵》，《王畿集》卷九，第210页。

⑥ 《答季彭山龙镜书》，《王畿集》卷九，第212页。

关于"虚"，他指出：

> 夫人心本虚，有不虚者，欲累之也。心之有欲，如目之有尘，耳之有楔也。①

他认为，人心本虚，所以心本无欲。

关于"静"，他说：

> 静者心之本体，无欲故静，无欲即无极。②
>
> 人生而静，天命之性也。……静者，心之本体。濂溪主静，以无欲为要。一者，无欲也，无欲则静虚动直。……人心未免逐物，以其有欲也。无欲，则虽万感纷扰而未尝动也；从欲，则虽一念枯寂而未尝静也。③

从心的道德属性来说，王畿倾向于静的，即无欲的。他主张道德上的无欲，无欲故静，以无欲之心，对待纷纭的万感，故虽动静相兼，而心体实以静为主，以无欲为主。

关于"淡"，他强调：

> 吾人今日讲学，先要一切世情淡得下，此是吾人立定脚跟第一义。《中庸》结末开口说个淡字，正是对病药方。淡，原是心之本体，有何可厌？惟心体上淡得下，便无许多醲酽劳攘，便自明白，便能知几，可与入德，直入至无喜无怒、无声无臭。只是淡到极处，立心为己，便是达天德根基。④
>
> 至道本淡，淡之一字便是吾人对病之药。才冷淡，便见本色；才

---

① 《虚谷说》，《王畿集》卷十七，第 497 页。
② 《南游会纪》，《王畿集》附录二《龙溪会语》卷五，第 759 页。
③ 《答中淮吴子问》，《王畿集》卷三，第 69—70 页。
④ 《冲元会纪》，《王畿集》卷一，第 4 页。

闹热，便落世情。①

　　然自得在于深造，而其要莫先于淡。世情淡得下，则不从躯壳上起念，欲障渐除，真机自然透露，人我两忘，好恶不作，平怀顺应，坦坦荡荡，无入而不自得矣。②

指出"淡是性体"，"游心于淡"，就能使心体保持清静无欲的本性，而保持这种本性，就能"顺应自然而无容私焉"，排除一切外境的干扰，从而把心从世情上"清脱"出来。

　　（二）"寡之又寡，以至于无"的寡欲功夫说

　　对"无欲者，心之本体"的理解还涉及一个对"欲"的理解、界定或区分的问题。关于这一点，《朱子语类》中有几段话作了尝试："问：饮食之间，孰为天理，孰为人欲？曰：饮食者，天理也；要求美味，人欲也。"③ "饥食渴饮……这是天教我如此。饥便食，渴便饮，只得顺他。穷口腹之欲，便不是。"④ "夏葛冬裘，渴饮饥食，此理所当然。才是葛必欲精细，食必求饱美，这便是欲。"⑤ 这几段话，浅显明白，朱熹把人类生活的最基本要求划在"人欲"之外而归之为"天理"，这种划分虽力图使他的理论与禁欲主义划清界限，但"夏葛冬裘，渴饮饥食"本身就是人的生活欲求，这样的划分似乎有点模糊。王畿对"欲"并未作此明确划分，但他也并不完全否定生理之"欲"，他说：

　　　　口之欲味，目之欲色，耳之欲声，鼻之欲臭，四肢之欲安佚，五者，性之不容已者也。⑥

　　　　目之于色，耳之于声，鼻之于臭，口之于味，四体之于安逸，皆

① 《与胡鹿崖》，《王畿集》卷十二，第312页。
② 《与鲁书堂》，《王畿集》卷十二，第313页。
③ 《朱子语类》卷十三，第224页。
④ 《朱子语类》卷九十六，第2473页。
⑤ 《朱子语类》卷六十一，第1476页。
⑥ 《书累语简端录》，《王畿集》卷三，第77页。

自然之生理。①

这里，王畿认为"口之欲味，目之欲色，耳之欲声，鼻之欲臭，四肢之欲安佚"这类"欲"，属"性之不容已者"，是"自然之生理"。按其"意有所向便是欲"的思路，这类生理欲望也固然是欲，基于此，王畿也承认"贤人以下不能以无欲"，只有圣人才能做到无欲，但观王畿之语，他所谴责的显然不是这种基本的生理之欲，也正是在这个基础上，王畿提出了他的"寡欲"功夫说。

首先，王畿指出，虽然"口之欲味，目之欲色，耳之欲声，鼻之欲臭，四肢之欲安佚"作为"自然之生理"而不能完全否定，但也不能不加节制：

> "甘食说色"，人之所欲是性。然却有个自然天则在。若一向任了欲去，不成世界。②

其次，王畿认为，虽然"无欲"是"心之本体"，但由于社会中的"习闻旧见"、"功利之毒"现实存在，导致"人心未免逐物"，故"贤人以下，不能无欲"，造成"人心本一，有欲始二"，这一点必须承认。

> 只因吾人许多习闻旧见缠绕，只得与剖析分疏。譬诸树木被藤蔓牵缠，若非剪截解脱，本根生意终不条达。③
>
> 世间薰天塞地，无非欲海；学者举心动念，无非欲根。而往往假托现成良知，腾播无动无静之说，以成其放逸忌惮私，所谓行尽如驰，莫之能止。④
>
> 人心未免逐物，以其有欲也。无欲，则虽万感纷扰而未尝动也；从欲，则虽一念枯寂而未尝静也。⑤

---

① 《艮止精一之旨》，《王畿集》卷八，第183页。
② 《性命合一说》，《王畿集》卷八，第187页。
③ 《冲元会纪》，《王畿集》卷一，第3页。
④ 《松原晤语》，《王畿集》卷二，第43页。
⑤ 《答中淮吴子问》，《王畿集》卷三，第70页。

世衰道丧，功利之毒浃于人之心髓，士鲜以豪杰自命。以世界论之，是千百年习染；以人身论之，是一生干当。①

贤人以下，不能无欲，染有轻重，蔽有浅深，虽欲率性而行，为欲所碍，不能即达，必须尊道而修，以通其蔽而涤其染。②

人心本一，有欲始二。古人云："所欲不必声利富贵，只心有所向便是欲。"③

王畿直言"心有所向便是欲"、"意有所向便是欲"，对所有遮蔽心之本体的欲望，特别是社会欲望，王畿给予了否定，认为那都是"吾人学问不得力"、"放心"的原因所在：

吾人学问不得力，只是一种世情闹热心放不下。下者以功利驰骋，上者以事业挥霍，最上者以道术通融。此等闹热处，譬之尘埃与金石之屑，好丑虽不同，其为明眼之累，则一而已。若非彻底惩创，痛将冷落枯淡下来，欲与至道相应，不可得也。④

人心固有，本无所放，惟动于欲始放。下者溺于嗜好攀援，高者泥于见闻格套。高下虽殊，其为心有所向则一而已。夫心有所向则为欲，无所向则为存。⑤

这里所谓的"以功利驰骋"、"以事业挥霍"、"以道术通融"以及"溺于嗜好攀援"、"泥于见闻格套"均被王畿归纳为"心有所向"的"欲"而以"世情嗜欲"概括之。王畿指出，"有所不为不欲者，良知也；无为无欲者，致知也"⑥，而"世情嗜欲"既然现实存在，就必须采用"寡欲"功夫，把"寡欲"作为"求放心之要"，把"寡之又寡，以至于

---

① 《天柱山房会语》，《王畿集》卷五，第117页。
② 《〈中庸〉首章解义》，《王畿集》卷八，第179页。
③ 《书进修会籍》，《王畿集》卷二，第49页。
④ 《与胡鹿崖》，《王畿集》卷十二，第312页。
⑤ 《子荣惟仁说》，《王畿集》卷十七，第508页。
⑥ 《复阳堂会语》，《王畿集》卷一，第9页。

无"作为君子为学的努力方向：

> 因其有欲，故须寡之，以至于无欲；因其有妄，故须反之，以复
> 于无妄。①
> 大抵得于寡欲养心之助，非有异术以佐之也。②
> 大道其不远，惟寡欲以养心。③
> 息思虑、寡嗜欲，则神自清；薄滋味、禁躁妄，则气自和。④
> 求仁之学，在于求放心。故曰"人者心也"。求放心之要，在于
> 寡欲。⑤
> 圣学之要，以无欲为主，寡欲为功，寡之又寡，以至于无，无为
> 而无不为。⑥
> 意到动处，便易流于欲。故须在应迹上，用寡欲功夫。寡之又
> 寡，以至于无，是之谓格物。⑦
> 贤人以下，不能以无欲，非强以矫之，则不能胜。故曰：自胜者
> 强。所欲不必沉溺，意有所向便是欲。寡之又寡，以至于无。⑧

当然，王畿于此仍然没有否定他的无欲心体说，他继续强调"吾人本
来真性"，不过是因为"久被世情嗜欲封闭埋没"，才"不得出头"，指出
"真性离欲，始发光明，真金离矿，始见精采"⑨，所谓的"寡欲"功夫，
只是为了通过"寡之又寡，以至于无"的方式达到"复性"、"复其本体"
的目的，并非要在本来无欲之心体上有所加损：

---

① 《答章介庵》，《王畿集》卷九，第210页。
② 《天柱山房会语》，《王畿集》卷五，第117页。
③ 《祭季彭山文》，《王畿集》卷十九，第575页。
④ 《北行训语付应吉儿》，《王畿集》卷十五，第441页。
⑤ 《子荣惟仁说》，《王畿集》卷十七，第508页。
⑥ 《书同心册卷》，《王畿集》卷五，第122页。
⑦ 《新安斗山书院会语》，《王畿集》卷六，第163页。
⑧ 《大象义述》，《王畿集》附录一，第652页。
⑨ 《南谯别言》，《王畿集》卷十六，第449页。

惩忿窒欲，复其是非之本心，是合本体的工夫。①

销欲正所以复还无欲之体，非有所加也。②

有欲始窒而不通，知止以至于安，则有以复其无欲之体。③

虽万欲纷扰之中，良知未尝不知，致知者，所以寡欲而复性也。④

圣人学者本无二学，本体工夫亦非二事。圣人自然无欲，是即本体便是工夫，学者寡欲以至于无，是做工夫求复本体。⑤

寡欲之功存乎复，观复则天地之心可见，而万物之芸芸者，归其根矣。⑥

可见，王畿的"寡之又寡，以至于无"的"寡欲"功夫，其实就是他在立足上根，强调"圣人本体无欲"而外，为"不能无欲"的贤人寻求的一种"复其本体"的方式，通过"时时做寡欲工夫"，而尽可能地将"世情嗜欲"防于未萌之先、克于方萌之际，以还复无欲之本体。

向每与兄面论圣人本体无欲，时时保任缉熙，即本体便是工夫。贤人以下，不能无欲，须时时做寡欲工夫，以求复其本体。及其成功则一。⑦

窃意古人寡欲工夫正在此用，时时戒慎恐惧，防于未萌，制于将萌，时时摄念，以归于虚。⑧

夫周子学圣，以一为要，以无欲为至，以寡欲为功，而其机存乎一念之微。无欲者，自然而致之者也，圣人之学；寡欲者，勉然而致之者也，君子修此而吉也；多欲者，自暴自弃，不知所以致之者也，

---

① 《水西经舍会语》，《王畿集》卷三，第59页。
② 《抚州拟岘台会语》，《王畿集》卷一，第27页。
③ 《〈大学〉首章解义》，《王畿集》卷八，第176页。
④ 《松原晤语寿念庵罗丈》，《王畿集》卷十四，第391页。
⑤ 《答季彭山龙镜书》，《王畿集》卷九，第212页。
⑥ 《虚谷说》，《王畿集》卷十七，第497页。
⑦ 《与赵尚莘》，《王畿集》卷九，第227页。
⑧ 《书见罗卷兼赠思默》，《王畿集》卷十六，第474页。

小人悖此而凶也。是故良知之外更无知，致知之外更无学矣。①

　　将有所向，觉之早而亟反之，是为寡欲之功。存之之法，惟能寡欲，以复吾一体之仁，则独往独来，超然自得，天地所不能困，万物所不能扰，而常伸于天地万物之上，是之谓荣。②

　　总之，王畿以"天命之性，粹然无欲"提出了他的无欲心体说和自然无欲论，又以"寡之又寡，以至于无"的"寡欲"功夫论强调"寡欲"以复性的重要性，开晚明"寡欲"说的先河。"以无欲为至，以寡欲为功"，两相结合，既阐明了王畿对心本体道德属性的理解，又体现了王畿对中晚明社会不良风气的清醒认识，具有反传统束缚的意义。

三　一念自悟的为学方法

　　在"天泉证道"中，王阳明以"无善无恶心之体，有善有恶意之动，知善知恶是良知，为善去恶是格物"为其教法宗旨，实际倾向于钱德洪，立足中下，涵蓄上根。而王畿由王阳明之"四句教"引申出著名的"四无"理论，从心上立根，从无上立根，从高明悟入，立足上根。尽管阳明明确指出："一悟本体即为工夫"只适合于上根之人，而"利根之人，世亦难遇，本体工夫，一悟尽透，此颜子、明道所不敢承当，岂可轻易望人！"但王畿仍然坚持他的向上一机，坚持"一悟本体即为工夫"，强调为学的"自证自悟"。当然，王畿的主悟之说，曾遭致后人的误解与指摘，认为龙溪重悟，易走入禅，指出："王门有心斋、龙溪，学皆尊悟，世称'二王'……至龙溪，直把良知作佛性看，悬空期个悟，终成玩弄光景，虽谓之操戈入室可也！"③后人的指摘尽管严厉，但却十分鲜明地概括出了王龙溪哲学思想中对于"悟"的强调和关注。王畿指出，"君子之学，贵于得悟"，把自证自悟作为学者征学的第一重要之事；王畿坚持"易简直截，更无剩欠"的"顿悟之学"，把顿悟渐修作为他所积极提倡的致知工

---

① 《太极亭记》，《王畿集》卷十七，第482页。
② 《子荣惟仁说》，《王畿集》卷十七，第508页。
③ 《师说·王龙溪畿》，《明儒学案》，第8页。

夫；王畿频述"一念之微"、"一念灵明"，把"从一念入微处"作工夫视为"端本澄源第一义"的"宗要"。

因此，在对王龙溪思想特色的归纳和阐述中，我们无论如何都无法绕开他对于"悟"的论说。龙溪是王学中顿悟派的倡导者，他以"四无"闻名，为学主"悟"，提倡"在先天心体上立根"，强调"圣学原是无中生有"，"良知一点虚明，便是入圣机"，尽管世人多有诘难，但他的"顿悟之学"也可以说为"上根之人"找到了一条适合自身修学的合适路径，因此，在为学之"悟"的问题上也体现了王畿就阳明学之高明处的发挥而对王阳明思想的发展。

（一）自证自悟——君子征学之真正路头

《王畿集》卷十七之《悟说》可以说是王畿对于"悟"的一篇最有代表性的文字，文中开门见山地指出："君子之学，贵于得悟。悟门不开，无以征学。"① 文集中王畿还多次强调"自证自悟"，指出"学须自证自悟，不从人脚跟转"②，斩钉截铁地明确了王畿对于"悟"、"自悟"之重要性的认识。全集中，对于"悟"、"自悟"的强调随处可见：

> 故君子之学，以悟为则。③
> 此学全在悟，悟门不开，无以征学。④
> 吾人所学，贵在得悟，若悟门不开，无以征学。一切修行，祇益虚妄耳。⑤
> 盖吾人本心自证自悟，自见天则。⑥
> 惟彼此默默自修、自证、自悟。⑦
> 今日良知之说，人孰不闻，却须自悟，始为自得。⑧

---

① 《悟说》，《王畿集》卷十七，第494页。
② 《天泉证道纪》，《王畿集》卷一，第1页。
③ 《别言赠周顺之》，《王畿集》卷十六，第454页。
④ 《答程方峰》，《王畿集》卷十二，第311页。
⑤ 《刑部陕西司员外郎特诏进阶朝列大夫致仕绪山钱君行状》，《王畿集》卷二十，第589页。
⑥ 《赵麟阳赠言》，《王畿集》卷十六，第447页。
⑦ 《与狮泉刘子问答》，《王畿集》卷四，第81页。
⑧ 《南游会纪》，《王畿集》卷七，第153页。

若论千圣学脉，自有真正路头，在于超悟。①

此件事无巧法，惟在得悟，心悟者无所因而入一切。②

王畿把"悟"、"自悟"、"超悟"、"得悟"视为"千圣学脉"的"真正路头"、君子征学的入门之则、"一切修行"的不二前提。他认为："圣贤立教皆为未悟者说。因其未悟，所以有学。"③ 指出"悟与迷对，不迷所以为悟也"④，"迷之则成凡，悟之则证圣"⑤。如此地反复论述使"悟"具有了毋庸置疑的重要性。"悟"成为龙溪心学中的第一重要之事，"悟"也被龙溪当作解决一切问题的办法。如在《过丰城答问》中，先生过丰城，励斋与胡可平谒先生，各陈所见：

励斋谓："静中觉有怡然和适之意，及至动应，便觉有碍，不能通适。"可平谓："时常应感，行云流水，若无碍相，及至静时，便觉茫荡无主，不见有寂然气象。"先生曰："二子用功动静二境，受病煞不同，正好相资为益。……古人溥博渊泉笃恭气象，原是吾人本领功夫。此处得个悟入，方为有本之学。不然，只成弄精魂。"⑥

王畿认为，二子一个静中得力，动上不成，一个动中得力，静中不成，皆是未实悟良知之故，只要二人"此处得个悟入处"，实悟良知，就可动静一如了。同样，王畿在文集中经常提道："此中须得个悟入处，始能通乎昼夜。"⑦ "于此果得个悟入之路，此一点灵明做得主，方是归根真消息。"⑧ "于此既有所悟入，安身立命当不假于外求。"⑨ 由此可见，王畿

① 《复颜冲宇》，《王畿集》卷十，第 260 页。
② 《书同心册后语》，《王畿集》附录二《龙溪会语卷六》，第 782 页。
③ 《答章介庵》，《王畿集》卷九，第 210 页。
④ 《书同心册后语》，《王畿集》附录二《龙溪会语卷六》，第 782 页。
⑤ 《与殷秋溟》，《王畿集》卷十二，第 309 页。
⑥ 《过丰城答问》，《王畿集》卷四，第 78 页。
⑦ 《东游会语》，《王畿集》卷四，第 87 页。
⑧ 《留都会纪》，《王畿集》卷四，第 91 页。
⑨ 《与诸南明》，《王畿集》卷九，第 231 页。

对于动静问题、通乎昼夜的问题、安身立命的问题，甚至于生死的问题，都采取"悟"这一简易直接的方法加以解决，认为只要彻悟心体，就能顿时解决宇宙人生的一切问题，如果尚有未能解决者，则是悟得不够。

在明确了"悟"之重要性之后，王畿紧接着在《悟说》中就详细论述了其三层悟境：

> 入悟有三：有从言而入者，有从静坐而入者，有从人情事变练习而入者。得于言者，谓之解悟；触发印正，未离言诠，譬之门外之宝，非己家珍；得于静坐者，谓之证悟，收摄保聚，犹有待于境，譬之浊水初澄，浊根尚在，才遇风波，易于淆动；得于练习者，谓之彻悟，摩砻锻炼，左右逢源，譬之湛体冷然，本来晶莹，愈震荡愈凝寂，不可得而澄淆也。根有大小，故蔽有浅深，而学有难易，及其成功一也。①

这段话中，王畿渐次深入地叙述了从言而得解悟、从静中而得证悟、从人情事变上磨炼而得彻悟的三重悟境，认为解悟如"门外之宝，非己家珍"，证悟如"浊水初澄"，所证尚浅，彻悟才如"湛体冷然"，泥沙俱去，所证已深。在《王畿集》卷十六的《留别霓川漫语》中他再次重申了师门入悟的这三种教法：

> 师门尝有入悟三种教法：从知解而得者，谓之解悟，未离言诠；从静坐而得者，谓之证悟，犹有待于境；从人事练习而得者，忘言忘境，触处逢源，愈摇荡愈凝寂，始为彻悟。此正法眼藏也。②

在王畿眼中，解悟"未离言诠"，证悟"有待于境"，彻悟才是"正法眼藏"。他还用其师阳明的成学历程作为例证来说明他从解悟到证悟再到彻悟的入悟先后次序及方式：

---

① 《悟说》，《王畿集》卷十七，第494页。
② 《留别霓川漫语》，《王畿集》卷十六，第466页。

先师之学，其始亦从言而入，已而从静中取证，及居夷处困，动忍增益，其悟始彻。一切经纶变化，皆悟后之绪余也。赤水玄珠，索于罔象；深山至宝，得于无心。此入圣之微机，学者可以自悟矣。①

由此可见，王畿强调彻悟，并认为"一切经纶变化，皆悟后之绪余也"。但无论解悟、证悟也好，彻悟也罢，在王畿看来，在先天心体上立根，与终日勤劳的道德实践完全不同，是在一念上自我理会觉悟，他认为，要达到自然良知，就不能沿用朱子的格物方法，一事一物地去格，而必须代之以"悟"，"悟"是对心体的觉解，任何刻意的追求、偏执的探寻，以及拟议安排、思虑分析，都会妨碍良知的自然呈露，只有把自己的内心世界从跃跃欲试的生命意象中解放出来，达到一个纷繁世界、唯我独存的澄明之境，即达到澄明内心的彻悟，才能最好的把握吾人良知的"一脉真纯"，这不是语言和理性所能把握的，也不是道德修养所能达到的。故王畿曰：

悟不可以言思期必而得。②

吾人欲与直下承当，更无巧法，惟须从心悟入，从身发挥，不在凡情里营窠臼，不在意见里寻途辙，只在一念独知处默默改过，彻底扫荡，彻底超脱。③

至此，我们才能真正理解王畿把"悟"作为为学之"真正路头"的良苦用心。

（二）"顿悟渐修"——上根致知之成功路径

"悟"相应于对本体的体认，强调即本体为工夫，江右王门中的罗洪先、聂双江、邹守益等人在为学上主张"静坐"、主张"戒慎恐惧"，这种功夫是需要意志来完成的，而王畿所主张的"悟"相对而言则不需要意志。与"悟"相提并论的"修"则相应于工夫的实施，强调的是用工夫复

---

① 《悟说》，《王畿集》卷十七，第494页。
② 《答程方峰》，《王畿集》卷十二，第311页。
③ 《答季彭山龙镜书》，《王畿集》卷九，第214页。

本体。关于"悟"和"修",王畿提出:

> 良知是本体,于此能日著日察,即是悟;致知是工夫,于此能勿助勿忘,即是修。①

与此同时,王畿还在"悟"与"修"的基础上借用佛教如何悟解佛性之争,提出了"顿"与"渐"两种不同的工夫进路,"顿"则工夫即为本体,"渐"则用工夫复本体:

> 夫圣贤之学,致知虽一,而所入不同。从顿入者,即本体为功夫,天机常运,终日就业保任,不离性体,虽有欲念,一觉便化,不致为累,所谓性之也。从渐入者,用功夫以复本体,终日扫荡欲根,祛除杂念,以顺其天机,不使为累,所谓反也。若其必以去欲为主,求复其性,则顿与渐,未尝异也。②

在王畿看来,无论是"悟"是"修",是"顿"是"渐",都是作工夫的方式和过程,王畿在致良知和为学的顿、渐、悟、修问题上,发展了王阳明的思想,在其文集中多次阐述。在《留都会纪》中,王畿说:

> 本体有顿悟,有渐悟;工夫有顿修,有渐修。万握丝头,一齐斩断,此顿法也;芽苗增长,驯至秀实,此渐法也。或悟中有修,或修中有悟,或顿中有渐,或渐中有顿,存乎根器之有利钝。及其成功一也。吾人之学,悟须实悟,修须真修。凡见解上揣摩,知识上凑泊,皆是从门而入,非实悟也。凡气魄上承当,格套上模拟,皆是泥象而求,非真修也。实悟者,识自本心,如哑子得梦,意中了了,无举似处。真修者,体自本性,如病人求医,念中切切,无等待处。悟而不修,玩弄精魂;修而不悟,增益虚妄。二者名号种种,究而言之,致

---

① 《留都会纪》,《王畿集》卷四,第89页。
② 《松原晤语》,《王畿集》卷二,第42—43页。

良知三字尽之。①

在《渐庵说》中王畿也说：

> 顿渐之别，亦概言之耳。顿渐一机，虚实之辨，乾坤一道，刚柔
> 之节也。理乘顿悟，事属渐修。悟以启修，修以征悟。根有利钝，故
> 法有顿渐。要之，顿亦由渐而入，所谓上智兼修中下也。真修之人，
> 乃有真悟，用功不密而遽去顿悟者，皆隋情识，非真修也。②

可见，王畿主张由于"根器之有利钝"而在顿、渐、悟、修问题上应
采取不同的为学方式。他既指出了只有上上根人才能做到的"无缘起悟，
无法证修"，即所谓顿悟顿修，也明确了适合中根以下人、学者、众人的
"盈科而进"、"以俟其化"，即所谓渐修渐悟。不过，王畿始终更坚持他的
高明一路，他明白上上根人世所不遇，故他积极提倡的是适合上根人的致
知工夫——顿悟渐修。

> 从顿入者，即本体以为功夫，天机常运，终日就业保任，不离性
> 体，虽有欲念，一觉便化，不致为累，所谓性之也。③

顿悟渐修，即顿后仍修，王畿认为，顿悟之后，虽然对于欲念能"才
动便觉，才觉便化"，但也不是一了百了、一劳永逸的，悟后尚需进行顺
天则之自然，终日就业保任良知本体的所谓渐修工夫，即王畿经常提到的
"无工夫中真工夫"、"无修证中真修证"。因此，王畿指出：

> 上根之人悟得无善无恶心体，使从无处立根基，意与知物皆从无
> 生，无意之意是为诚意，无知之知是为致知，无物之物是为格物，即

---

① 《留都会纪》，《王畿集》卷四，第89页。
② 《渐庵说》，《王畿集》卷十七，第500页。
③ 《松原晤语》，《王畿集》卷十四，第393页。

本体便是功夫，只从无处一了百当，易简直截，更无剩欠，顿悟之学也。……只缘吾人凡心未了，不妨时时用渐修工夫，不如此不足以超凡入圣，所谓上乘兼修中下也。①

　　良知是彻上彻下真种子，智虽顿悟，行则渐修。②

王畿这种"从顿入手"、顿后渐修，为上根之人量身定制了一套为学致知的成功路径，尽管上根之人世亦难遇，但王畿仍然坚持他以顿悟为主导的工夫方向，并在晚年力图以顿悟渐修来达到"上乘兼修中下"。

（三）"一念之微"——真修实悟之根源宗要

主张顿悟渐修的王畿指出："真修实悟，使自得之，非有假于外也，而其机存乎一念之微。"③ 把"一念之微"作为真修实悟的机要加以强调。关于"一念之微"，王阳明在《答顾东桥书》中有云："毫厘千里之谬，不于吾心良知一念之微而察之，亦将何所用其学乎?"④ 这里的"一念之微"是指良知初发后的细微状态，不同于一般脱离本心的意念，是作为良知心体的直接发用。王畿深悟阳明之"一念之微"，在《王畿集》中，他以一百多处"一念之微"、"一念入微"、"一念独知"、"一念之良"、"一念灵明"等围绕"一念"的话语，频繁强调其从一念之微处用功的说法。他指出：

　　千古圣学，惟在察诸一念之微。故曰一念万年。此精一之传也。⑤

　　吾人此生干当，无巧说，无多术，只从一念入微处讨生死……此是端本澄源第一义，所谓宗要也。⑥

　　夫君子之学贵于自然，无所澄而自不汩也，无所导而自不窒也，而其机存乎一念之微。⑦

---

① 《东游问答》，《王畿集》附录二《龙溪会语卷三》，第721页。
② 《答程方峰》，《王畿集》卷十二，第311页。
③ 《白鹿洞续讲义》，《王畿集》卷二，第47页。
④ 《传习录中·答顾东桥书》，《王阳明全集》卷二，第50页。
⑤ 《别曾见台漫语摘略》，《王畿集》卷十六，第464页。
⑥ 《答李渐庵》，《王畿集》卷十一，第271页。
⑦ 《心泉说》，《王畿集》卷十七，第504页。

惟诸君立真志、修实行，本诸一念之微。①

不起于意，不动于欲，不作盖藏，一念灵明，便是入圣真种子，便是做人真面目。时时保守此一念，便是熙缉真脉路，无待于外求也。②

年来勘得此件事更无巧法，只从一念灵明识取。此一念灵明是千古入圣真脉路。③

千古圣学只从一念灵明识取，只此便是入圣真脉路。当下保此一念灵明，便是学。④

如此等等。在王畿的哲学理念中，把"一念之微"看作千古圣学的精一之传，把从一念入微处作工夫视为"端本澄源第一义"的宗要。他认为，"一念之微"不仅是经纶之学的学脉，更是君子之学的机要所在，是君子"立真志、修实行"的关键。与之相应的"一念灵明"等概念也被王畿视为"入圣真种子"、"入圣真脉路"而倍加强调。

关于"念"，王畿说：

人惟一心，心惟一念。念者心之用也。念有二义：今心为念，是为见在心，所谓正念也；二心为念，是为将迎心，所谓邪念也。⑤

"念"与"意"相比，更侧重于心在每一瞬时发动所产生的意识状态，而王畿的"一念之微"则更强调正念、本念，强调一种与良知心体同质的真诚的意识状态，是良知心体在刚刚开始发动而尚未形成固定意识时的端倪与萌芽，是良知心体尚未受到任何后天物欲习染的最初发动，也就是王畿所谓的"最初无欲一念"。因此，王畿的从一念入微处作功夫，便同其"无功夫中真功夫"、"即本体为工夫"的先天正心之学达到了高度的统一。王畿强调为学上的顿悟，强调"一念入微"，从根本上说，就是希望悟得

---

① 《书休宁会约》，《王畿集》卷二，第48页。
② 《桐川会约》，《王畿集》卷二，第53页。
③ 《与沈宗颜》，《王畿集》卷十二，第330页。
④ 《水西别言》，《王畿集》卷十六，第451页。
⑤ 《念堂说》，《王畿集》卷十六，第501页。

良知心体，回归良知端倪。他在《与殷秋溟》中说：

> 凡与圣，只在一念转移之间，似手反复，如人醉醒，迷之则成凡，悟之则证圣。迷亦是心，悟亦是心，但时节因缘有异耳。①

指出迷与悟都是念的表现，"迷亦是心，悟亦是心"，只不过迷是邪念、欲念作祟，悟是正念、本念作主，也就是王畿强调的"一念之微"、"一念灵明"。"迷之则成凡，悟之则证圣"，再一次把"一念之微"规定为君子真修实悟的根源宗要。可以看出，在王畿那里，所谓"于一念入微之机处用力"、"从一念灵明识取"，从根本上说，是对作为良知本体的生命真机的悟入。

至此，王畿哲学的特色可谓昭然。王畿亲承阳明末命，力倡良知说，肯定自我意识，尊重个体人格，继承并发扬了阳明的思想解放精神。同时，王畿对阳明学说多所发明，在诸多方面进行了发挥和超越。王畿以其"盎然出于天成"的良知本体论和"无工夫中真工夫"的自然致知论诠释了"以自然为宗"的学术宗旨；通过对"狂狷"、"豪杰"之理想人格的选择与追求、对"乐"与"直"等心之本体的感悟与认同、对"生"与"死"之生命本真的思考与超脱以及对"从心所欲不逾矩"的把握与体认完成了他"独来独往，动与天游"、真性狂豪的人格诉求；将其"天命之性，粹然无欲"的无欲心体说与"寡之又寡，以至于无"的寡欲功夫说两相结合，共同阐明他对心本体"无欲"、"至善"之道德属性的清醒认识；坚持"自证自悟"是君子征学之真正路头，"顿悟渐修"是上根致知之成功路径，"一念之微"是真修实悟之根源宗要，把"悟"作为其重要的为学方法，成为王学中主悟派的核心人物。总之，王畿用其真性狂豪的理想人格、心体无欲的本体意识及一念自悟的为学方法共同阐发了他"以自然为宗"的学术宗旨，在"自然"、"真狂"、"无欲"、"自悟"等方面彰显其思想特色和学术个性，创立了"龙溪心学"这一区别于阳明心学而独具一格的心学学说。

---

① 《与殷秋溟》，《王畿集》卷十六，第309页。

第二章　龙溪心学的传播与吴承恩的哲学倾向

　　王龙溪以阳明心学为其学术渊源，"以自然为宗"为其学术宗旨，以真狂、无欲、自悟作为其学术观点，形成了鲜明的学术个性和特色。他一生干办，专为此学，一生讲学而又一生论战，在阳明卒后成为学派宗主而名重一时，"为海内所共仰"①。故时人谓"先生张皇此学，不遗余力，自两都及吴、楚、浙、闽，讲堂林立，莫不以先生为宗盟"②，"先生圣代儒宗，人天法眼；白玉无暇，黄金百炼。……以故四域之内，或皓首而执经；五陵之间，多继世以传业。遂令良知密藏，昭然揭日月而行中天；顿令洙泗渊源，沛乎决江河而达四海"③，"文成既没数十年来，总持三教，狎主宗盟，江之左右，浙之东西，或一聆其馨欬，辄兴叹于望洋，俾文成之脉绵延不绝者，实先生为之表章也"④。足见，王畿在当时的地位之高、影响之广，他所创立的龙溪心学在中国的江浙地区乃至全国范围内得到了广泛传播，对中晚明的哲学、文学、经学乃至史学界都产生了极大的影响，并远播到日本等国家和地区。在这样的背景下，与王畿生卒年相当的吴承恩也不例外地在与王畿的间接交游中形成了与龙溪心学相当的哲学倾向。因此，龙溪心学的传播对于吴承恩哲学思想的影响不容忽视。

---

① （明）萧良干：《龙溪先生文集序》，《王畿集》，第 1 页。
② （清）莫晋：《重刻王龙溪先生全集》，《王畿集》附录五，第 865 页。
③ （明）李贽：《王龙溪公畿》，《王畿集》附录四，第 841 页。
④ （明）张元忭：《祭王龙溪先生文》，《王畿集》附录四，第 845 页。

第一节　龙溪心学的传播与吴承恩、王畿交游考证

　　吴承恩，字汝忠，号射阳山人，淮安山阳人，约生于明孝宗弘治十七年（1504 年），约卒于明神宗万历十年（1582 年），享年约七十九岁。王畿，生于明孝宗弘治十一年（1498 年），卒于明神宗万历十一年（1583 年），享年八十六岁。由此生卒年可见，吴承恩和王畿属同龄人。吴承恩生活的江浙地区，是明代心学的盛行区，阳明心学的主要人物都和吴承恩是同时代的人，其讲学的地区也主要是在江浙一带，吴承恩的家乡淮安，作为当时大运河河畔的一个重要城镇和交通枢纽，无疑会成为心学人物驻足和讲学的重要场所。王畿为王阳明的嫡传弟子，是阳明心学的重要传人，且终其一生都在江、浙等地为宣扬王阳明及自己的心学理论而讲学不辍，故王门弟子及王门后学各派传人等心学人物是王畿一生的主要交游对象。尽管没有资料证明吴承恩与王畿有过直接接触，也没有吴王二人的诗文唱和记录，但吴承恩却在与诸多心学人物的交游唱和中与王畿有了间接的交往，并接触、了解和吸收了龙溪心学。

　　关于吴承恩与心学人物的交游及阳明心学对吴承恩思想和创作产生的影响方面的考察与研究尚少有学者涉足，宋克夫先生在其著作《心学与文学论稿——明代嘉靖万历时期文学概观》中专辟"吴承恩与明代心学思潮"一节，值得关注。该节中，宋克夫先生对吴承恩同万表、徐阶、李春芳等心学人物的直接交往及通过冯焕、胡琏等人与心学人物的间接交游进行了考查和论述。[①] 笔者在宋克夫先生的考察基础上着重对吴承恩与心学人物胡宗宪的交游，以及吴承恩通过胡宗宪、朱曰藩、马汝骥、蔡克廉、毛恺、唐龙、何良俊、沈仕等人与心学人物钱德洪、罗洪先、聂豹、唐顺之、耿定向、蔡汝楠、薛应旗、邹守益、王慎中等的间接交往情况作进一步的考证与探讨。同时，经笔者考证，无论是与吴承恩有直接接触的万表、徐阶、胡宗宪等人，还是吴承恩通过密友、文友、亲戚、同乡先辈晚

---

　　① 宋克夫、韩晓：《心学与文学论稿——明代嘉靖万历时期文学概观》，中国社会科学出版社 2002 年版，第 77—81 页。

辈、同乡友好、官府及各方面人士而间接交往到的以上心学人物，都是王畿在"无日不讲学"的一生中频繁交游的朋友、同门及后学，他们自然而然地成了吴承恩知晓王畿、了解王畿并吸收龙溪心学的重要桥梁和纽带。

一 与吴承恩有直接交往的心学人物均与王畿过从甚密

万表（1498—1556年），字民望，号鹿园，浙江宁波人，世袭宁波卫指挥佥事，历任左军都督漕运兵、中军都督府都督同知、南京都督佥书等职。万表与吴承恩、王畿同龄并同乡，是吴承恩的文学、翰墨交，在淮安任漕运总兵时，与吴承恩交往极为密切，吴承恩曾作《赠鹿园万总戎》八首，并为之代作《谖堂永日图序》一篇。在《赠鹿园万总戎》中，吴承恩称道万表"到处山僧为写真，净名心事宰官身。谁知万里封侯相，即是禅房示疾人"的学术风貌，赞美他"虎帐画眠何所梦，蹇足三竺听泉声"[1]的风雅生活，表明吴承恩对万表哲学思想和文化生活的了解。万表与王畿亦交游颇密。黄宗羲言，"先生（万表）之学，多得之龙溪……"[2] 而列浙中王门。嘉靖二十三年（1544年），王畿偕唐顺之至宜兴善权寺访问万表并相互论诗，次年春，王畿与万表共游嘉兴龙渊寺，万表《玩鹿亭稿》卷一有《春日同王龙溪过嘉禾龙渊寺》诗，堪称二人私交的明证。紧接着的嘉靖二十五年（1546年），邹守益在南昌东南举"青原大会"，王畿赴会，至毗陵，与万表等人相聚论学，《王畿集》卷二十《刑科都给事中南玄戚君墓志铭》云："丙午春，念庵再访君，君送至毗陵，因与予及荆川、鹿园、陈明水、吕沃洲复为旬日之聚。"[3] 嘉靖二十九年（1550年），万表以左军都督漕运总兵任因病乞归，居杭州养病，时王龙溪居杭州金波园，常与万表共阅《明名臣奏议》及《十三省九边图考》，万表采编二书，成《皇明经济文录》四十一卷（王畿记载此事曰："时（万表）与予（王畿）阅《本朝名臣奏议》及《十三省九边图考》，采其关于国体、切于时政事

---

[1] （明）吴承恩：《赠鹿园万总戎》，刘修业辑校、刘怀玉笺校《吴承恩诗文集笺校》卷一，上海古籍出版社1991年版，第85页。

[2] 《浙中王门学案五·都督万鹿园先生表》，《明儒学案》卷十五，第312页。

[3] 《刑科都给事中南玄戚君墓志铭》，《王畿集》卷二十，第615页。

宜，汇成一书，名《经济录》"①)，王畿对此文录颇为赞赏。嘉靖三十五年（1556年）正月，万表卒于杭州，王畿撰《骠骑将军南京中军都督佥事前奉敕提督漕运镇守淮安地方总兵鹿园万公行状》，该文中，王畿言"余语君以良知之说"②、"君尝与予论格物之旨"③，记录了王畿与万表的多次相与论学；言"予与君居联迹比，臭味犹同"④，表明了二人私交甚笃；又言"君之隐志，固有家人不及知，而予独与闻者，所谓相视莫逆者，非耶?"⑤ 更是坦言二人的关系非同一般。可见，万表乃吴承恩与王畿交游的重要中间人物。

　　徐阶（1503—1583年），字子升，号存斋，江苏松江华亭人，官至礼部尚书、东阁大学士。嘉靖四十一年（1562年），徐阶60岁生日时，吴承恩曾代人作《寿师相存斋公六十序》一篇，盛赞徐阶"道德渊微之懿"，"主持文教，藻鉴之精"，高度评价徐阶"溯道脉，振儒风"⑥。这篇序文虽为代人之作，但同样表明吴承恩对徐阶心学思想的熟知。除这篇代作外，《吴承恩诗文集》中还有一篇《祭徐太翁文》，也是一篇代作，是代刘畿所作的一篇给徐阶之父的祭文。两篇代作均与徐阶相关，说明吴承恩对于徐阶是十分关注和了解的。黄宗羲的《明儒学案》将徐阶列入"南中王门"，早年出于江右王门聂豹门下。徐阶亦是与王畿过从甚密的人物之一，特别是晚年尚多次论学。嘉靖四十四年（1565年）春，王畿赴会留都，有《跋徐存斋师相教言》："嘉靖岁乙丑春，予赴留都同志之会，学院楚侗子出示罗宁国所记元宰存斋公《教言》一编，予得受而读之。"⑦ 文中对徐阶此编进行了评述并兼述良知之学。万历五年（1577年）秋，徐阶寿七十五，王畿作《原寿篇赠存斋徐公》一文，令门人陆光宅及其子应吉携往祝贺："万历丁丑岁，存斋徐公寿七秩有五。秋九月二十日，值其悬弧令辰，

---

① 《骠骑将军南京中军都督佥事前奉敕提督漕运镇守淮安地方总兵鹿园万公行状》，《王畿集》卷二十，第597页。
② 同上书，第602页。
③ 同上。
④ 同上书，第606页。
⑤ 同上。
⑥ 《寿师相存斋公六十序（代作）》，《吴承恩诗文集笺校》卷二，第146—147页。
⑦ 《跋徐存斋师相教言》，《王畿集》卷十五，第412页。

走羁俗缘，未能如期赴候。道述卮言一编，属通家门人陆子光宅泪季子应吉往界宾筵，用申觞祝之敬。"① 此时徐阶已归里，王畿在文中不忘与徐阶论学，述及"良知本无善恶，本无是非"等"四无"理论。万历八年，"师相存斋公约平泉、中江诸公举城南精舍之会"，应徐阶之请，王畿作《云间乐聚册后语》，论及君子出处原则及理想人格。万历九年（1581年），王畿曾会见徐阶，两位八旬老者再次讨论了致良知的问题，《王畿集》卷六中有《与存斋徐子问答》记录了这次论学：王畿向徐阶述其即本体为功夫的观点，并针对徐阶提出的悬空谈无知本体"恐终无益"的疑问，王畿提出了他的"无工夫中真工夫"理论，指出："某所请教，不是工夫可无。良知不学不虑，终日学，只是复他不学之体；终日虑，只是复他不虑之体，无工夫中真工夫"，"工夫只求日减，不求日增"②。这是王畿与徐阶的最后一次会面，也是王畿长达54年的学术活动的终结。问答中，徐阶对84岁的王畿说："公既高年，阶明年八十。念忽忽作别，恐后会难必，将遂虚度此生，何以见教？"③ 由此而讨论了生死问题。此后不久，二人相继逝世。可见，王畿与徐阶的交情是至老弥笃的。此外，《王畿集》卷十七的《孝友堂记》中也述及徐阶。王畿生前，其三子应吉曾请徐阶为父作传，徐阶因作《龙溪王先生传》，传中亦提到了"予久与公同事于学"的亲密关系。吴承恩通过徐阶接受龙溪心学亦在情理之中。

胡宗宪，字汝贞，号梅林，绩溪人，嘉靖十七年进士，巡抚浙江，总督东南数十府之军务，在浙沿海抗击倭寇入侵过程中，屡有建功，威镇江南。吴承恩在其诗文集中有《贺总制梅林胡公奏捷障词》一文，约作于嘉靖三十五年，正是倭寇侵扰江浙的时期，文中写道："某学剑无成，请缨有志，末由叨奉，私幸躬逢。况荷庇于一枝，念猥长于寸管。爰稽故事，用谱新声"④，表达了他欲投笔从戎的壮志，似曾打算加入胡宗宪的幕府做一名幕僚，为抗倭尽一己之力。胡宗宪曾从学于欧阳南野（江右王门）门

① 《原寿篇赠存斋徐公》，《王畿集》卷十四，第386页。
② 《与存斋徐子问答》，《王畿集》卷六，第146页。
③ 同上书，第145页。
④ 《贺总制梅林胡公奏捷障词》，《吴承恩诗文集笺校》卷四，第275—276页。

下，并称邹守益（江右王门）为老师，可以算作阳明的再传弟子，按浙时期，多次组织讲学，是明代心学圈中一个不可忽视的人物，他与王畿的交往值得一述。嘉靖三十二年（1553 年）夏四月，罗念庵、邹东廓应胡宗宪之邀，会宿武林，后王龙溪等人与他们又会于当湖（即"当湖会"），此见《沈太史全集》所收《淇林馆钞·湖上读书堆六先生会语》："嘉靖癸丑夏四月既望，念庵罗先生自北还，道经浙河，东廓邹先生赴梅林胡公之招，馆于武林之间。于是一庵唐先生、龙溪王先生、荆川唐先生、黄州湛一方先生，与邹、罗二先生咸会于我当湖，将纵观海上之胜。明日携同学六七人，过湖上读书堆。因相与论格物之指。"① 嘉靖三十六年（1557 年），胡宗宪、唐尧臣在天真书院重刻《阳明先生文录》，《阳明先生文录》上卷题名下段刻有"后学新安胡宗宪重刻，门人钱德洪、王畿编次，唐尧臣校正"，王龙溪还作《重刻阳明先生文录后序》。嘉靖三十八年（1559 年），王畿赴杭州天真之会并访胡宗宪，周怡从之，《周恭节公年谱》"三十八年己未，先生五十五岁"条载："春往杭州，从龙溪赴天真会，并访梅林胡公宗宪。"② 嘉靖三十九年（1560 年）春，胡宗宪平倭有功，天子嘉奖，王畿因作《三锡篇赠宫保梅林胡公》，盛赞胡宗宪"以平倭伟绩，受天子明命"，故而"颂公之德，表公之功，彰公之宠"。③ 吴承恩亦会通过胡宗宪而了解王畿。

二　与吴承恩有间接接触的心学人物亦与王畿交往匪浅

除了上述几个心学人物与吴承恩有直接接触且与王畿过从甚密，成为吴承恩与王畿间接交游的重要桥梁外，吴承恩还通过他的密友、文友、亲戚、同乡先辈晚辈、同乡友好、官府及各方面人士接触到王畿或接触到与王畿有着密切交往的心学人物，他们成为吴承恩与王畿间接交游的纽带。

对吴承恩接触心学人物起重要中介作用的人物是朱曰藩。朱曰藩，字

---

① （明）沈懋孝：《淇林馆钞·湖上读书堆六先生会语》，《沈太史全集》，明万历年间刻本。
② 《周恭节公年谱》，转引自彭国翔《王龙溪先生年谱》，《良知学的展开——王龙溪与中晚明的阳明学》附录，生活·读书·新知三联书店 2005 年版，第 548 页。
③ 《三锡篇赠宫保梅林胡公》，《王畿集》卷十三，第 365 页。

子价，号射陂，宝应人，朱应登子，生于弘治十四年（1501年），嘉靖二十三年（1544年）进士，嘉靖三十八年（1559年）任九江知府。朱曰藩比吴承恩年长三岁左右，与吴承恩自少友善。苏兴在《吴承恩年谱》附录《吴承恩交往录》中将朱曰藩列为吴承恩的三个"密友"之一，且感情至老弥笃。朱曰藩的父亲是弘治正德间的知名诗人朱应登，与"江南三才子"之顾璘齐名。陈文烛在《花草新编序》中说："汝忠工制义，博极群书。宝应有朱凌溪（朱应登）者，弘、德间才子也，有奇子□子价，朱公爱之如子，谓汝忠可尽读天下书，而以家所藏图史分其半与之，得与子价并名。射湖之上，双璧竞爽也。"① 可见，由于朱应登对吴承恩的偏爱，使朱曰藩与吴承恩的关系更加密切。吴承恩的诗文集中有《露筋祠同朱子价赋》和《赠子价》两篇诗文写给朱曰藩，朱曰藩的诗文集《山带阁集》中更是有《赠吴汝忠》、《别汝忠》、《淮阴览古赠吴子》三首诗与吴承恩相唱和。在吴承恩的众多师友遗集中，与吴承恩唱和的诗篇为数不多，而《山带阁集》中就占了三首，足见朱吴二人的友情非同一般。朱曰藩的《山带阁集》中有《洗心亭为王龙溪赋次念庵殿撰韵》、《大封君龙溪翁七十序》两篇文字，证明了朱曰藩与王畿是有交往的。而朱曰藩终其一生，与当时的诸多心学人物如罗洪先（江右王门）、唐顺之、蔡汝楠（甘泉学案）、薛应旗等人均有交往。清道光十五年宜禄堂刊本的《山带阁集》附录中有一篇《中顺大夫九江知府射陂朱君墓志铭》，下署"赐同进士及第左春坊左赞善兼翰林院修撰经筵讲官吉水罗洪先撰"②。文中写道："君之孝友不下于先生（朱应登），而其酷嗜古文辞又自其童时已然，是时举进士久不第，顾不屑举子业，尝与姑苏王履吉氏竞肆其力于汉魏六朝间，务探作者奇正以极其所往。……忆初识君宝应呴呴然，绝无防畛有与争誉者，微哂对之，温如处子，而文行复著，遂与定交。不尽以通家故，其后二十余年不复见，弟时时得其剳记。"③ 可见，罗洪先对朱曰藩这个同龄人

---

① 《花草新编序》，《吴承恩诗文集笺校》附录，第391页。

② （明）罗洪先：《中顺大夫九江知府射陂朱君墓志铭》，朱曰藩《山带阁集》附录，清道光十五年宜禄堂刊本。

③ （明）罗洪先：《中顺大夫九江知府射陂朱君墓志铭》，朱曰藩《山带阁集》附录。

是十分了解且颇为赞赏的。民国重印《宝应县志》卷十一《朱曰藩传》中有记载曰："曰藩尝究心内典，注《楞严》、《法华》诸经。及年四十，大悟前非，与罗文恭洪先讲修身立命之学，六经之书，重经手录，各为纂注，惜不传。"① 知朱曰藩对罗洪先的"修身立命之学"曾有过潜心探究、互相切磋且付诸实践的过程。朱曰藩的《山带阁集》中有《洗心亭为王龙溪赋次念庵殿撰韵》、《纪梦因呈念庵先生有序》、《复罗念庵》等诗文也能证明朱罗二人交往不疏。除与罗洪先的交往外，朱曰藩还与南中王门人物唐顺之交往密切，《山带阁集》中有《秋夕奉怀荆川太史》、《扬州遇荆川公》、《寄唐荆川书》三篇是与唐顺之的交游之作。《与莫中江书》中也提到"唐荆川作诗亦不甚多，似荆川意亦如此，不知中江以为何如"②。另外，《山带阁集》中的《蔡子木改南曹遇赠》、《赠孙平石曹长出守承天兼忆蔡衡州子木》、《西斋书怀寄上吴兴一庵唐丈》、《敬赠大司寇箬溪顾公考绩入朝》、《赠大司寇箬溪顾公考绩入朝序》等诗文及《四库全书·御选明诗》中薛应旗的诗《赠朱子价》分别证明朱曰藩与甘泉学案人物蔡汝楠③、唐枢④，浙中王门人物顾应祥以及南中王门人物薛应旗均有来往。这样一来，吴承恩在与这位自少友善、至老弥笃的密友的长期生活过程中，自然不无机会接触朱曰藩朋友圈中的心学人物。

李春芳（1510—1584 年），字子实，号石麓，是吴承恩的终身好友，嘉靖二十六年（1547 年）擢进士第一，以修撰超授翰林学士，累官礼部尚书，隆庆初拜首辅，旋进吏部尚书。宋克夫先生认为，吴承恩的《寿师相存斋徐公六十序》乃李春芳请吴承恩代为徐阶祝寿之作。吴承恩嘉靖四十一年还在为李春芳的父亲李永怀七十大寿而作《元寿颂》中曰："承恩蒙公（指李春芳）殊遇二十年，谒选来都，又出公之敦喻。"⑤ 可见，吴承恩

---

① 《朱曰藩传》，《宝应县志》卷十一，民国二十二年排印本。
② （明）朱曰藩：《与莫中江书》，朱曰藩《山带阁集》卷三十二，清道光十五年宜禄堂刊本。
③ 黄宗羲《明儒学案·甘泉学案四·侍郎蔡白石先生汝楠》："盖先生师则甘泉，而友则皆阳明之门下也。"
④ 黄宗羲《明儒学案·甘泉学案四·主政唐一庵先生枢》："师事甘泉，其后慕阳明之学而不及见也。故于甘泉之随处体认天理、阳明之致良知，两存而精究之。"
⑤ 《元寿颂》，《吴承恩诗文集笺校》卷一，第 95 页。

与李春芳的关系非同一般。此外,《吴承恩诗文集》中还有《明堂赋》、《赠李石麓太史》两篇文字是专为李春芳所作,《祭石鹿公夫人文》和《德寿齐荣颂》则分别为李春芳的夫人及父母所作,后文中还称李春芳为"我老师石翁相公"。这些都是吴承恩与李春芳密切交往的明证。苏兴在《吴承恩年谱》附录《吴承恩交往录》中将李春芳列为吴承恩的三个"密友"之一,并把他与吴承恩的关系归纳为"终身友好"。李春芳曾受过心学思想的教育和影响。据许国《李公墓志铭》:"嘉靖辛卯(1531年)以诗举于乡,偕计罢,从南雍受业增城湛公、吉水欧阳公"①,这里的湛公,即甘泉学派的湛若水;欧阳公,即江右王门的欧阳德。嘉靖十五年(1536年),李春芳还亲谒王艮,当面请益,亲聆教诲。

吴承恩的好友冯焕,别号南淮,淮安山阳人。吴承恩曾为其作《杂言赠冯南淮比部谪茂名》。冯焕与浙中王门人物钱德洪同在刑部共事,冯焕任刑部主事,钱德洪任刑部员外郎。嘉靖二十一年(1542年),两人皆因郭勋案以"不谙刑名"之罪同时被贬。吴承恩当可通过冯焕认识钱德洪。

吴承恩的同乡先辈胡琏,字重器,号南津,淮安沭阳人,弘治十八年进士,官至户部右侍郎。苏兴的《吴承恩年谱》根据吴承恩《寿胡内子张孺人六衮序》中"我师南津翁"②等语,认定吴承恩"是从胡琏受过业的门弟子之一"③。而在《寿胡母牛老夫人七衮障词》中,吴承恩则称胡琏为"我舅南津翁"④。据光绪《淮安府志》卷二十九《流寓传》,胡琏"深于经术,里居教授门徒甚盛,如邹守益、程文德皆受业弟子"⑤。邹守益是江右王门的创始人,程文德则是王守仁的嫡传弟子。吴承恩通过胡琏这位关系密切的前辈,可接触到邹守益、程文德两位心学人物。

作为一个文人,吴承恩经常联朋会友,与当时的许多文人学士耽酒吟诗,并在长期的游宴顾曲、诗酒赓和过程中,通过何良俊、黄质山、沈仕

---

① 许国:《李公墓志铭》,苏兴《吴承恩年谱》,人民文学出版社1980年版,第39页。
② 《寿胡内子张孺人六衮序》,《吴承恩诗文集笺校》卷二,第161页。
③ 苏兴:《吴承恩年谱》,人民文学出版社1980年版,第40页。
④ 《寿胡母牛老夫人七衮障词》,《吴承恩诗文集笺校》卷四,第320页。
⑤ 《流寓传》,光绪《淮安府志》卷二十九,苏兴《吴承恩年谱》,人民文学出版社1980年版,第40页。

等人间接地与心学人物建立了千丝万缕的联系。特别是在南京国子监读书期间，吴承恩与文人学士的诗文唱和、交游就更多，如在嘉靖三十四年（1555年）左右，吴承恩被邀到国子司业朱大韶（朱文石）的宅第，与老师朱大韶、南翰林院孔目何良俊、曾为和州学正的文嘉、避倭居南京的黄姬水、太学同学张之象等人欢聚，饮酒赋诗，何良俊《何翰林集》卷三有诗题及小序为《朱文石司成坐上分得鸣字。在坐有文文水、吴射阳、张王屋、黄质山诸君。是日，招朱射陂驾部，以事不赴》是这次聚会的明证。何良俊（1506—1573年），字元朗，号柘湖，明华亭（今上海松江）人，任南翰林院孔目时与吴承恩多有交往，吴承恩常到何良俊宅去饮酒赋诗，听小伶弹筝唱曲，《吴承恩诗文集》中有《何柘湖太史大壑祠曹相继解官俱有述怀之作奉和》、《金陵何太史宅听小伶弹筝次韵三首》，而何良俊作为当时的名士，与聂豹（江右王门）等心学人物也颇多交往，《四友斋丛说》卷四中记载，嘉靖三十一年冬，聂豹在京，曾与何良俊为同僚："壬子年至京师。是年冬。聂双江先生进大司马。先生在部中。每日散衙后即遣人接良俊至火房中闲谈。"[①]《双江聂先生文集》中也有《赠翰林孔目何元朗之南都序》一文。另外，《何翰林集》中提到的那次聚会里的黄姬水即黄质山，是南中王门人物黄省曾的儿子，嘉靖三十四年避倭，侨寓金陵，与吴承恩等经常有诗酒交往。为吴承恩画海棠的沈仕，号青门山人，吴承恩有《题沈青门寄画海棠用东坡定惠院韵》，两人在诗画上有着共同的兴趣，而沈仕与王慎中关系相当密切，《遵岩集》中有十五首诗、两篇序及五篇文是写给沈仕的。由此可见，吴承恩同以上诸多文人学士的交游唱和，亦是他与阳明心学结缘的重要渠道。

在与诸多文士诗酒留恋的同时，吴承恩与官府中人的交往也颇为密切，通过毛恺、马汝骥、蔡克廉、沈恺、唐龙、周金等人，吴承恩有机会结识更多的心学人物并受其影响。毛恺（1506—1570年），字达和，号介川，江山人，嘉靖十四年进士，授行人，擢御史，历刑部尚书。吴承恩曾在嘉靖四十二年毛恺做漕运总督时作《开府介川公德政颂》，毛恺与邹守

---

① （明）何良俊：《四友斋丛说》，中华书局1959年版，第38页。

益、罗洪先、耿天台等人过从甚密。《明史》卷二一四记载，毛恺曾"坐论洗马邹守益不当投散地，为执政所恶，谪宁国推官"①。《耿天台先生文集》卷十四《东廓邹先生传》也记载了嘉靖十八年，邹守益召入京为司经洗马，寻改南京国子监祭酒，在京与毛恺、徐阶、罗洪先、赵时春、唐顺之、张元冲、胡宗宪等相从讲学的经过："己亥，世宗将建储，太宰许奉旨简宫僚。先生以誉望召入为司经洗马。当事者以非己出，不悦。会公偕霍公上《圣功图》，因构之祸，几不测。赖众救免，充经筵讲官。……时与徐文贞、罗文恭洪先、赵浚谷时春、唐荆川顺之相资切，侍御毛介川恺、张浮峰元冲、胡梅林宗宪咸从之游。士数兴起甚众。居顷之，升太常少卿兼侍读学士，掌南院。盖当事者，忌而远之也。毛介川上疏留，亦调外任。"② 而正是在吴承恩为毛恺作德政颂的嘉靖四十二年，耿天台遇毛介川于淮上："嘉靖癸亥岁，遇冢宰介川毛先生于淮上。介川举《孟子》口之于味也一章义，相质。渠因述龙溪解。……口之于味，目之于色，耳之于声等是人之生机。使口不知味，目不辨色，耳不听声，便是死人，安得不谓之性……介川深有省云。"③ 毛恺与阳明心学的关系对吴承恩自然会产生重要影响。从《吴承恩诗文集》中的《答西玄公启》一文可知，吴承恩似曾有机会去当南京国子监祭酒马汝骥的幕宾，这篇文章正是吴承恩辞马汝骥征聘之作。马汝骥，字仲房，号西玄，绥德人，正德十二年进士，曾经当过南、北监的司业，嘉靖十七年至十九年任南京国子监祭酒，以后升任礼部侍郎，这样一位有身份、有地位的人物，不知何时何地何种因缘与吴承恩相识，且对吴承恩"奖饰下材，收罗末品，高谈刘勰，下问虞翻。诵佳句于廷中，假深情于格外"④，十分欣赏吴承恩，不仅奖赞他，还主动派使者礼聘吴承恩给自己掌书记。吴承恩在这篇文章中以"辞出应酬，本无可采；神分习业，未尽其长"⑤ 16个字拒绝了他的请聘。在这段因缘中，

① 《明史》卷二百十四，第5666页。
② （明）耿定向：《东廓邹先生传》，《耿天台先生文集》卷十四，《四库全书存目丛书》本，《四库全书存目丛书》编纂委员会编，齐鲁书社1997年版。
③ （明）耿定向：《绎孟子·口之于味章》，《耿天台先生文集》卷十，《四库全书存目丛书》本。
④ 《答西玄公启》，《吴承恩诗文集笺校》卷三，第235页。
⑤ 同上。

马吴二人应该是交往甚密的，而马汝骥作为当时人望归之的人物，与邹守益、薛应旗等人均有接触，《东廓邹先生文集》中有《赠宗伯西玄马子北上序》，文中赞扬了"西玄子之直"、"西玄子之平"、"西玄子之公"，认为他"直以任天下之重"、"平以息天下之争"、"公以任天下之怨"①，可见对马汝骥是十分了解且评价颇高的。《方山薛先生全集》中有《送马西玄序》，都是他们交往的明证。吴承恩虽辞去马汝骥的征聘，但也由此获得了结识心学人物的机会和可能。蔡克廉，字道卿，福建晋江人，嘉靖八年进士，官至户部尚书，任淮安知府、漕运总督期间，吴承恩与之交往甚多，嘉靖三十五年，因工部尚书兼右都御史赵文华应召回京过淮，吴承恩代蔡克廉作《平南颂》、《请□□□公启》。蔡克廉与王慎中均为福建晋江人，少时两人皆负才名，且交情不浅，《遵岩集》中有 10 篇诗文为王慎中与蔡克廉出游纪兴、送别感怀之作。另外，《荆川先生文集》中有《答蔡可泉判官》、《答蔡可泉》，《明文海》中有唐顺之写给蔡克廉的《赠蔡道卿序》，《敬所王先生集》中有《赠可泉公序》，《石莲洞罗先生文集》中也有《赠蔡可泉序》，证明蔡克廉与唐顺之、王宗沐（浙中王门）、罗洪先等心学人物都有来往。除此之外，吴承恩代万表所作的《谖堂永日图序》，是寿宁波知府沈恺母亲的，从沈恺《环溪集》中知他与徐阶、胡宗宪、唐顺之、罗洪先有交往。② 吴承恩在唐龙任漕运总督时与之交往密切，曾代他作《海鹤蟠桃篇》，并在唐龙致仕退隐之时作《寄渔石唐公》，唐龙也十分赏重吴承恩。唐龙与王阳明、徐阶、欧阳德、邹守益、王慎中等人的交往也都是有据可查的。③ 吴承恩为其作《约庵周公阡南京刑部尚书障词》的周金是唐顺之的同乡，唐顺之为周金

---

① （明）邹守益：《赠宗伯西玄马子北上序》，《东廓邹先生文集》卷二，《四库全书存目丛书》本，《四库全书存目丛书》编纂委员会编，齐鲁书社 1997 年版。

② 沈恺《环溪集》中有《寿师相存翁六十序》、《贺师相存翁新第成序》、《上少保少湖徐公》、《复按院梅林胡公》、《启翰撰荆川唐公》、《和唐荆川天宁寺韵》、《启殿撰念庵罗公》、《上阁老徐存翁》、《启师相存翁元孙冠礼成》等为证，《四库全书存目丛书》本，《四库全书存目丛书》编纂委员会编，齐鲁书社 1997 年版。

③ 唐龙《渔石集》中有《送阳明先生还朝序》等，《王阳明全集》中有《复唐虞佐》、《与唐虞佐侍御》，徐阶有《唐公龙墓志铭》，《欧阳南野文集》中有《尚书唐龙祭葬谥》，《东廓邹先生文集》中有《赋唐虞佐春晖堂》，《遵岩集》中有《上唐渔石尚书》为证，《四库全书存目丛书》本，《四库全书存目丛书》编纂委员会编，齐鲁书社 1997 年版。

作《周襄敏公传》，唐周二人诗文唱和较多。① 吴承恩虽在晚年才当了个长兴县丞，但他有幸结识了以上诸多活跃在心学人物之间的官府中人，使他与阳明心学的关系更为紧密。

以上所述及的吴承恩通过密友、文友、亲戚、同乡先辈晚辈、同乡友好、官府及各方面人士接触到的心学人物如钱德洪、罗洪先、聂豹、唐顺之、耿定向、蔡汝楠、薛应旗、邹守益、王慎中等人，均系王畿的同门、好友、后学。

钱德洪（1496—1574 年），名宽，号绪山，浙江余姚人，官至刑部郎中，王阳明弟子，《明儒学案》列"浙中王门"。前文述及，钱德洪与吴承恩之好友冯焕同在刑部共事，且同时被贬，共过患难。同时，钱德洪与吴承恩的友人胡宗宪也有往来。而钱德洪与王畿均为阳明高弟，是同门同郡好友，关系密切。嘉靖五年（1526 年），王畿奉阳明之命偕钱德洪复试礼部，二人同举南宫，因阁臣不喜阳明之学，二人不就廷试而归。此后，王畿与钱德洪同称"教授师"，分教初入阳明门的来学者。"天泉证道"中，两位主角因对阳明"四句教"的讨论著名于王门，此后的严滩问答、南浦请益均与二人相关，当时流传"浙有钱、王"的门评。阳明逝世后，二人共同收录阳明遗言、保护阳明幼子、创建天真精舍、重刻阳明文录、校阅阳明年谱、选择讲学会址、宣扬师门宗说……尽管二人在学术上有一定的分歧，但他俩均带着师门的责任在讲学的过程中共同为王学的弘扬不懈努力，这份同门之情是无人可比的。钱德洪卒后，王畿作《刑部陕西司员外郎特诏进阶朝列大夫致仕绪山钱君行状》。

罗洪先（1504—1564 年），字达夫，号念庵，江西吉水人，《明儒学案》列"江右王门"。罗洪先与吴承恩的好友万表多交往，嘉靖二十二年（1543 年），万表曾与罗洪先晤于江西临江，嘉靖二十五年（1546 年）的毗陵聚讲，罗万二人也均在场，万表的《玩鹿亭稿》中有《答罗念庵太史》，附录中有《念庵先生·四忆诗》、《罗念庵先生书》一篇，罗洪先的文集中也有《万鹿园总戎卧病临江邀晤天王寺》一诗及《寄万鹿园》。前

---

① 唐顺之《荆川先生文集》中有《周约庵中丞九日栾城道中见赠》、《寄周中丞备御关口》、《与周约庵中丞论项守》等为证，《四部丛刊》初编集部。

文述及，罗洪先还与吴承恩的友人朱曰藩、毛恺、蔡克廉等均有交往，特别是与吴承恩的密友朱曰藩的关系十分密切。而罗洪先与王畿交谊深厚，为学初受王畿的影响，他们相识于嘉靖十一年（1532 年）的北都，罗洪先当时对王畿非常钦佩，后在《书王龙溪卷》中记："忆壬辰岁与君处，君是时孳孳然神不外驰，惟道之求，泛观海内，未见与君并者，遂托以身之不疑。"① 在嘉靖十二年（1533 年）的《与王龙溪》中也怀念在北都与王畿相处的日子，"始悔昔之漫过，今欲再见不易期矣"②。嘉靖十八年（1539 年），王畿邀罗洪先共游南京，罗洪先的《冬游记》中详细记载了二人此次长达两个月之久的共游论学经历。从这次论学开始，罗洪先的思想逐渐转向聂豹的归寂说，因此在之后的嘉靖二十五年至嘉靖三十年间与王畿的毗陵、丰城等多次相聚论学中，二人意见不一，相互辩难，各自的文集中分别有《答王龙溪》、《答罗念庵》、《与罗念庵》等书。直至嘉靖四十一年（1562 年）的松原会，两人才"尽吐心腹，彼此悔责"，虽分歧尚在，然友谊如初，王畿在罗洪先 59 岁生日时作《松原晤语寿念庵罗丈》，后修改作《松原晤语》，并为罗洪先之子作《世光以昭说》，罗洪先也应王畿为儿子教诲之请作《书王龙溪卷》。另，《王畿集》中还有《剑江叙怀寄别罗念庵》诗一首。嘉靖四十四年（1565 年）夏，王畿往吊罗洪先，作《祭罗念庵文》。王罗二人的友情在论学的取益与辩难中不断加深。

聂豹（1487—1563 年），字文蔚，号双江，江西永丰人，官至兵部尚书加太子少保，《明儒学案》列"江右王门"。前文所述，吴承恩代人为之作寿文且代人为其父作祭文的徐阶就是聂豹的弟子。同时，吴承恩在南京时交往且多有唱和的文士何良俊，还曾与聂豹为同僚，关系密切到每日闲谈的程度。王畿与聂豹的关系也是在往复辩难中建立的，二人在青原大会、冲玄会后以及多封往复信件中均激烈论战，影响较大。王畿有《致知议略》、《致知议辨》及《答聂双江》二书与聂豹论学，《聂双江先生文集》中亦有《答王龙溪》、《再答王龙溪》与王畿辩论。聂豹卒后，王畿作

---

① （明）罗洪先：《书王龙溪卷》，徐儒宗整理《罗洪先集》卷十五，凤凰出版社 2007 年版，第 663 页。

② （明）罗洪先：《与王龙溪》，《罗洪先集》卷六，凤凰出版社 2007 年版，第 208 页。

《祭聂双江文》。嘉靖四十四年（1565 年）夏，王畿还专至永丰，拜祭故友聂豹。

　　唐顺之（1507—1560 年），字应德，号荆川，江苏武进人，倭乱时视师浙直，因功擢右金都御史巡抚外洋，《明儒学案》列"南中王门"。唐顺之在抗倭期间，与吴承恩的朋友胡宗宪关系密切，他以兵部郎中奉命到浙江视察军情时经常出入胡宗宪幕府，《荆川先生文集》卷八中有《与胡梅林总督》13 封。唐顺之与吴承恩的密友朱曰藩多有交游唱和，《山带阁集》中有《秋夕奉怀荆川太史》、《扬州遇荆川公》、《寄唐荆川书》证明二人关系不疏。同时，唐顺之还与吴承恩的朋友万表（《荆川集》中有《同万鹿园宿工文庵次韵有赠》）、毛恺、徐阶、蔡克廉、沈恺、周金等人有交往。关于唐顺之与王畿的关系，黄宗羲在《明儒学案·襄文唐荆川先生顺之》中指出："先生之学，得之龙溪者多，故言于龙溪，只少一拜。"①《明史》卷二百五在述及唐顺之思想渊源时也说："闻良知说于王畿，闭户兀坐，匝月忘寝，多所自得。"② 因此可以说，唐顺之与龙溪是有着实际上的师徒关系的。嘉靖十一年（1532 年），唐顺之与王畿就已经相识，据李贽《续藏书·金都御史唐公》所述："壬辰（嘉靖十一年——引者注）……时则王龙溪以阳明先生高弟寓京师，公（唐顺之——引者注）一见之，尽叩阳明之说，始得圣贤中庸之道矣。"③ 从此之后，两人一直保持着密切的交往，在《荆川先生文集》中，尚存有《与王龙溪郎中》、《答王龙溪郎中》等信，推崇王畿"笃于自信，是故不为形迹之防；以包荒为大，是故无净秽之择；以忠厚善世，不私其身"。④ 而在《王畿集》中，也有与唐顺之论学的《维扬晤语》，此系嘉靖三十七年（1558 年），王畿应唐顺之之邀至维扬，公事之暇相与论学而作。此外，《王畿集》中还存有《与唐顺之》书二通及王畿与唐顺之唱和诗如《永庆寺次荆川韵》、《秋杪偕唐荆川过钓台登高峰追惟往迹，有怀蔡可泉短述》、《万履庵偕其师荆川唐子南行，予

　　① 《南中王门学案二·襄文唐荆川先生顺之》，《明儒学案》卷二十六，第 599 页。
　　② 《明史》卷二百五，第 5424 页。
　　③ （明）李贽：《金都御史唐公》，《续藏书》卷二十二，中华书局 1959 年版，第 440 页。
　　④ （明）唐顺之：《与王龙溪郎中》，《唐荆川文集》卷五，《四部丛刊》初编集部，第 8 页。

送之兰溪，用荆川韵赠别》、《送唐荆川赴召用韵》等。王畿还为唐顺之著作作序，有《历代史纂左编序》、《精选史记汉书序》等。唐顺之去世后，王畿写有《祭唐荆川墓文》，在文中回忆了与唐顺之的密切交往与深厚友谊。

耿定向（1524—1596年），字在伦，号楚侗，人称天台先生，湖北黄安人，官至户部尚书，《明儒学案》列"泰州学案"。耿定向曾为吴承恩欲为之效力的胡宗宪作《奉贺元辅存斋先生八十寿序》，并在其卒后作《祭梅林胡先生文》、《祭徐存翁》。耿定向也曾与吴承恩为之作《开府介川公德政颂》的毛恺在嘉靖四十二年（1563年）相遇，二人共同讨论了王畿的《书累语简端录》中关于孟子《口之于味也》章"性命合一"的解释。此事见《耿天台先生文集》卷十《绎孟子·口之于味章》，不仅说明耿定向与吴承恩的朋友毛恺有交往，同时也表明耿天台尽管与王畿的学术观点不同，但他对于王畿的相关理论是十分了解的。耿定向虽不喜王畿之学，但却经常与王畿论学，《王畿集》中有《答楚侗耿子问》、《答耿楚侗》、《与耿楚侗》、《东游会语》、《南游会纪》、《留都会纪》等篇目记录二人的交游论学事。嘉靖四十三年（1564年），王畿于宜兴会耿定向，还为其所刻邵雍《击壤集》作序（《王畿集》卷十三《击壤集序》）。《耿天台先生文集》中也有《与王龙溪》，对龙溪《龙南山居会语》提出异议。

蔡汝楠（1516—1565年），字子木，号白石，浙江德清人，官至南京工部右侍郎，《明儒学案》列"甘泉学案"。吴承恩的密友朱曰藩的《山带阁集》中有《蔡子木改南曹遇赠》、《赠孙平石曹长出守承天兼忆蔡衡州子木》。而蔡汝楠与王畿的交情也不浅，嘉靖三十七年（1558年），王畿与蔡汝楠同访天池法会，《自知堂集》中有《天池法会偈引》为证。此外，蔡汝楠的《自知堂集》中还有《戊午秋日会同年王龙溪、谢狷斋、陈紫墩、吴中山、许铭山、何虚泉、赵尚莘于瑞石岩二首》等多首与龙溪共游时所作的诗，尽管有些诗还难以确定年代，但却表明了二人的弥切之情。王畿的文集中也保留了《留别蔡白石兄次韵》、《次白石年兄青原论学韵》等赠与蔡汝楠的诗作。

薛应旂（1500—1575年），字仲方，号方山，江苏武进人，任南京考功郎中、浙江提学副使，欧阳德弟子，且自命为阳明私淑弟子，《明儒学案》列"南中王门"。《方山薛先生全集》中有《贺胡梅林序》、《送马西玄序》，《四库全书·御选明诗》中有薛应旗的诗《赠朱子价》，李春芳的《贻安堂集》中有《答薛方山学宪》等，证明薛应旗与吴承恩的友人胡宗宪、马汝骥、朱曰藩、李春芳均有交游和唱和。而薛应旗与王畿之间也是有一段渊源的。嘉靖二十年（1541年），朝廷按例考察两京官员，王畿北都述职，时任南考功郎中的薛应旗，有《送王汝中序》一文相赠，文中对王畿的讲学表示了不满，后又因受大学士夏言的压力，罢黜了王畿。不过，关于薛方山罢黜王畿一事的缘由，何乔远《名山藏·儒林下》以为是由于龙溪在南京任职期间"好干清"之故，其后王畿遇薛方山，还曾下拜而谢："畿后遇应旗，下拜而谢之。"① 也可作为王薛二人关系的一个参考。

　　邹守益（1491—1562年），字谦之，号东廓，江西安福人，官至南京国子监祭酒，赠礼部右侍郎，阳明弟子，《明儒学案》列"江右王门"。前文已述，吴承恩称之为"我师南津翁"、"我舅南津翁"的胡琏，曾是邹守益的授业恩师。吴承恩的友人胡宗宪称邹守益为老师，多次邀邹守益至武林、当湖、杭州西湖万松书院等地讲学，并邀邹守益入浙谒阳明祠，会讲于天真书院。吴承恩为之作德政颂的毛恺曾"坐论洗马邹守益不当投散地，为执政所恶，谪宁国推官"。对吴承恩"假深情于格外"的马汝骥，也在《东廓邹先生文集·赠宗伯西玄马子北上序》中受到邹守益的高度评价。而王畿与邹守益也是过往较密、论学不断的好友，《王畿集》中有《答邹东廓》、《〈邹东廓先生续摘稿〉序》、《寿邹东廓翁七秩序》、《书东廓达师门手书》、《次邹东廓丈雪中过水西韵》、《玄坛次韵留别邹东廓丈》、《复初书院会集同志次东廓丈原韵二首》等多篇诗文与邹守益唱和论学。嘉靖四十一年（1562年）十月，王畿赴复古之会，邹守益于九月得疾，卒之前日，王畿"入问疾"，十日东廓即卒。《王畿集·漫语赠韩天叙分教安成》中评邹守益于推动讲学有功于师门，并云："昔年予赴会所，适值东廓示疾，予往候问，数千里之交，半日证果，遂成永诀。同心感应，若有神焉。世传以为奇事。"② 嘉靖四

---

　　① 何乔远：《名山藏·儒林下》，（台北）成文出版社1971年版，第5271页。
　　② 《漫语赠韩天叙分教安成》，《王畿集》卷十六，第468页。

十四年（1565年），王畿曾往江西拜邹守益墓，有《祭邹东廓文》。

王慎中（1509—1559年），字道思，号遵岩，福建晋江人，官至南京户部主事、礼部员外郎，终官河南参政，唐宋派代表人物，与唐顺之并称"王唐"。王慎中曾为吴承恩好友万表作《与万鹿园》。《遵岩集》及《御明诗选》中共有2首诗、3篇文与吴承恩友人徐阶相关。为吴承恩画海棠、与吴承恩在诗画上有着共同兴趣的青门山人沈仕与王慎中关系相当密切，《遵岩集》中有15首诗、2篇序及5篇文是写给沈仕的。吴承恩代之作《平南颂》、《请□□□公启》等文的蔡克廉与王慎中均为福建晋江人，少时两人皆负才名，且情不浅，《遵岩集》中有10篇诗文为王慎中与蔡克廉出游纪兴、送别感怀之作。《遵岩集》中另有《上唐渔石尚书》是写给赏重吴承恩的唐龙的。可见王慎中也是一个与吴承恩友人交往颇多的人物。而王慎中与王畿论学之事在王畿的一篇重要会语《三山丽泽录》中记录甚详，这次论学发生在嘉靖三十六年（1557年），那年王畿至福建，与王慎中相会于三山（福州）石云馆第，两人出则联舆，入则并席，相互切磋，共19日之久。

除以上所述之外，与吴承恩友人胡宗宪和朱曰藩有交往的唐枢、与蔡克廉有来往的王宗沐、吴承恩的密友李春芳的老师欧阳德等都与王畿交游论学密切。"当湖会"、"天真书院会"等都有王畿、唐枢参加，《王畿集》中有《与王敬所》、《答王敬所》等书给王宗沐，王宗沐也有《寿龙溪王先生序》、《龙溪王先生集序》，王畿为欧阳德所著作《欧阳南野文选序》。赏重吴承恩的唐龙与王畿的老师王阳明、王畿的朋友欧阳德、徐阶、王慎中、邹守益等过从甚密。如此等等，不能胜举。

第二节　龙溪心学的传播与吴承恩的主体意识

前节考证了吴承恩与诸多和王畿过从甚密的心学人物的交游，详述了吴承恩通过密友、文友、亲戚、同乡先辈晚辈、同乡友好、官府及各方面人士而与王畿的同门、后学、好友等进行交游的概况，目的即是证明吴承恩与王畿虽然没有直接交往的记录，但吴承恩完全有可能在这种铺天盖地的交游活动中耳闻王畿、熟悉王畿、了解王畿、接触和吸收王畿思想，从而在生平人格、哲学倾向、文学主张上都与王畿、与龙溪心学相契相合。

一　龙溪心学的主体意识及其传播

龙溪心学的重要特点是张扬主体，强调主体意识，提倡狂者风范。王畿在他的文集中对豪杰之士极为推崇，欣赏直心以动、真性流行、"志存尚友，广节而疏目，旨高而韵远"的狂者、豪杰，更赞扬"超乎天地之外，立于千圣之表"、"打破自己无尽宝藏"、"令干干净净，从混沌中立根基"的出世间大豪杰。他追求"不顾毁誉"、"无所奉陪"的个体独立人格，向往"独来独往，动于天游"的主体自由之境。这里所谓的"狂者"、"豪杰"、"出世间大豪杰"都是指以真为尚，自信本心，没有任何矫饰，亦不为外在的毁誉所左右的精神境界，体现了巨大的人格力量和强烈的主体意识，不仅拒绝沉沦于"为人"、"逐物"的世俗化过程，而且敢于向世俗挑战，这种狂者豪杰作为独立的人格形象，已具有顶天立地的气概。王畿正是在此基础上，对主体意识进行了高度肯定，提倡真人、真己，赞美真率自然、率性而行、蔑视权威、反叛传统的主体独立人格，勇立明代重主体、崇自然、反束缚的个性解放思潮之前沿。

生活中的王畿在未入阳明门墙时，就可谓之少年狂士，徐阶的《龙溪王先生传》说，王畿中举后"试礼部不第……立取京兆尹所给路券焚之"[1]，归后更是任侠不羁，有狂者之风。袁宗道的《杂说》云："于时王龙溪妙年任侠，日日在酒肆博场中"[2]，且"每见方巾中衣讲学者"[3] ——即当时应付科举、道貌岸然的程朱学者，窃骂之为"腐儒"。可见，青少年时代的王畿就是一位不拘礼法的任侠狂士。当然，王畿在成为王门弟子之后，没有向放诞不羁的方向继续发展，但他仍然没有放弃对理想人格、超然之境的向往和追求。《传习录》中记载，嘉靖四年，王畿随阳明至余姚中天阁：

---

① （明）徐阶：《龙溪王先生传》，《王畿集》附录四，第 823 页。
② （明）袁宗道：《杂说》，《袁宗道集笺校》卷之二十二，湖北人民出版社 2003 年版，第 354 页。
③ 《江右王门学案四·处士魏药湖先生良器》，《明儒学案》卷十九，第 465 页。

　　王汝中、省曾侍坐。先生（王阳明——引者注）握扇命曰："你们用扇。"省曾起对曰："不敢。"先生曰："圣人之学，不是这等捆缚苦楚的，不是妆做道学的模样。"汝中曰："观《仲尼与曾点言志》一章略见。"先生曰："然。"①

　　可见，王畿也不喜捆缚苦楚的假道学模样，而欣赏曾点式的"浴乎沂，风乎舞雩，咏而归"的悠然自在、超然物外的理想精神境界。故唐顺之在《吏部郎中林东城墓志铭》中就对比林春的"小心周慎，画尺寸不敢失"，而概括王畿为"王君汝中洒落"②。对于官场的拉拢与高压，王畿亦不肯折腰，多次不顾毁誉、不计得失地捍卫着自己的独立人格和个体尊严。如嘉靖十二年（1533 年），权臣张璁按官场惯例试图拉拢王畿，"欲引置一甲，公（王畿——引者注）不应；开吉士选，又欲引之，又不应；又开科道选，必欲引之，终不应"。③ 由此张璁被激怒而将王畿安排到有名无实的南都任职方主事。又如嘉靖十八年（1539 年），嘉靖帝册封皇太子为恭王，时夏言当国，拟选庶吉士辅太子。夏言婿吴春，是王畿弟子，他首先推荐了王畿，夏言同意了，但提出要王畿亲至相府请求的无理要求，珍视主体人格和尊严的王畿断然拒绝。可见，少年任狂的王畿不拘礼法、有狂者之风，向往悠然超然的理想之境，自信本心、为人洒落，且把个体独立人格和尊严放在一切毁誉陪奉之上而倍加珍视。这也正如王畿在他的诗中所描述的那番闲适、超然与豪迈：

　　　　青牛白马知何处，鱼跃鸢飞只自然。④
　　　　人间荣辱无拘管，万顷风烟一酒杯。⑤

---

　　① 《传习录下》，《王阳明全集》卷三，第 104 页。
　　② （明）唐顺之：《吏部郎中林东城墓志铭》，《唐荆川文集》卷十四，《四部丛刊》初编集部，第 12 页。
　　③ （明）徐阶：《龙溪王先生传》，《王畿集》附录四，第 825 页。
　　④ 《经三教峰》，《王畿集》卷十八，第 555 页。
　　⑤ 《贺南渠年兄众乐园之作》，《王畿集》卷十八，第 537 页。

一笑临风忘落帽，白头到处任攀留。①

不将得失起身图，还我堂堂一丈夫。②

因此，赵锦所作的《龙溪王先生墓志铭》中记载了王畿内弟张元益对王畿的评价：

> 尚友于古，宁为阔略不掩之狂士，毋宁为完全无毁之好人；宁为一世之嚣嚣，毋宁为一时之翕翕。③

赵锦认为，此语"盖皆得先生之深者"。

二　龙溪心学传播影响下吴承恩的主体意识

前文述及，王畿在他所处的时代已是名重一时、"为海内所共仰"，龙溪心学于当时的哲学界、文学界、经学界、史学界都有极高的地位和极大的影响力。他的生平人格和哲学思想为人所熟知，亦为大多数明代及以后的士人、学者、文学家所敬仰、认同和模拟。与王畿生卒年相当的吴承恩当然也不例外的受到王畿人格和龙溪心学的影响。

关于吴承恩生平人格和诗文创作，明人陈文烛、李维桢、吴国荣均在《射阳先生存稿》的序跋中进行了评述。其中，李维桢的《吴射阳先生集选叙》的学术价值和史料价值相对较高，他指出：

> 嘉、隆之间，雅道大兴，七子力驱而近之古，海内翕然乡风。其气不得靡，故拟者失而粗厉；其格不得逾，故拟者失而拘挛；其蓄不得俭，故拟者失而糅杂；其语不得凡，故拟者失而诡僻。至于今而失弥滋甚，而世遂以罪七子，谓李斯之祸秦，实始荀卿。而独山阳吴汝忠不然，汝忠于七子中，所谓徐子与者最善，还往倡和最稳，而按其集独不

---

① 《九日吕调甫设席邀余偕南渠公登戴山亭》，《王畿集》卷十八，第525页。
② 《月下用韵示诸生》，《王畿集》卷十八，第519页。
③ （明）赵锦：《龙溪王先生墓志铭》，《王畿集》附录四，第831页。

类七子友。率自胸臆出之，而不染于色泽，舒徐不迫，而亦不至促弦而窘幅。人情物理，即之在耳目之前，而不必尽究其变。……大要汝忠师心匠意，不傍人门户篱落，以钓一时声誉，故所就如此。……人情好名而酷欲中人之好，从来久矣。天下方驰骛七子，而汝忠之为汝忠自如。以彼其才，仅为邑丞以老，一意独行，无所扳援附丽，岂不贤于人远哉！……此不佞所贵汝忠能自为汝忠者也。①

在这段话中，李维桢对吴承恩的为人及诗文极其推崇，并较为客观地总结了在"天下方驰骛七子"的复古之风大盛的时代里，吴承恩"一意独行，无所扳援附丽"的个性及创作中对主体意识的强调和对个体情感的抒发。

的确，吴承恩与王畿一样高扬主体、推崇英雄、呼唤豪杰，尽管他在《满江红》中感叹道："穷眼摩挲，知见过、几多兴灭。红尘内，翻翻覆覆，孰为豪杰！"②但他仍在《二郎搜山图歌》的结尾发出"世间岂谓无英雄"③的呼声，在《秦玺》的结尾亦发出"其必在豪杰之士也乎"④的呐喊。他虽"屡困场屋"、"沉于下僚"、"肮脏终身"、怀才不遇，却也有着玩物傲世的傲骨和愤世嫉俗的精神，始终高扬主体意识，保持着自己独立的人格，在他身上不难找到如王畿所倡导的所谓的"狂者"胸次和豪杰风范。吴承恩在《祭卮山先生文》中的一段自叙，就是他高洁人格和狂者气概的最好表白：

承恩，淮海之竖儒也。迂疏漫浪，不比数于时人，而公顾辱知之。泥涂困穷，笑骂沓至，而公之信仆，甚于仆之自信也。⑤

《答西玄公启》中也自称：

---

① （明）李维桢：《吴射阳先生集选叙》，《吴承恩诗文集笺校》附录，第386—387页。
② 《满江红》，《吴承恩诗文集笺校》卷四，第336页。
③ 《二郎搜山图歌》，《吴承恩诗文集笺校》卷一，第32页。
④ 《秦玺》，《吴承恩诗文集笺校》卷三，第171页。
⑤ 《祭卮山先生文》，《吴承恩诗文集笺校》卷三，第220页。

承恩淮海竖儒，蓬茅浪士，倚门肮脏，挟策支离。①

"竖儒"、"浪士"形容吴承恩虽为士人，却有些狂豪，"迂疏"即迂远疏阔，"漫浪"即不拘世俗。可见，"泥涂困穷，笑骂沓至"的险恶环境并没有消磨他这个"淮海竖儒"、"蓬茅浪士"、"迂疏漫浪"的独立人格，体现了一种于庸俗势利的炎凉社会中傲然应物、违于世情、始终固我的可贵品格和豪杰精神。

在吴承恩好友的诗文及《吴承恩诗文集》中，有许多作品都体现了吴承恩不拘一格的主体意识、独立人格和狂豪情怀。

与吴承恩自少友善的朱曰藩有诗《淮阴览古赠吴子》，诗中写道：

把臂入酒垆，拓弛如山公。

郑重饮我酒，双环歌玲珑。

唱到玉关词，绝倒摧群雄。

倾杯吸淮水，桐柏为之空。

北斗插瑶席，霜天照芙蓉。

肝胆一夜尽，欲发闻晨钟。

天明挂帆去，肠断南飞鸿。②

生动地描绘出吴承恩的"迂疏漫浪"的狂者情态。这里朱曰藩说吴承恩"拓弛如山公"，把他的狂豪旷达比作"倒着接离花下迷"的山季伦（即山简，竹林七贤山涛的儿子），点出吴承恩身上有竹林七贤的流风遗韵。朱曰藩的另一首诗《别汝忠》写道：

城阴把袂意劳劳，水舸去光动白袍。

海内文章君自爱，眼前盆盎我将逃。

黄芦伐鼓鸳鸯起，北斗回船牌脱高。

---

① 《答西玄公启》，《吴承恩诗文集笺校》卷三，第235页。

② 《淮阴览古赠吴子》，朱曰藩《山带阁集》卷二。

一自风流嵇阮散，山阳空社长蓬蒿。①

更是直接把竹林七贤中恬静寡欲、轻时傲物的嵇康和放诞不羁的阮籍拈出来与吴承恩相比较。吴承恩也当仁不让，欣然以嵇康的同道自居，他的《池上即事》诗云：

广陵一曲畏人知，闲弄丝桐向小池。
金鲤跃波玄鹤舞，世间鱼鸟即钟期。②

《移竹寺中得诗十首以王建此地本无竹远从山寺移句为韵》诗更云：

亭亭数竿玉，何可一日无。
悬知此君意，亦自要狂夫。
闺人素嫌侬，就贫不干禄。
独对一壶吟，因之识嵇、阮。
落落众芳外，苍苍千尺松。
孤心谁见赏，今日得相从。③

就是这样一个狂者气度十足的吴承恩，还经常与"狂杀把东坡"的文征明、"温醇恬旷、与物无竞"的王宠等这样一些太白式人物交往，他们互相影响，与世情乖离，更加强化了吴承恩"迂疏漫浪"的独立人格，就连他疏秀俊逸的书法艺术也大有文、王式的狂放之风。除此之外，《吴承恩诗文集》中也有不少作品表现了吴承恩在坎坷困顿的人生经历中始终保持自己的人生信念和高洁人格，始终能够傲世应世、率性而行的狂者风貌。如《赠沙星士》一诗就展现了他自尊自重、自由自在的傲气和直面人

---

① 《别汝忠》，朱曰藩《山带阁集》卷二。
② 《池上即事》，《吴承恩诗文集笺校》卷一，第80页。
③ 《移竹寺中得诗十首以王建此地本无竹远从山寺移句为韵》，《吴承恩诗文集笺校》卷一，第73页。

生、傲然应物、慷慨悲歌的精神风貌：

> 平生不肯受人怜，喜笑悲歌气傲然。
> 小院朝扃烧药坐，高楼春醉戴花眠。
> 黄金散尽轻浮海，白发无成巧算天。
> 孤鹤野云浑不住，始知尘世有颠迁。①

《送我入门来》表现了他壮年将终仍要保持壮心，面对严霜积雪仍要排除干扰实现抱负，于凡情俗事不肯多费心机，时不我待，无心于富贵，以大丈夫的龙性力排世俗、驰骋腾骧的胆识：

> 玄鬓垂云，忽然而雪，不知何处潜来？吟啸临风，未许壮心灰。严霜积雪俱经过，试探取梅花开未开？安排事付与、天公管领，我肯安排！
> 狗有三升糠分，马有三分龙性，况丈夫哉？富贵无心，只恐转相催。虽贫杜甫还诗伯，纵老廉颇是将才。漫说些痴话，赚他儿女辈，乱惊猜。②

《忆昔行赠汪云岚分教巴陵》中，当年龙溪书院的狂生，如今虽年近六旬，却是"挥毫四顾气胜虹"、"狂奴仍故态"：

> 挥毫四顾气胜虹，擢第登科亦何有？……
> 丈夫功名未可必，时运到时终俯拾。……
> 莫笑狂奴仍故态，龙溪我亦法筵人。③

《赠贾山人》中的"年来四海劳求友"、"不得中行"便是欣赏贾山人

---

① 《赠沙星士》，《吴承恩诗文集笺校》卷一，第51页。
② 《送我入门来》，《吴承恩诗文集笺校》卷四，第340页。
③ 《忆昔行赠汪云岚分教巴陵》，《吴承恩诗文集笺校》卷一，第29页。

这样的狂放与高洁：

> 尘满长衫鬓满霜，腰间深系虎皮囊。
> 白鱼生以书为命，乌贼时将墨自藏。
> 好我只缘无俗调，逢人自诧有仙方。
> 年来四海劳求友，不得中行必也狂。①

他在《太白楼》中自比李白而发狂语，比拟诸多贤人豪杰倚栏饮酒，呈狂夫之态：

> 青莲居士登临地，有客来游兴不孤。
> 山水每缘人得胜，贤豪多共酒为徒。
> 云飞醉墨留朱拱，花拥宫袍想玉壶。
> 独倚栏杆倾一斗，知君应复识狂夫。②

《牡丹》中为了牡丹而剧饮豪歌，狂了多日：

> 新来的为牡丹忙，剧饮豪歌十日狂。
> 若使酒中无酒圣，错教花里有花王。③

《浪淘沙》中携酒放舟，发狂吟诗，放浪形骸，自比神仙放纵诗狂和酒兴，何等洒落：

> 驾个小湖船，放入湖天。月轮今夜十分圆。看得嫦娥才仔细，恁的婵娟。
> 烂醉扣船舷，信口成篇。满身风露桂花烟。不纵诗狂并酒兴，不

---

① 《赠贾山人》，《吴承恩诗文集笺校》卷一，第58页。
② 《太白楼》，《吴承恩诗文集笺校》卷一，第62页。
③ 《牡丹》，《吴承恩诗文集笺校》卷一，第84页。

是神仙。①

《吴承恩诗文集》中类似的诗词散文比比皆是、不胜枚举，其中所展现的傲气、胆识、硬骨、率性与狂态都是作者以诗文的方式所表达的他对于主体意识、独立人格、真性自由的向往、追求和践行。

生活中，吴承恩"平生恬淡自守，廉而不秽"②，虽少有才名，却在科举上泥涂穷困，屡屡不第，为人笑骂，但始终能保持自己的人生信念和高洁的人品。约35岁的他面对太学学长、南京国子监祭酒马汝骥的高度赏识和主动请聘，却以"辞出应酬，本无可采；神分习业，未尽其长"③相拒绝，吴承恩不愿依附世俗的眼光而去担任"未尽其长"的幕宾，认为那将有负他平生之志，这一举动应当也是吴承恩珍视个性、不泥于世俗、率性行事的真实体现。40余岁时，吴承恩才补上一名岁贡生，63岁才在李春芳的扶持下出任浙江省长兴县县丞，本是极其不易的，但吴承恩却因不愿阿谀奉承而"不谐于长官"④，被诬入狱，后虽平反补"荆府纪善"，但"以彼其才，仅为邑丞以老，一意独行，无所扳援附丽，岂不贤于人远哉"⑤，"数奇，竟以明经授县贰，未久，耻折腰，遂拂袖而归"⑥，晚年放浪诗酒，终老于家。言语中显见，吴承恩的"拂袖而归"，源于他极强的个人尊严、巨大的人格力量和高扬的主体意识支配下不肯扳援附丽、不愿阿谀奉承、懒于送往迎来的个性，他一意孤行、解绶而去，甚而银铛入狱却终不折腰。正是这种玩世傲物的骨气和愤世嫉俗的精神，正是这种蔑视权贵，不愿蝇营狗苟的狂豪情结、人格尊严和志向情操使他大声喊出："问讯渊明，折腰吏，尔能为否？"⑦

同时，作为这种狂者风范在文学主张上的体现，吴承恩能够冲破明代

---

① 《浪淘沙》，《吴承恩诗文集笺校》卷四，第332页。
② （明）陈文烛：《花草新编序》，《吴承恩诗文集笺校》附录，第391页。
③ 《答西玄公启》，《吴承恩诗文集笺校》卷三，第235页。
④ （明）吴国荣：《射阳先生存稿跋》，《吴承恩诗文集笺校》附录，第387页。
⑤ （明）李维桢：《吴射阳先生集选叙》，《吴承恩诗文集笺校》附录，第387页。
⑥ （明）宋祖舜、（明）方尚祖：《淮安府志》卷十六《人物志二·近代文苑》，《西游记资料汇编》，南开大学出版社2002年版，第164页。
⑦ 《赠赵学师归田障词》，《吴承恩诗文集笺校》卷四，第356页。

文坛伪饰雕凿、剿袭模拟的复古文风而在《留思录序》中指出：

> 情之极挚，文之所由生矣……
> 音生于感，感生于天，油然而出，直输肝肺。①

体现了吴承恩在创作上强调"率自胸臆出之"，强调真情实感的抒写和主体意识的发挥。

由此可见，吴承恩无论是在生平人格还是哲学倾向、诗文主张上，均体现了"汝忠之为汝忠自如"②、"汝忠诗心匠意，不傍人门户篱落，以钓一时声誉"③的独立人格和主体意识。这显然是吴承恩受龙溪心学的影响而与王畿在生平人格、诗文主张、哲学思想方面所体现出来的第一重相通之处。

第三节　龙溪心学的传播与吴承恩的伦理意识

一　龙溪心学的伦理意识及其传播

在高扬主体意识、珍视独立人格的同时，王畿指出，"狂者"胸次虽然突显了突破平庸、超脱俗染、无累无滞、"无入而不自得"的精神境界，但"非旷荡放逸，纵情肆意之谓也"，他并不认为"狂者"和豪杰是理想人格的最高标准，狂者气象只是走向内圣之境的逻辑中介，而非成己过程的终点。狂者尽管能够超脱庸俗，但如果不努力律己以修，就会走向另一个极端，其结果不仅不足以完成一个道德的境界，适足以变为感性放任，只有加上"克己"、"克念"之功，克除膨胀的自私欲念和放纵的个性，才能由狂入圣，而不是"自足而终止于狂"。因此，只有做到"从心所欲不逾矩"，达到道德境界与本真情态合而为一，才能实现终极意义上的人格境界。这样，王畿就在把豪杰之士视为独立人格的化身的同时，又要求他

---

① 《留思录序》，《吴承恩诗文集笺校》卷二，第120页。
② （明）李维桢：《吴射阳先生集选叙》，《吴承恩诗文集笺校》附录，第386页。
③ 同上书，第387页。

们能去"有我之私"，克"物欲之蔽"，把他们规定为自觉意识到伦理道德和社会责任的主体。

王畿视"从心所欲不逾矩"为狂者豪杰之上的"出世间大豪杰"所应该具有的更高境界而倍加赞赏，在"缠绕的要洒脱"的基础上提出"放肆的要收敛"，指出"克念谓之圣，妄念谓之狂，圣狂之分，克与妄之间而已"。但王畿所谓的"从心所欲不逾矩"中的"矩"是"心之体"，是良知，而不是外在的是非准则、道德要求、世俗规矩；王畿所谓的"放肆的要收敛"，也不是一味地消极避世之谓，而是于一切应感经纶上直心以动，内有主而外不荡；王畿所谓的"克念"，亦不同于王阳明希望通过外在的他力裁以入道，而是要用"良知做得主宰"，通过内在的良知自力来"真见本体之贞明"，以达到"入圣"、"入于中行"的目的。而这一切都源于王畿"无欲者，心之本体"，"至善者，心之本体"的良知本体论，作为心之本体的至善良知本来就是"粹然无欲"的，只要遵循心之本体的无欲之态，遵循良知的自然本性去生活，去观察和对待一切社会现实，就能摆脱各种社会关系的束缚，摆脱在社会生活中形成的争名逐利欲望的束缚。也就是说，王畿以自然为宗的本体论，是建立在性善论的人性思想基础之上的，如何保持至善的人性、无欲的心体，就是其伦理意识的真实呈露。本体至善，回归本体，以至于善，即致良知，就是功夫，这样的人格完善的致知功夫亦即王畿伦理思想的实践表达。

王畿本人就能时时以无欲心体为"矩"，"不为名节所管摄"，他对正德、嘉靖间世风日下，把"道德"作为猎取功名富贵敲门砖的"伪道学"进行了鞭挞："今之所谓道德者，古之功名也；今之所谓功名者，古之富贵也；今之所谓富贵而已者，庸鄙攘窃，自比于乞墦穿窬之类，有仪、秦所不屑为者而甘为之，所趋益已下矣。"① 早年的王畿中举后会试不第，他"立取京兆尹所给路券焚之"的举动也显示了他不执着于功名的心迹。嘉靖五年，师命王畿赴京应试，王畿却不愿北上，在阳明"吾非欲以一第荣子"，只是想通过弟子至京会试而扩大其学的影响的劝说下才勉强答应，

---

① 《道山亭会语》，《王畿集》卷二，第31页。

且在中进士后不就廷试而归。王畿积极投入王门的讲学活动，开会时，过去一直以官资排座，王畿提出座位应以年龄高低来安排："会以明学，官资非所行于同志，盍齿叙为宜？"① 他的建议得到了钱德洪、王玑等人的支持，后来成为王门讲学的惯例，这种情况在古代是极少见的，从侧面反映了王畿不以名利为念、平易近人的性格。王畿在《复久庵纪梦韵》中写道："无端梦里虚交媾，名利烟霞总未真。纷纷得失何时了，若解无身到处真。"② 表明了他主张摆脱功名利禄的束缚而回归良知本体的至纯无欲。

当然，正是从良知本体上的伦理意识和致知工夫上的伦理思想出发，少年任狂、不为名节所管摄的王畿也并不是一味消极避世，尽管他一生居官仅有 10 年左右时间，但林下 40 余年，无日不讲学，讲学过程中，王畿反对为学上的闭关静坐，认为静坐工夫与儒者的经世抱负相抵牾而强调事上磨炼、强调经世济民、讲究出处之道。

> 吾人未尝废静坐，若必藉此为了手，未免等待，非究竟法。圣人之学，主于经世，原与世界不相离。古者教人，只言藏修游息，未尝专说闭关静坐。若日日应感，时时收摄，精神和畅充周，不动于欲，便与静坐一般。况欲根潜藏，非对境则不易发，如金体被铜铅混杂，非遇害烈火则不易销。若以见在感应不得力，必待闭关静坐，养成无欲之体，始为了手，不惟蹉却见在功夫，未免喜静厌动，与世间已无交涉，如何复经得世？独修独行，如方外人则可。大修行人，于尘劳烦恼中作道场。吾人若欲承接尧舜姬孔学脉，不得如此讨便宜也。③

> 大抵吾儒主于经世，二氏主于出世。④

> 千古圣学，本于经世，与枯槁山木不同。吾人此生，不论出处闲

---

① 《中宪大夫都察院右佥都御史在庵王公墓表》，《王畿集》卷二十，第 637 页。另，《王畿集》卷二十《刑部陕西司员外郎特诏进阶朝列大夫致仕绪山钱君行状》中亦有记载："旧会以官学为序，君与予告众曰：'同志为道而来，须以齿序为宜。'众曰：'然'，至今相会以齿，予二人倡之也。"

② 《复久庵纪梦韵十首》，《王畿集》卷十八，第 557 页。

③ 《三山丽泽录》，《王畿集》卷一，第 10—11 页。

④ 《与李中溪》，《王畿集》卷十，第 258 页。

忙，亦只有经世一件事。……日应万变而常寂然，方是大镇静，方是经世之实学。①

夫吾人以经世为学，乃一体不容已本心，非徒独善其身、作自了汉。②

儒者之学，务为经世，学不足以经世，非儒也。吾人置此身于天地之间，本不容以退托，其曰"为天地立心，为生民立命"，固儒者经世事也。③

士君子立身天地间，惟出与处而已。出则发为经纶，思以兼善天下；处则蕴为康济，思善其乡，以先细民，未尝无所事事。④

出也以其学行于朝，秉国之钧，承天之宠，经纶密勿。定大计、决大疑，以天下安危为己任，倡明正学，淑人心而开泰运。视群邪之讪，如狂澜之撼砥柱，屹然无所扰也。其处也，以其学行于家，宅心渊默，应缘无滞，笃于伦理，重朋来之乐，徜徉峰泖之墟，修身以见于世，视群小之愠，若飘风之过耳，漠然无所入也。⑤

如此等等，对"儒者之学，务为经世"的反复强调，对出处之道的慎重考索，向世人表明，佛老出世、避世，儒家入世、经世，这是佛老与儒家的根本区别，王畿作为一名儒者，尽管有着狂者豪杰的理想人格，尽管不屑于世俗的功名利禄，尽管向往着"从心所欲"，但不论出处闲忙、居官林下，都不能忘记自己作为儒者的社会责任感和伦理精神。也正是在这个意义上，王畿指出：

君子之学，好恶而已矣。……是非者，好恶公也。……良知致，则好恶公……身之修也，好恶公于家，则为家齐，公于国与天下，则

---

① 《与唐荆川》，《王畿集》卷十，第267页。
② 《答刘凝斋》，《王畿集》卷十一，第274页。
③ 《〈王瑶湖文集〉序》，《王畿集》卷十三，第350页。
④ 《蓬莱会籍申约》，《王畿集》卷五，第103页。
⑤ 《原寿篇赠存斋徐公》，《王畿集》卷十四，第387页。

为国治而天下平，政而学在其中矣。①

他认为，为政行事与"致良知"无非都是"公好恶"、"公是非"，乃至"公"于家国天下，故提出了他的政在学中、学在政中的"政学合一"说。在他看来，儒者经世的烦琐事务也无非是学，而讲学的目的之一，就是用"本心"去参与"政治"。

> 君子之学，无间于出处，无择于官，求以尽吾心而已。……
> 簿书讼狱之间，无非实不学，离却簿书讼狱，便是落空。不惟听讼一事，推而至于监司守令、宰执乘田，莫不皆然，惟求尽吾是非之本心，以达于政。②

因此可见，王畿本着"无欲心体"的理念，追求"从心所欲不逾矩"的最高境界，把崇尚个体的独立人格与主体意识同儒者的经世济民的社会责任感和伦理精神完美结合，狂而不纵，出而不离，成为古代儒者最高人格的典范。

二 龙溪心学传播影响下吴承恩的伦理意识

受龙溪心学和王畿生平人格的影响，吴承恩亦认同于"从心所欲不逾矩"，不执着于社会关系的束缚和声色货利的诱惑，不"以功利驰骋"，不"以事业挥霍"，不"以道术通融"，不"溺于嗜好攀援"，不"泥于见闻格套"，将本心向"无欲"、"至善"的原初方向回归，同时注重道德修养和人格完善、关注经纶世态和民生疾苦，有着极强的伦理意识和儒者责任。这些在他的《吴承恩诗文集》中均有较多的体现。

吴承恩自称"淮海竖儒"、"蓬茅浪士"，长期处于"迂疏漫浪"的精神状态，他对举业从最开始的热衷，到后来的嘲弄，竟至认为为不第而愁烦是极其可笑的。他在《慰友人》诗中嘲笑友人经营举业不得售而心烦意乱：

---

① 《政学合一说》，《王畿集》卷八，第195—196页。
② 《赠周见源赴黄州司理序》，《王畿集》卷十四，第381页。

　　　　嗟君爱名如爱儿，经营举业心孜孜。

　　　　秋灯破篦啮饥鼠，仰屋背书吟且思。

　　　　上天茫茫无曲私，不为一夫行四时。

　　　　功名富贵自有命，必欲得之无乃痴。①

　　"功名富贵自有命，必欲得之无乃痴"，既是对友人的慰解，亦是吴承恩自己从对功名举业的热衷到对无欲心体的回归。除此之外，《吴承恩诗文集》中还有《贺金恥斋翁媪齐寿障词》：

　　　　上把功名付与儿孙，看他时还又。从今去，偕老平安，年年双寿。②

《寿王可斋七袠障词》：

　　　　清闲真有味，肯问名和利？城市隐，山林贵。③

《赠赵学师归田障词》：

　　　　名与利，慵开口。荣与辱，真翻手。④

《移竹寺中得诗十首以王建此地本无竹远从山寺移句为韵》：

　　　　闺人素嫌侬，耽贫一干禄。⑤

《忆昔行赠汪云岚分教巴陵》：

————————————

　①　《慰友人》，《吴承恩诗文集笺校》卷一，第28页。
　②　《贺金恥斋翁媪齐寿障词》，《吴承恩诗文集笺校》卷四，第265页。
　③　《寿王可斋七袠障词》，《吴承恩诗文集笺校》卷四，第315页。
　④　《赠赵学师归田障词》，《吴承恩诗文集笺校》卷四，第327页。
　⑤　《移竹寺中得诗十首以王建此地本无竹远从山寺移句为韵》，《吴承恩诗文集笺校》卷一，第73页。

挥毫四顾气腾虹，擢第登科亦何有？①

这些诗词中所提及的功与名、名与利、荣与辱、贫与禄及擢第登科，均是与"无欲心体"相离的社会欲望、世情嗜欲，吴承恩能够对其保持恬淡与平静，体现了他由对功名富贵荣辱的抛舍淡化而展开伦理上的自我完善和良知上的本性回归。

当然，尽管吴承恩一直过着"白下风流"的生活，但他并没有一味沉沦放荡、消极避世，也没有一味流连山水、放任自流，而是与王畿一样，时刻不忘一个读书人应有的社会责任，关注世态民生，参与救国救民，追求一种超世而不离世，绝俗但不绝情的人生境界。在他的诗文集中有《桃园图》：

千载知经几暴秦，山中惟说避秦人。
仙源错引渔舟人，恼乱桃花自在春。②

《满江红》：

身渐重，头颇别。手可灸，门庭热。旋安排娇面孔，冷如冰铁。尽着机关连夜使，一锹一个黄金穴。③

《夏日》：

上高堂美人不禁暑，冰簟湘帘梦秋雨。
岂知寒燠运天功，为我黎民实禾黍。④

---

① 《忆昔行赠汪云岚分教巴陵》，《吴承恩诗文集笺校》卷一，第29页。
② 《桃园图》，《吴承恩诗文集笺校》卷一，第79页。
③ 《满江红》，《吴承恩诗文集笺校》卷四，第336页。
④ 《夏日》，《吴承恩诗文集笺校》卷一，第82页。

分别表达了他对暴秦的指责、对现实的批判、对权贵的谴责及对民生疾苦的关心与同情。吴承恩不仅是文人，还是个懂得军事的文武全才，他把用兵与围棋相联系，在《后围棋歌赠小李》中比拟了许多历史战例，在《诸史将略序》中认为用兵要不拘套路、抓住战机、及时应变，方可取胜。倭寇侵扰江、浙之时，吴承恩"帘卷紫金山影"的悠闲心情，就被"红尘内，翻翻覆覆，孰为豪杰"的挽救国家危亡的志向所代替，他在《贺总制梅林胡公奏捷障词》中言：

> 某学剑无成，请缨有志，末由叨奉，私幸恭逢。况荷庇于一枝，念猥长于寸管，爰稽故事，用谱新声。①

意即主动请缨，投笔从戎，打算加入胡宗宪幕府，为抗倭效力。此意未成，又回淮安给沈坤领导的"状元兵"当参谋，取得了抗倭的重大胜利，这充分体现了他希望承担一点救世济民的儒者责任的意愿。同时，尽管一生怀才不遇，但他却一直关注朝政得失、敢说真话，以表示他不出离于江山社稷的儒者情怀。如在《贺学博未斋陶师膺奖序》中抨击了朝廷不会用人，在《赠卫侯章君必履任序》中表示了对世袭制度的不满，在《秦玺》中借古讽今地批判了嘉靖时代政治上的"首功好杀"、"尊君蔑臣"、"妖言腹诽"等措施，这些也都体现了吴承恩作为一名普通儒士的忧国忧民。

关于伦理道德修养和人格完善，吴承恩亦有自己的感悟与心得。他在《开府介川毛公德政颂》中指出：

> 道行有德，非德曷成。懿德之成，成于正学。
> 根本渊源，关、闽、濂、洛。②

---

① 《贺总制梅林胡公奏捷障词》，《吴承恩诗文集笺校》卷四，第 275—276 页。
② 《开府介川毛公德政颂》，《吴承恩诗文集笺校》卷一，第 93 页。

他在《元寿颂》中认为"忠孝通天，人伦纲纪"①，在《述寿赋》中更是明确指出：

> 吾方当植仁为仙谷，树德为琼枝，清心为玉体，和气为灵芝。奉公之义不敢后，周穷之惠不敢辞，拂已之言不敢报，违人之愿不敢施。……则夫"忍"之一字，乃吾传世之宝，延年之药，而治心之师也。②

指出"忍"是"治心之师"，强调自我修养，劝告人们"愿尔逢人权放着，世间万事忌孤高"，表现了吴承恩对德性修养与人格完善的强调与注重。

在诗文主张上，吴承恩所提出的主体意识也并没有超出道德伦理的规范，在《申鉴序》中，他要求：

> 其情志不诡于圣人，而放乎道德性命。③

在强调创作中主体情感的同时，又要求这种情感接受伦理的匡正，以实现文学的伦理效应。因此，在《留翁遗稿序》中他提出：

> 为子言则训孝，为臣言则训忠，或以训俭勤，或以训慈惠，或发潜以劝善，或述义而明规。④

主张通过文学达到人格的道德完善。吴承恩文学主张上的这种特色体现了他对主体意识、独立人格和社会责任之间关系的注重，这正是龙溪心学重视主体意识和伦理意识、强调人格自我完善的思想在吴承恩诗文主张

---

① 《元寿颂》，《吴承恩诗文集笺校》卷一，第96页。
② 《述寿赋》，《吴承恩诗文集笺校》卷一，第4—5页。
③ 《申鉴序》，《吴承恩诗文集笺校》卷二，第114页。
④ 《留翁遗稿序》，《吴承恩诗文集笺校》卷二，第123页。

上的体现。

由此可见，吴承恩无论在生平实践、处世准则还是诗文主张上，都强调主体意识和社会责任的关系，反对毫无节制地感性放任，有着极强的伦理意识。这应当是吴承恩主观上接受龙溪心学的另一个重要方面。

吴承恩通过与王畿的间接交游而接受龙溪心学，在生平人格、哲学倾向和文学主张上形成了与龙溪心学相当的思想与精神。王畿欣赏狂者、豪杰，为人洒落，高扬主体意识，追求人格独立，倡导个性自由，"把当时思想解放的潮流发展到极端"；吴承恩"迂疏漫浪"、傲然应世，蔑视权贵，保持高洁人格，坚守个体尊严，"汝忠之为汝忠自如"。王畿以心为"矩"，不以名利为念，追求"从心所欲不逾矩"的圣人之境，强调"儒者之学，务于经世"的社会责任感和伦理精神；吴承恩从热衷科举转向淡视功名富贵，关注民生疾苦和朝政得失，注重个体修养，以一腔热血投身抗倭等救世济民的战斗中。可见，身处同一时代的这两位同龄人，无论为人处世，还是诗文、哲学理念都向世人展示着在主体意识和伦理意识等诸多方面的相同因子。

第三章　龙溪心学的传播与《西游记》作者问题

前章在论述龙溪心学学术特色的基础上，详细考证了吴承恩与王畿的间接交游，表明了龙溪心学的传播对于吴承恩的客观影响，同时，考察吴承恩在生平人格及《吴承恩诗文集》中所表现出来的与龙溪心学相契相合的主体意识和伦理意识，进一步证明了吴承恩在主观哲学倾向上对于龙溪心学的接受。当然，吴承恩受到龙溪心学的主客观影响，并不能等同于《西游记》与龙溪心学相关。目前学界对于《西游记》的作者尚存争议，故要讨论龙溪心学的传播与《西游记》的关系，还有一个不可回避的的问题，即《西游记》著作权问题。本章对《西游记》的著作权问题作一个评述和论证。

第一节　《西游记》作者问题研究评述

关于《西游记》作者问题从它问世起就引起学术界的关注，吴承恩是否拥有《西游记》著作权的问题成为学术界多年来悬而未决的公案。现拟对《西游记》作者研究的源起进行回顾，并根据笔者所见到的材料对20世纪80年代以来就此问题产生的争论作一个评述。

一　《西游记》作者研究源起

百回本《西游记》在明代就已广泛流传，但自问世之初，其作者问题就已有多种猜测。现存《西游记》最早刻本为明万历二十年（1592 年）金陵世德堂梓行的《新刻出像官板大字西游记》，署有"华阳洞天主人校"，卷首有一篇题为"秣陵陈元之"撰的《序》。陈《序》在提到《西游记》的作者时写道：

> 《西游》一书，不知其何人所为。或曰："出天潢何侯王之国"；或曰："出八公之徒"；或曰："出王自制"。①

陈《序》并称："旧有叙，余读一过。亦不著其姓氏作者之名，岂嫌其丘里之言与？"② 这些当视为目前所能见到的最早的有关《西游记》作者问题的文字材料。此后明代各种刊本，如万历三十一年（1603 年）闽建书林杨闽斋本，天启年间"李卓吾"先生批评本等，均不题撰人。

清代初年，汪象旭撰写《西游证道书》，将元代虞集《西游记序》收录刊置于卷首，题名"原序"。虞《序》中有这样一段话：

> 一日有衡岳紫琼道人持老友危敬夫手札来谒，余与流连浃月。道人将归，乃出一帙示余曰："此国初丘长春所纂《西游记》也，乞公一序以传。"余受而读之，见书中所载，乃唐玄奘取经事迹。③

这里汪象旭将虞《序》公诸于世，开创了"邱处机说"的先河，使有清一代，翻刻、评点《西游记》者大抵与道教有关，《西游记》研究者几乎都承袭了这一说法，认定神怪小说《西游记》出自邱处机之手。《西游证道书》以后流行的清代刊本，如陈士斌《西游真诠》、张书绅《新说西游记》、刘一明的《西游原旨》等，莫不持是说。在很长的历史时期内，邱处机为神怪小说《西游记》作者的说法遂被沿袭下来。

但到清代康乾时期，有学人提出《西游记》并非邱氏所作。如乾隆年

---

① （明）陈元之：《西游记序》，《西游记资料汇编》，第 225 页。
② 同上。
③ （元）虞集：《西游记序》，《西游记资料汇编》，第 64 页。

间，纪昀认定书中不少官制为明代始有，"为明人依托无疑也"①，从而认为邱处机撰书说实不可信。康熙年间，著名学者钱大昕还专门从苏州玄妙观《道藏》中抄出了一部《长春真人西游记》。该书为邱处机弟子李志常所撰，记述了元太祖十五年（1220 年）邱处机应诏西行见成吉思汗途中的山川道里、风土人情、珍禽异木、殊方语言、师徒问答及途中吟咏之什，是一部游记，与描写唐僧取经的神怪小说《西游记》是风马牛不相及的两部书。钱大昕想以此证传说之谬，并指出"村俗小说有《唐三藏西游演义》，乃明人所作"②。

最早提出"章回小说《西游记》为吴承恩所作"说法的是清初其乡人吴玉搢，这一说法的附和者也都是与吴承恩同时代的一些淮安老乡。吴玉搢的《山阳志遗》和阮葵生的《茶余客话》中都依据明代天启《淮安府志·艺术志一·淮贤文目》中"吴承恩《射阳集》四册口卷，《春秋列传序》，《西游记》"③ 一条，断言百回本《西游记》为明人吴承恩作。同时，他们还从书中的方言着手加以证明。吴玉搢在《山阳志遗》卷四中有一段话："书中多吾乡方言，其出淮人手无疑。"④ 后来，阮葵生又说："观其中方言俚语，皆淮上之乡音街谈，巷弄市井妇孺皆解，而他方人读之不尽然，是则出淮人之手无疑。"⑤ 再后来，丁晏也认为"今记中多吾乡方言，足征其为淮人作"⑥。此后，还有陆以栝等人沿袭了这一说法，认为《西游记》为吴承恩作。但由于他们人微言轻，记载零星，所以这一说法并未能在社会上流传开来，他们仍无力从《西游记》的封皮上剥去"长春真人"之类字样。

20 世纪初，胡适《西游记考证》在否定邱处机的同时，进一步指出，"《西游记》小说之作必在明代中叶以后"，"是明代一位无名的小说家作

---

① （清）纪昀：《阅微草堂笔记》卷九《如是我闻》，《西游记资料汇编》，第 171 页。
② （清）钱大昕：《跋长春真人西游记》，《西游记资料汇编》，第 171 页。
③ （明）宋祖舜、（明）方尚祖：《淮安府志·艺术志一·淮贤文目》卷十九，《西游记资料汇编》，第 164 页。
④ （清）吴玉搢：《山阳志遗》卷四，《西游记资料汇编》，第 169 页。
⑤ （清）阮葵生：《茶余客话》卷二十一《吴承恩西游记》，《西游记资料汇编》，第 170 页。
⑥ （清）丁晏：《石亭纪事续编·书〈西游记〉后》，《西游记资料汇编》，第 173 页。

的"。① 1922 年，鲁迅与胡适在通信中指出章回小说《西游记》的作者为射阳山人吴承恩。这一结论是鲁迅根据前辈学人的记载和有关文献得出的，并在现代意义上的小说研究著作《中国小说史略》中提出。后同胡适、董作宾、郑振铎、赵景深等人共同考证并认可，才得到学术界的公认，广为流传并成为定论。此真若拨云见日，成为《西游记》作者研究的一个重要里程碑，从此以后，吴承恩著《西游记》的论点在学术界渐趋一致。1933 年，俞平伯虽在《驳〈跋销释真空宝卷〉》一文中提出怀疑，但也并未掀起波澜。这期间，赵景深于 1936 年首次撰成《〈西游记〉作者吴承恩年谱》；1930 年，《射阳先生存稿》发现于故宫博物院并据以排印行世，故宫博物院所藏原本，今存台湾。1958 年，刘修业以 1930 年排印本为底本点校，改名《吴承恩诗文集》，由古典文学出版社 1958 年 6 月出版；后刘怀玉又在刘修业校本的基础上完成《吴承恩诗文集笺校》，由上海古籍出版社 1991 年 5 月出版。这些都为后来的吴承恩与《西游记》的研究打下了良好的基础。

二　《西游记》作者问题讨论

20 世纪 80 年代初，国外和我国台湾的一些研究者都对"吴承恩说"提出了质疑，从而引起了国内学人的关注。到 1983 年，章培恒先生在《社会科学战线》1983 年第 4 期上发表宏文《百回本〈西游记〉是否吴承恩所作》，从而掀起了一股不大不小的"否吴"浪潮，使章回小说《西游记》的著作权问题在沉寂了数年后再次引起争论。这次争论并不是往昔的简单重复，而是对《西游记》作者研究的历史推进，争论的双方所依据的材料几乎都是天启《淮安府志》、《千顷堂书目》等，但各自的解释不一样，导致所得结论冰炭难容。30 年来，对"吴承恩说"持否定态度的主要有章培恒、张锦池、杨秉祺、陈君谋、李安纲、顾洁诚、胡义成等人，而持肯定态度的则主要有苏兴、蔡铁鹰、吴圣昔、陈澉、宋克夫、钟扬、杨俊、曹炳建等人。笔者详细阅读以上文章，认为这场争论的焦点主要集中

---

① 胡适：《西游记考证》，《中国章回小说考证》，上海书店出版社 1979 年版，第 346 页。

在六个问题上。

（一）关于天启《淮安府志》有关记载的问题

天启《淮安府志》相关著录有两处。其一《艺文志一·淮贤文目》云："吴承恩：《射阳集》四册□卷，《春秋列传序》，《西游记》。"① 其二《人物志二·近代文苑》云："吴承恩性敏而多慧，博极群书，为诗文下笔立成，清雅流丽，有秦少游之风。复善谐剧，所著杂记几种，名震一时。"② 章培恒提出："天启《淮安府志》既没有说明吴承恩的《西游记》是多少卷多少回，又没有说明这是一种什么性质的著作，那又怎能断定吴承恩的《西游记》就是作为小说的百回本《西游记》而不是与之同名的另一种著作呢？"③ 杨秉祺在《章回小说〈西游记〉疑非吴承恩所作》一文中认为，"明清官修的地方志都不收章回小说，《淮安府志》著录的《西游记》必非章回小说。"④ 从而否定吴承恩为百回本《西游记》的作者。李安纲则提出，《淮贤文目》"既称'文目'，可见是文章或文集的目录，而不是书目。《射阳集》是诗、文的集子，《春秋左传序》自然是一篇序言，那么，放在其后的《西游记》……只能是一篇游记文章而已"⑤。肯定吴承恩著作权的一方以苏兴为代表，他在《也谈百回本〈西游记〉是否吴承恩所作》中认为，"万历二十年陈元之序《西游记》，概括作者的特点便是'跅弛滑稽之雄'"，与天启《淮安府志》所述及的吴承恩"善谐剧"的特点是相一致的。同时苏兴还指出，中国古典小说固然没有明确称之为"杂记"的先例，但《明史·艺文志》子部小说类曾有"杂记"的著录，所以"把通俗小说称之为'杂记'大约也有可能"，而"天启《淮安府志》编撰者是把吴承恩的《西游记》与'杂记'联结起来谈的"⑥，因此可以断

① （明）宋祖舜、（明）方尚祖：《淮安府志》卷十九《艺文志一·淮贤文目》，《西游记资料汇编》，第164页。
② （明）宋祖舜、（明）方尚祖：《淮安府志》卷十六《人物志二·近代文苑》，《西游记资料汇编》，第164页。
③ 章培恒：《百回本〈西游记〉是否吴承恩所作》，《社会科学战线》1983年第4期。
④ 杨秉祺：《章回小说〈西游记〉疑非吴承恩所作》，《内蒙古师范大学学报》1985年第2期。
⑤ 李安纲：《吴承恩不是〈西游记〉作者》，《文史知识》1996年第11期。
⑥ 苏兴：《也谈百回本〈西游记〉是否吴承恩所作》，《社会科学战线》1985年第1期。

定天启《淮安府志》著录的《西游记》就是百回本小说。蔡铁鹰认为：要证实天启《淮安府志》所著录的"吴承恩的《西游记》确系异书，必须解决两个问题：一是找到吴承恩同名异书的《西游记》或有关资料，二是考出百回本的真正作者。而目前在这两个问题上都难以得出令人信服的结论"，"所以，'异书说'是不能成立的"。①

（二）关于《千顷堂书目》的著录

认定吴承恩非百回本《西游记》作者的依据之一是清初黄虞稷所撰的《千顷堂书目》，该书卷八史部舆地类有如下著录：

余唐鹤征《南游记》三卷 吴承恩《西游记》 沈明臣《四明山游籍》一卷②

章培恒认为，根据"《千顷堂书目》，吴作《西游记》当是游记性质的作品，大概是记述其为荆府纪善时的游踪的"。杨秉祺提出："黄虞稷也是恪守目录学家的义法的，书目（指《千顷堂书目》）中不收任何章回小说。吴著《西游记》既被收入'千书目'，它当然不会是章回小说。"陈君谋在《百回本〈西游记〉作者臆断》中也通过考察《西游记》的流传及吴承恩作品的著录情况，得出"吴承恩《西游记》是游记性质的作品"③的结论。关于这些论点，苏兴首先提出反对，他认为"黄虞稷著录吴承恩《西游记》没有目验，是见书名想当然的误载"；吴承恩"虽然有过荆府纪善这一职的任命，他却没有到任，没有由东向西去的西游"，因而他"不能因之写游记的《西游记》"。蔡铁鹰指出："吴承恩的同代人、家乡人、亲朋好友，遗集佚文都没有提到这一本地理游记，黄虞稷又是自何途径见到的？假如黄虞稷著录不误，确实亲见，那么后人为什么只字不提？……吴承恩多次南下北上，往西行却只有一次——去荆府赴任，而

---

① 蔡铁鹰：《关于百回本〈西游记〉作者之争的思考和辩证》，《明清小说研究》1990年第3期。

② （明）黄虞稷撰，瞿凤起、潘景郑整理：《千顷堂书目》卷八，上海古籍出版社1990年版。

③ 陈君谋：《百回本〈西游记〉作者臆断》，《苏州大学学报》1990年第1期。

去荆府偏偏有利于证成吴承恩是小说《西游记》的作者。"同时指出:"纪行游记可不像通俗小说是不登大雅之堂的东西,说他们(指吴承恩的同乡学者吴玉搢、阮葵生等人)回避提及百回本《西游记》是可能的,而说他们回避提及纪行的《西游记》就说不通了"。

(三)关于"华阳洞天主人"的问题

金陵世德堂本《西游记》上没有编、撰、著者的姓名,仅署"华阳洞天主人校"。一些学者拓宽思路,对华阳洞天主人与《西游记》的关系加以探讨。如陈澉先生在《〈西游记〉校者"华阳洞天主人"新考》[①] 一文中就提出,华阳洞天主人即为世德堂本作序的陈元之。张锦池在《论〈西游记〉的著作权问题》中也指出:"今见外证材料不能证明世德堂本为吴承恩作",而"华阳洞天主人不仅是世德堂本的校者,而且极有可能是世德堂本的最后改定者"。同时估计此主人极有可能就是陈元之。苏兴则以为"华阳洞天主人是吴承恩好友、有明一代宰辅李春芳的别号"。"《西游记》刻本所以要特意标上校者华阳洞天主人,不过以李春芳的名头为号召以增重书籍的声价而已。""所谓明刻本《西游记》的不署作者名而只有校者一节,实不足以否定吴承恩的撰著权,倒反而替吴承恩做了撰著权的印证。"对于苏兴的这一观点,陈君谋在文章中也表示同意,指出:"序文作者陈元之,即校者华阳洞天主人,也即作者,三位一体。"不过,章培恒在《再谈百回本〈西游记〉是否吴承恩所作》[②] 中却提出了强烈反对。此后,杨俊在《"华阳洞天主人"与〈西游记〉》一文中还提出:"或许吴承恩……自号'华阳洞天主人'以示洒脱也未必不可。"[③] 由此认为章回小说《西游记》的著者和校者均为吴承恩。沈伯俊先生在《〈西游记〉作者补论》中也强调:"关于华阳洞天主人的讨论是很有价值的","从古代小说题署的惯例来看,也有题署为'校阅、''校正'的实例。因此,世德堂本所题'华阳洞天主人校',确实存在即'华阳洞天主人著'的可能性,不宜简单地予以否定。"[④]

---

① 陈澉:《〈西游记〉校者"华阳洞天主人"新考》,《明清小说研究》第2辑,中国文联出版公司1985年版。

② 章培恒:《再谈百回本〈西游记〉是否吴承恩所作》,《复旦学报》1986年第1期。

③ 杨俊:《"华阳洞天主人"与〈西游记〉》,《明清小说研究》1995年第3期。

④ 沈伯俊:《〈西游记〉作者补论》,《明清小说研究》2002年第4期。

（四）关于百回本《西游记》中的方言问题

章培恒先生在《百回本〈西游记〉是否吴承恩所作》一文中用了二分之一的篇幅仔细分析《西游记》中的方言，认为小说中"实是长江北部地区的方言与吴语方言并存"，"作品中真正能作为淮安方言的词语，至多只有三个"，"因此，它不但不能证明百回本的作者是淮安人吴承恩，倒反而显出百回本的作者可能是吴语方言区的人"。杨秉祺也认为，"小说中有许多淮安方言"这个论据本身并不确立，况且"若小说中所用的语言的确是淮安方言，也证明不了那个论点。因为这个论据只能证明作者是淮安人而不能证明作者是吴承恩"。苏兴对以上观点加以反驳认为，从吴承恩的经历和交往来看，"他的口头生活用语夹杂点吴语区方言词也是可能的"，"如果《西游记》真有三条方言独属于淮安，那么倒是对《西游记》乃吴承恩作提供了坚实有力的旁证"。蔡铁鹰更是从"吴玉搢、阮葵生所述的价值观"，"'淮安方言'概念的约束"及"百回本《西游记》方言色彩鉴别"三个方面加以阐述，并列举了书中"可印证的方言词"和"等语线原理的试用"，用以论证百回本《西游记》的作者是吴承恩。

（五）关于百回本《西游记》中的诗词用语及主题风格问题

张锦池在《论〈西游记〉的著作权问题》中将《西游记》的思想性质同杨本、朱本及《吴承恩诗文集》进行比较，认为"《吴承恩诗文集》的思想和风格与世德堂本殊不类，孙悟空断非吴氏所期望的英雄"，《西游记》"若果真为吴承恩所撰，当属天上人间奇迹中的奇迹！"杨秉祺提出："拿小说中的诗词和吴氏诗文集中的诗词相比较"，"就会发现二者的常用词极不相同，足证二者不是出于一人之手"。另外他还认为："反对尊崇道教、反对崇道灭佛，这种思想在《章西游》中至为突出。从抒发这种思想的时间和条件看，小说不可能出自吴手。"而陈澉在《吴承恩作〈西游记〉的内证》① 中则指出：《西游记》中第九十六回、第九十七回唐僧师徒被诬下狱与吴任长兴县时一件自身"冤狱案"极其相似；另外，吴承恩的荆府纪善之任与书中"玉华王府"有直接、密切的联系。这两点足可成为吴承

---

① 陈澉：《吴承恩作〈西游记〉的内证》，《北方论丛》1990 年第 2 期。

恩写作《西游记》的内证。钟扬在《〈西游记〉作者新证》中也认为：
"《存稿》中稳藏着《西游记》的灵魂与肢节。是为吴承恩著《西游记》
的内证。"① 而宋克夫在考察了吴承恩与明代心学人物交游和《吴承恩诗文
集》的主要创作倾向后，明确提出："高度弘扬主体人格同时又要求人格
的自我完善构成了《西游记》的主旨、明代心学思潮的特点以及吴承恩诗
文创作特色的契合点。"从而将《西游记》的著作权归于吴承恩。

（六）关于"邱处机说"

近几年来，大家争论的焦点在于《西游记》是否为吴承恩所作，至于
元代的邱处机说似乎已成了一则历史的误会。然而，一些学者，尤其是海
外学者从各种迹象出发，认为《长春真人西游记》只是邱处机的弟子所
作，邱处机是否另外写了一部《西游记》呢？百回本《西游记》中虽杂有
明代词语，但同样充斥着大量宋元时期的道家术语，尤其是邱处机及其弟
子的论著用语。1985 年，柳存仁在《明报月刊》上发表一系列关于《西
游记》与道教的文章，重申邱处机说。在台湾还出有《西游记》的新道教
本。陈敦甫在《西游记释义》中除提出邱处机说外，并称如果说吴承恩确
实参加了小说的创作，他也许只是修改了前人的著作，甚至只为它写过序
跋。1990 年，吴圣昔在《邱处机写过〈西游记〉吗？》一文中认为："邱
处机没有写过《西游记》；汪象旭在《西游证道书》上大肆张扬邱处机作
《西游记》，是没有什么可靠根据的；而那篇由他传扬于世的虞集《西游记
序》，极有可能是一篇赝作。"② 1996 年 9 月于太原召开的"全国首届《西
游记》文化讨论会"上，李安纲认为，《西游记》写的是金丹大道，吴承
恩不懂炼丹术，因而不可能写出这么一部奇书。其论断实际上与一些持
"邱处机说"者出于同一思维方式。直到 1998 年，日籍学者中野美代子还
在《河东学刊》第一期上发表了《吴承恩与邱处机：围绕作者的误解》一
文，试图重新辨别二者的真相。进入 21 世纪以后，尽管沈伯俊等人又再次
强调"对早已定论的邱处机非作者问题，不应耗费精力重申旧说"，但胡
义成等人仍然从这一观点出发，反复撰文指出《西游记》的作者是"元明

---

① 钟扬：《〈西游记〉作者新证》，《安庆师范学院学报》1989 年第 2 期。
② 吴圣昔：《邱处机写过〈西游记〉吗？》，《复旦学报》1990 年第 4 期。

两代全真教徒"、"邱处机麾下的全真道士"，不过，胡义成的观点遭到了杨俊先生的强烈反对。①

以上六个方面只是这 30 年来争论比较集中的地方。除此以外，如黄霖认为："吴承恩确实不像百回本小说《西游记》的作者，其书原本可能出自端王朱观火定时期的鲁王府。"② 如章培恒提出桂馥《晚学集》卷五《书圣教序后》的附记说"许白云《西游记》由此而作"。这些都值得后来者去研究，学人们若能视野更开阔，角度更加新颖，将为未来的《西游记》作者研究提供更新的思路。

通过对 30 年中几十篇有关《西游记》作者问题的论争论文的仔细研读，我们发现，目前，关于《西游记》的作者，吴著说尚未被推倒，非吴著说也远未能成立。那么，在没有找到堪称"铁证"的新材料作为立论基础的前提下，我们仍然应该把陈元之序、天启《淮安府志》的记载和《千顷堂书目》的著录，作为研究《西游记》作者的最基本材料，而将《西游记》的作者暂时定为吴承恩。当然，该论题的论争仍将继续，学者们从各自不同的角度、立场和方法所进行的考证和探讨，无论其结论如何，都是有必要的，都将有利于《西游记》的作者研究和其他方面的研究。

第二节　《二郎搜山图歌》与《西游记》作者问题

在这样的《西游记》著作权研究的学术背景下，笔者重新审视吴承恩与《西游记》的关系，再次细读《吴承恩诗文集》，认真比较《西游记》与《吴承恩诗文集》的风格、思想和语言，发现两者的关系并不像张锦池先生所说的"《吴承恩诗文集》的思想和风格与世德堂本殊不类"，亦不像杨秉祺提出的"拿小说中的诗词和吴氏诗文集中的诗词相比较"，"就会发现二者的常用词极不相同"。事实上，《吴承恩诗文集》中一些作品的诗文

---

① 胡义成：《〈西游记〉首要作者是元明两代全真教徒》，《运城高专学报》2002 年第 2 期；杨俊：《丘处机麾下全真道士不是〈西游记〉的最早作者——与胡义成先生商榷》，《唐山师范学院学报》2005 年第 6 期。

② 黄霖：《关于〈西游记〉的作者和主要精神》，《复旦学报》1998 年第 2 期。

主张和哲学倾向及语言风格均与《西游记》的思想主旨、哲学内蕴、诗词用语相契相合，这种契合与一致统一于龙溪心学的哲学主张之上。故以"《吴承恩诗文集》的思想和风格与世德堂本殊不类"为由而否定吴承恩的《西游记》著作权是比较武断。

下文将以《吴承恩诗文集》中的《二郎搜山图歌》和《赠张乐一》两首诗歌为例，深入挖掘龙溪心学影响下的吴承恩在诗文创作中为我们传递的诗文主张和哲学倾向，探讨其在弘扬主体、反对放纵、人格完善等方面与《西游记》的契合，从而进一步为吴承恩的《西游记》著作权正名。

一 《二郎搜山图歌》与《西游记》

关于吴承恩的诗歌《二郎搜山图歌》与小说《西游记》的一致性关系，此前并非没有人研讨过。胡适在《西游记考证》中曾全文转载了《二郎搜山图歌》，并加了许多着重号，指出"这一篇《二郎搜山图歌》很可以表示《西游记》的作者的胸襟和著书的态度了"①。袁震宇、刘明今在《明代文学批评史》中谈到，《西游记》"深层的涵蕴，即通过神话幻想的艺术形式来表现更加广阔的现实内容，表达对于丑恶的社会现实的揭露和鞭挞"②，而在《二郎搜山图歌》中，"吴承恩将目光投向当时的现实生活：'民灾翻出衣冠中，不为猿鹤为沙虫。坐观宋室用五鬼，不见虞廷诛四凶。'对当代朝廷不满之情溢于言表。在如此昏黑的政治环境里，吴承恩只能徒呼'野夫有怀多感激，抚事临风三叹息'。在政治生活中壮志难酬，空怀激烈，于是，只能将满腔热血在诗歌中倾泄出来"③。游国恩等人主编的《中国文学史》指出，吴承恩"'善谐剧'的风趣，酷爱野史奇闻的癖好，一旦和那种深沉的愤懑情绪结合，便很自然地引起他继承'志怪'传统，讽刺社会黑暗的创作动机。""他的诗如《瑞龙歌》、《二郎搜山图歌》等，也都表现了借神话传说，寄托扫荡邪魔、安民保国的愿望。所谓'坐观宋室用五鬼，不见虞廷诛四凶；野夫有怀多感激，抚事临风三

---

① 胡适：《西游记考证》，《中国章回小说考证》，上海书店出版社 1979 年版，第 353 页。
② 袁震宇、刘明今：《明代文学批评史》，上海古籍出版社 1991 年版，第 777 页。
③ 同上书，第 782 页。

叹息；胸中磨损斩邪刀，欲起平之恨无力；救月有矢救日弓，世间岂谓无英雄'，正是通过歌颂二郎神的搜山除妖来寄寓自己的理想的。它的浪漫主义风格，不仅可以和小说《西游记》互相印证，而且也流露了他创作《西游记》的旨趣。"① 王运熙、顾易生主编《中国文学批评史新编》中也认为："吴承恩强调自己的创作不专在'明鬼'，而也'时纪人间变异'，要像写'国史'那样来要求自己，通过对现实世界的反映和揭露，对世人有所'鉴戒'，以达到社会教育的目的。吴承恩的这种思想，在《二郎搜山图歌》中也有所反映。"诗人"无限感慨现实生活中的魔鬼横行，百姓遭殃。'民灾翻出衣冠中，不为猿鹤为沙虫。坐观宋室用五鬼，不见虞廷诛四凶。'统治集团又正是人民灾难的根源。面对着这样的现实，吴承恩很想一举荡灭这些人间的丑类。然而，'胸中磨损斩邪刀，欲起平之恨无力'。他深感自己在生活中无法施展抱负，于是不得不将对现实的不满，对理想的追求寄于创作，把一支笔变成一把锋利的'斩邪刀'，把那些魑魅魍魉诛尽斩绝""《西游记》也可以说是一部英雄战胜鬼怪的历史，其'鉴戒'作用是不下于一部'国史'的。"②

从以上胡适先生及几部文学史的论述中我们可以看到，学术界在比较《二郎搜山图歌》和《西游记》时，不约而同地看到了二者在反映现实、寄予理想方面的一致性。《明清小说研究》2004 年第 2 期上刊登了钟扬先生的文章《〈二郎搜山图歌〉与〈西游记〉》也表明了这一观点，他指出诗与小说相比因循有四，其中最重要的当是"其四，诗与小说的艺术精神相似"，他根据苏兴《吴承恩年谱》中的考证，认为《二郎搜山图歌》"也就是将现实生活中的'五鬼'、'四凶'变形为种种妖魔鬼怪"，"就其大旨精神而言，《西游记》中那斩妖除魔，专救人间灾害的孙悟空，当是《二郎搜山图歌》'救月有矢救日弓，世间岂谓无英雄？'那'天问'的形象化答案；孙悟空西天取经，历经九个人间国度，除玉华县皆为妖魔横行的黑暗王国，当是'民灾翻出衣冠中，不为猿鹤为沙虫。坐观宋室用五

---

① 游国恩等：《中国文学史》，人民文学出版社 1964 年版，第 106—107 页。
② 王运熙、顾易生主编：《中国文学批评史新编》下册，复旦大学出版社 2001 年版，第 144 页。

鬼，不见虞廷诛四凶'诗句的形象展现；小说所追求的君圣臣贤，政治清明，世间太平的社会理想，'愿圣主皇图永固'云云，与《二郎搜山图歌》所云'谁能为我致麟凤，长令万年保合清宁功'，何其相似乃尔"。① 由此可见，钟扬先生进一步强调了《二郎搜山图歌》和《西游记》都是反映现实的作品，都寄予了作者的理想和愿望。那么，关于诗歌与小说在反映现实这一方面的一致性问题，前辈学人已经论述得比较充分，笔者对这一观点也十分赞同。

但必须指出的是，无论是胡适先生的理解，文学史的论述，还是钟扬先生的分析，都只看到了《二郎搜山图歌》与《西游记》在反映现实这一个方面的一致性，而忽视了诗歌中吴承恩对待"猴老"和小说前七回中作者对待孙悟空态度上的重要一致之处。关于这一点，钟扬先生虽然在其行文中也隐约提道："《西游记》中的二郎神的形象，仍与其在历史、传说乃至吴氏《二郎搜山图歌》中的形象基本一致；与孙悟空的关系在《西游记》前七回中仍是征服与被征服的关系。"但并未从作者的态度这一角度展开分析和深入探讨，且得出的结论是："诗中二郎神是被歌颂的救世英雄，而'猴老'是被搜剿的对象；在小说中孙悟空是被歌颂的救世英雄，他虽为二郎神所擒，但作者的同情仍倾向于他。"这一点笔者并不赞同。笔者以为，《二郎搜山图歌》的作者吴承恩对"猴老"之类的妖魔显然是持批判态度的，而《西游记》作者在前七回的描写中在肯定孙悟空的自由精神和主体意识的同时，对其因自私欲念的膨胀所导致的放纵也进行了否定和有分寸的批判，这是本节论述的重点，也是《二郎搜山图歌》、《西游记》与龙溪心学在反对主体放纵的哲学主张上的共同之处。认识到这一点，再结合诗歌与小说在反映现实上的一致性，我们更有理由将《二郎搜山图歌》作为吴承恩创作《西游记》的力证之一。

（一）《二郎搜山图歌》对待"猴老"的态度

为了论述的准确，我们有必要对《吴承恩诗文集》卷一的这首《二郎搜山图歌》作一个分析，兹录全诗如下：

------

① 钟扬：《〈二郎搜山图歌〉与〈西游记〉》，《明清小说研究》2004 年第 2 期。

李在唯闻画山水，不谓兼能貌神鬼。笔端变幻真骇人，意态如生状奇诡。

少年都美清源公，指挥部从扬灵风。星风电掣各奉命，蒐罗要使山林空。

名鹰搏挚犬腾啮，大剑长刀莹霜雪。猴老难延欲断魂，狐娘空洒娇啼血。

江翻海搅走六丁，纷纷水怪无留纵。青锋一下断狂虺，金锁交缠擒毒龙。

神兵猎妖犹猎兽，探穴捣巢无逸寇。平生气焰安在哉，牙爪虽存敢驰骤。

我闻古圣开鸿濛，命官绝地天之通。轩辕铸镜禹铸鼎，四方民物俱昭融。

后来群魔出孔窍，白昼搏人繁聚啸。终南进士老钟馗，空向官闱咤虚耗。

民灾翻出衣冠中，不为猿鹤为沙虫。坐观宋室用五鬼，不见虞廷诛四凶。

野夫有怀多感激，抚事临风三叹息。胸中磨损斩邪刀，欲起平之恨无力。

救月有矢救日弓，世间岂谓无英雄？谁能为我致麟凤，长令万年保合清宁功。①

这是吴承恩的一首题画诗，诗前有序云："二郎搜山卷，吾乡乡史吴公家物。失去 50 年，今其裔孙醴泉子，复于参知李公家得之。青毡再还，宝剑重合，真奇事也，为之作歌。"② 由此我们知道，宣德年间的画家李在曾有一幅描述二郎神与包括"猴老"在内的群妖进行斗争进而搜山伏魔的情景的图画，此画本为吴承恩的故乡友人吴公家所收藏，失踪了约五十年后，终于又回到吴家子孙吴礼泉手中，于是吴承恩得以观赏这幅画并就此

---

① 《二郎搜山图歌》，《吴承恩诗文集笺校》卷一，第31—32 页。
② 同上书，第31 页。

画所描绘的奇异光景赋诗一首如上。全诗共20句，前10句是对李在《二郎搜山图》所画内容的描述和再现，后10句则是吴承恩针对现实所发出的感叹。从诗中我们很容易知道全诗的主人公是被称为"清源公"的二郎神，他"指挥部众"、搜罗山林、携鹰带犬、挎刀提剑、翻江搅海、"探穴捣巢"，何等威武，而诗中的"猴老"却是二郎神的搜剿对象之一。但万事总有个因和果，如果我们对二郎神与猴老之间战争的原因和结果进行一个分析，就不难看出作者吴承恩在诗中对于二郎神和猴老的态度了。

对于二郎神为什么要搜山，诗中可能因篇幅有限，并未作明确交代，但一句"平生气焰安在哉"，却向读者暗示了个中原因。二郎神之所以要大动干戈，使用浑身解数，动用一切可以动用的资源和力量，对包括"猴老"在内的妖魔展开激烈的搜剿，就是因为"猴老"们平生气焰过于嚣张之故。我们可以想见，在此之前，那些"猴老"、"狐娘"、"水怪"、"狂彪"、"毒龙"根据自己的好恶在各自的领域内是如何为所欲为，飞扬跋扈，扰得山林不安，四海不平，以致其他生灵都没有生存的空间和可能。此时的二郎神就理所当然是作为斩妖除魔的英雄出现的，为了不让妖魔们过于猖獗，为了维持山林四海的相对稳定，二郎神才挺身而出去制止它们的所作所为，压制它们的嚣张气焰的。吴承恩由此联想到了人类社会，自"古圣开鸿濛"以来，"轩辕铸镜禹铸鼎，四方民物俱昭融"，是何等太平安乐，却因为"后来群魔出孔窍，白昼搏人繁聚啸"而被破坏殆尽，这里的"群魔"当然是指现实中那些破坏道德规范、扰乱社会秩序的人，他们以个人私利为中心，或为了功名利禄，或为了富贵荣华而不择手段，致使原本"四方民物俱昭融"的社会变得"民灾翻出"、天无宁日。作者吴承恩涉笔鬼神，着眼人间，希望有像二郎神一样的英雄能惩治一下现实中的"五鬼"、"四凶"。

从结果上来看，二郎神与包括"猴老"在内的群妖的战争是以二郎神的胜利、"猴老"等的惨败而告终的。诗中描述"神兵猎妖犹猎兽，探穴捣巢无逸寇"，致使"猴老难延欲断魂，狐娘空洒娇啼血"，"平生气焰安在哉，牙爪虽存敢驰骤"，妖魔们被弄得如此狼狈，其嚣张气焰得到了应有的惩治。从这几句诗的语气上来看，作者显然是对猴老狐娘们的这一结局感到十分快意的，字里行间流露出对它们此前恃强凌弱、胡作非为、扰乱山林的种种劣迹的反感和批判。而现实社会中，"坐观宋室用五鬼，不见虞廷诛四凶"，纵然有人有心对那些为个人利益而放纵自我，扰乱社会的人加以约束和制裁，却是"胸中磨损斩邪刀，欲起平之恨无力"，只有"临风三叹息"。但吴承恩却坚信"救月有矢救日弓，世间岂谓无英雄？"至于"谁能为我致麟凤，长令万年保合清宁功。"却是作者也暂时难以回答的"天问"，或者说，在诗歌有限的篇幅内无法回答，留待其他的作品中加以回答。

由以上分析，我们就很清晰地知道，作者吴承恩是站在二郎神一方，对"猴老"之类的妖魔予以否定和批判的。诗中竭力渲染二郎神降妖除魔的本领和气势，夸张猴老、狐娘们的狼狈和失败，可见作者所渴望的是二郎神式的忠君报国、为民除害的英雄，而不是任性嚣张、放纵无度的妖魔，他认为现实社会中那些类似"猴老"之类不顾道德规范任意驰骋和放纵自私欲念的人，如果不进行自我修炼、自我完善，作者所期盼的那种君圣臣贤、政治清明、世间太平，"唐、虞三代之盛，复见于今日"① 的社会理想是难以实现的。所以，作者在诗中对"猴老"的批判是显而易见且毫不留情的，而在这一点上笔者与张锦池、钟扬等学人的看法是一致的。张锦池在《论〈西游记〉的著作权问题》中写道："不论是无名氏的《二郎神锁齐天大圣》杂剧，还是杨景贤的《西游记》杂剧，都是把大闹天宫的孙悟空作为'老猴精'来否定的，与此同时却以赞颂的笔触描写了二郎神的剿灭花果山。……李在的《二郎搜山图》，便是取材于取经故事这一情节。问题是，吴承恩对这一情节抱什么态度？最使他感到快意的却是'猴老难延欲断魂，狐娘空洒娇啼血。'"② 钟扬在《〈西游记〉作者新证》中也指出："中国古代写猴子的作品，除极少数之外，猴子几乎都被写成为掠人妻女的妖魔。吴氏也曾受这一传统的影响，在《二郎搜山图歌》中猴族即为被扫荡之列。"③

---

① 《寿师相存斋徐公六十序》，《王畿集》卷六，第 147 页。
② 张锦池：《论〈西游记〉的著作权问题》，《北方论丛》1991 年第 2 期。
③ 钟扬：《〈西游记〉作者新证》，《安庆师范学院学报》1989 年第 2 期。

（二）《西游记》前七回对孙悟空的态度

分析了吴承恩的七言古诗《二郎搜山图歌》，我们知道诗歌中作者对于"猴老"的无限放纵和嚣张气焰是持否定和批判态度的。如果《西游记》对孙悟空的态度也含有否定的成分，那么，《二郎搜山图歌》与《西游记》就在反映现实的一致性之外又在对待"猴老"和孙悟空的态度上存在一致之处，这样，诗歌与小说的作者同为吴承恩就有了可能。因此，接下来我们分析一下《西游记》中作者对孙悟空的态度。在分析之前，我们有必要弄清一个概念，即"大闹天宫"和"西天取经"是《西游记》的两大主要部分，而二郎真君与孙悟空之间的斗争是发生在前七回"大闹天宫"部分中，所以我们在比较《二郎搜山图歌》对"猴老"的态度和《西游记》对孙悟空的态度时，应着重于前七回。学界一般把大闹天宫视作前七回的重场戏，乃至《西游记》最有价值的部分，并且认为"龙宫借宝"、"大闹天宫"等情节旨在歌颂孙悟空，表现他不畏强暴、机智活泼、神勇果敢的英雄性格以及他崇尚自由的叛逆精神。笔者认为，在前七回中，作者在对这些行为的客观描写上确实不乏对孙悟空的个性张扬及对其自由精神和主体意识的欣赏，但欣赏并不等于完全赞颂。小说作者既以激情的笔调塑造了一个勇敢无畏、向往自由、非同凡响的孙悟空，同时也毫不掩饰地对于孙悟空在追求自由、弘扬主体过程中一步步走向放纵给予了适时适度的否定和批判。从前七回中可以看出，作者理想中的孙悟空应该是在不违背基本的道德规范和社会秩序的前提下，在除却过分的名位物欲要求的基础上，凭着自己的聪明才智和执着精神去追求人格尊严、主体意识及自由生活的英雄形象。因此，作者对于前七回的孙悟空既欣赏又惋惜，也正是这样一种矛盾的心理使作者给予了孙悟空一个"西天取经"修心向善的机会，最终修成正果，博得了作者最充分的赞颂。那么，《西游记》前七回是如何表现作者对孙悟空于欣赏中又隐藏着一定程度的否定态度的呢？关于这一点，本书将在第四章"龙溪心学与孙悟空形象的哲学内蕴"中加以详述。

《二郎搜山图歌》与《西游记》前七回除了在对待"猴老"和孙悟空的态度上存在一致外，在语言的表达特别是在人物的称呼上也不无相同点。

文学作品中对人物的称呼及在语言的选择上，很能体现作者的态度和倾向。《二郎搜山图歌》中的"猴老"被作者与"狐娘"、"水怪"、"狂虺"、"毒龙"等相提并论而批判他们的气焰嚣张、为所欲为、飞扬跋扈，他们与"五鬼"、"四凶"等一起被归为"群魔"而遭到作者的否定。在《西游记》中，细心的读者也不难发现，小说作者在前七回中虽不乏对于孙悟空的某些可贵之处的赞同，但却多次以"妖仙"、"妖猴"、"妖孽"来称呼孙悟空。据统计，在前七回中，称孙悟空为"妖猴"的有 25 处，称"妖仙"的有 5 处，称"妖孽"的有 1 处，这当中既有神佛天将对孙悟空的称呼，也有作者对孙悟空的直接称呼。如小说描写玉帝封孙悟空为"齐天大圣"，入住"安静"、"宁神"二司后，作者在第五回开篇就写道"话表齐天大圣到底是个妖猴"①；同是这一回回末，作者称"反天宫"的孙悟空为"妖猴作乱惊天地"；第七回中，作者把如来佛将孙悟空压于五行山下之事叙述为"如来佛祖殄灭了妖猴"、"妖猴大胆反天宫"等。这些称呼和表述明显体现了作者对孙悟空主体意识过于张扬所引起的自私欲念的鲜明反对和对他毫无限制的放纵行为的一定批判。而对作为孙悟空对立面的神佛们，作者则用"大慈大悲"、"救苦救难"、"光明正大"、"赤胆忠良"、"正直无私"等字眼进行极力歌颂，这也从侧面表明了作者对孙悟空的否定态度。

二　《二郎搜山图歌》、《西游记》与龙溪心学的传播

通过对《二郎搜山图歌》对"猴老"的态度和《西游记》对孙悟空的态度的分析，我们对二者的一致性已经十分清楚。而如果我们能将诗歌和小说放在其产生时代的大背景下做进一步的挖掘和探讨，就不难发现二者不仅对"猴老"和孙悟空均含有批判和否定态度，而且在主题思想上统一于龙溪心学。龙溪心学主张弘扬主体，同时又反对放纵，并要求"良知做得主宰"，"从心所欲不逾矩"，回归良知心体，实现人格的自我完善。

---

① 吴承恩：《西游记》，人民文学出版社 1980 年版，第 49 页。全书所引《西游记》原文均出自此版本，不注出处。

《二郎搜山图歌》的作者吴承恩受龙溪心学的影响，不但注重个体人格的独立和自由，更关注世态民生，不忘救世济民的儒者责任，反对毫无节制地感性放任，强调自我修养。具体到"猴老"和孙悟空身上，诗歌和小说的作者在不反对他们追求自由生活，弘扬主体意识的同时，对其放纵主体、让自私欲念任意驰骋给予了否定和批判，希望他们能通过自我修炼而成为造福社会、造福自己的真正英雄。可见，《二郎搜山图歌》、《西游记》和龙溪心学三者存在着内在的结合点，具体表现在：

（一）对主体意识的弘扬

在《二郎搜山图歌》中，作者一句"平生气焰安在哉"，交代了与二郎神交战前，"猴老"们的自由生活。《西游记》更是充分体现了孙悟空身上所体现的"真如本性任为之"的本性之真和无拘无束、任性而为的自由意识。这正是诗歌和小说作者受龙溪心学肯定主体意识，提倡真人、真己，赞美真率自然、率性而行的哲学思想的影响而在文学作品中的反映。试想一下，如果"猴老"们对自由的追求不是扰乱了山林四海的平静安宁，现实中的"群魔"不是破坏了"四方民物俱昭融"的和乐局面，吴承恩也不会对他们进行批判而赞颂二郎神，期盼"救月有矢救月弓"的英雄。如果孙悟空仅仅是在花果山过着"不伏麒麟辖，不伏凤凰管，不伏人间王位所拘束"的神仙生活，不是三番五次地大闹天宫，搅得天无宁日，《西游记》的作者恐怕也不会支持佛祖将其制伏，压在五行山下。

（二）对主体放纵的批判

《二郎搜山图歌》中任意妄为、肆虐山林的"猴老"，现实中致使"民灾翻出"的"群魔"、"五鬼"和"四凶"，《西游记》里闯龙宫、反天庭的孙悟空均受到了作者或重或轻的批判，他们的错误就在于以一己之身为虑，放纵主体，自私其身，追求所谓的绝对自由而忘了人类社会必须共同遵守的道德与秩序。而王畿指出"无欲者，心之本体"，"至善者，心之本体"，主张寡欲至无、修持心性，要求"放肆的要收敛"，"从心所欲不踰矩"，以达到本真情态与良知心体的统一。诗歌中放纵的主体遭到无情的压制，小说中要求"马猿合作心和意，紧缚牢拴莫外寻"、"紧闭牢拴休旷荡，须臾懈怠见参差"，都是希望将个体自由意识和独立人格规定在基本的伦理规范和社会道德的范围内，达到个体人格和伦理人格的统一。

（三）对人格自我完善的要求

王畿认为，"良知在人，不学不虑，爽然由于固有，神感神应，盎然出于天成"，把良知心体作为天赋的道德范畴，且成为自然之觉，是非之则。也就是说"良知"是"不假外求"的，要端正意念、返于至善，不应向外求理，而应反求诸心，"明心见性"，应精审此心之天理，澂除私欲之昏蔽，用加强内心修养的方法去体认天理。同时，王畿又指出，"人心未免逐物"，要"时时做寡欲工夫"，加强自我修养，尽可能地将"世情嗜欲"防于未萌之先、克于方萌之际，以还复无欲之本体。因此，理性的自觉和德性的培养都是达到人格自我完善所不可缺少的。关于这个问题，吴承恩在《二郎搜山图歌》中并没有明确指出，但他痛心呼喊"谁能为我致麟凤，长令万年保合清宁功"，却在一定程度上表明了他的期盼。在《西游记》中，作者则明确指出"心生，种种魔生；心灭，种种魔灭"、"心性修持大道生"、"灵山只在汝心头"，要求主体"紧缚牢拴莫外寻"、"紧闭牢拴休旷荡"，并用了整整八十七回的篇幅，让孙悟空在西天取经的"未休止"的过程中斩妖除魔，护持心性，历经九九之难，冲破名关利索，跳出情牢欲网，达到"心净孤明独照，心存万境皆清"的境界，了悟正道，在取得真经的同时，自己也成了"斗战胜佛"，成了正果。从这一点上来看，小说作者正是缘于对孙悟空大闹天宫的失败的描写，才让他加入西天取经的队伍，重修正果，这才是作者的真正创作意图，唯此他才会对大闹天宫的"齐天大圣"不完全肯定甚至批判，而对成为"斗战胜佛"的孙悟空却是真正的颂扬。

综上所述，笔者认为，《二郎搜山图歌》对"猴老"和《西游记》前七回对孙悟空都有否定的一面，作者对他们的嚣张气焰和对绝对自由的追求采取了约束和压制。同时，诗歌和小说的这一思想又统一于龙溪心学张扬主体、反对放纵，要求"明心见性"、"反身而诚"的哲学主张之下。有鉴于此，我们认为，在龙溪心学传播影响下，吴承恩创作的《二郎搜山图歌》应当成为吴承恩著《西游记》的有力证据之一。

第三节 《赠张乐一》与《西游记》作者问题

比较了《二郎搜山图歌》与《西游记》、龙溪心学的关系，接下来我们分析《吴承恩诗文集》中的另一首七言古诗《赠张乐一》。仔细考察全诗的思想内容及语言风格，并同《西游记》"西天取经"部分进行比较，就可发现，《赠张乐一》与龙溪心学及《西游记》之间也存在着密切的逻辑联系，可作为吴承恩著《西游记》的又一证据。

一 《赠张乐一》与龙溪心学

《吴承恩诗文集》卷一之《赠张乐一》，全诗如下：

> 鲁郡张君登我堂，手持素卷求诗章。
> 自云所乐在于一，平生此外无他长。
> 世人嗜好苦不常，纷纷逐物何颠狂。
> 猿惊象醉无束缚，心如飞鸟云中翔。
> 多歧自古能亡羊，羡君执策由康庄。
> 清宁天地合方寸，妙含太极生阴阳。
> 灵台拂拭居中央，殊形异状难遮藏。
> 吉凶倚伏视诸掌，指挥进退知存亡。
> 逝将去我游四方，卢敖雀跃无何乡。
> 春风陌上送君酒，古梅忽透先天香。
> 多君此乐真少双，熙然能使予心降。
> 举头忽见天上月，金波一片□流光，
> 散彩皎皎分千江。①

关于《赠张乐一》诗的写作时间，未有确切记载，张乐一当为吴承恩

---

① 《赠张乐一》，《吴承恩诗文集笺校》卷一，第19—20页。

友人之一。诗中处处反映了作者反对放纵主体，要求明心见性，还复心之本体，强调以自省的方式实现人格的自我完善的思想。而王畿曾说，"学者谈妙悟而忽戒惧，至于无忌惮而不自知，正是不曾致得良知"①，认为要克服"无忌惮而不自知"的局面，就必须发挥良知心体作为是非之则、自然之觉的主观能动性，加强自我人格修养，回复本体良知的至纯无欲。因此，全诗所透露出来的思想与龙溪心学存在着明显的一致性，这主要表现在两个方面：

（一）对"猿惊象醉"，放纵主体的批判

王畿强调："缠绕的要脱洒，放肆的要收敛"②，要求"内有主而外不荡，方是真收敛"③，认为"愈收敛愈畅达，愈沉寂愈光辉，此是吾人究竟法"④。也就是说，王畿所谓的"脱洒"不是指肆意放荡，无所顾忌，而是指在道德完善前提下心灵自由的一种特征，是摆脱了一切声色货利的占有欲和以自我为中心的意识，而达到的超越限制、牵扰、束缚的人生境界。因此，王畿一方面追求洒落自得、无滞无碍的境界，强调主体人格；另一方面也认为，"君子独立不惧，与小人之无忌惮，所争只在毫发间"，他也希望狂者能够克服行有不掩、放荡不羁、猖狂自咨等缺点而"入圣"、"入于中行"，反对放纵主体和脱离道德修养的洒落，希望在回归良知心体的基础上达到一种超脱一切得失荣辱的人生境界，做到"真性流行，无处不遍，无处不宜。敛而不拘，裕而不肆"⑤。

龙溪心学的这一特点在《赠张乐一》诗中得到较为清晰的体现。所谓"自云所乐在于一，平生此外无他长"。吴承恩对张乐一"所乐在于一"、"平生无他长"之以平常心求乐，抛开一切红尘杂念，心无旁骛，莹彻无染的超然心态表示肯定和赞扬。同时，"世味由来已备尝"⑥ 的吴承恩很自然地联想到"世人嗜好苦不常，纷纷逐物何颠狂"的社会现状，对凡夫俗

---

① 《与阳和张子问答》，《王畿集》卷五，第124页。
② 《水西经舍会语》，《王畿集》卷三，第60页。
③ 《与祝成吾》，《王畿集》卷十一，第293页。
④ 《留都会纪》，《王畿集》卷四，第92页。
⑤ 《与汪周潭》，《王畿集》卷十一，第281页。
⑥ 《庚戌寓京师迫于归志呈一二知己》，《吴承恩诗文集笺校》卷一，第64页。

子的颠狂逐物、追名求利，为达目的不惜采取任何手段的疯狂行为发出了由衷的叹息。在作者看来，主体意识和自私欲念是一对形影不离的孪生兄弟，"张君"与"世人"的思想和行为都体现了一种对主体意识的呼唤，都要求按照自我心中之"所乐"去处物行事，以达到一种任心而为，率性而行的人生境界。但二者的不同之处在于，"张君"能够"所乐在于一"，做到"恬淡其心，专一其气"①，调伏各种感情和情绪、摒除杂念欲望，集中神意、调节气息，追求一种广大无碍、清明宁静的心境；而"世人逐物"却达到了"何颠狂"的程度，背离了伦理道德规范和基本社会秩序，走向了放纵的极端，这种放纵主体的倾向，必然引起私欲的膨胀，表现在现实生活中就是对功名利禄、富贵荣华的狂热追求。这一点却是作者极力批判的。在吴承恩的其他诗文中，也体现了他的这一态度。如在《慰友人》中云："功名富贵自有命，必欲得之无乃痴？"② 在《寿王可斋七袠障词》中写道："清闲真有味，肯问名和利？城市隐，山林贵。"③ 在《赠赵学师归田障词》中也指出："名与利，慵开口。荣与辱，真翻手。"④ 这些诗句中所体现的对功名利禄的淡视与摒弃心态和《赠张乐一》诗是一致的。由此，吴承恩对芸芸众生颠狂逐物而引发的"猿惊象醉无束缚，心如飞鸟云中翔"，思绪飘荡散乱不可把捉、行为过分张扬失去控制的状态表示否定，认为主体意识的弘扬不应毫无束缚，不应脱离道德的轨道任意驰骋，而应将其纳入伦理的规范，才能避免"多歧自古能亡羊"的结局。这便是作者"羡君执策由康庄"的真正原因。吴承恩在《慰友人》中也曾表示"岁华推移如弈棋，今我不乐将何为？"⑤ 但对于如何求乐，却在张乐一身上找到了答案，张乐一超越世俗性牵累的为学心态让他折服，因而发出"多君此乐真少双，熙然能使予心降"的感叹。而吴承恩在这几句诗中所流露出来的一方面肯定主体意识，另一方面又反对主体毫无限制地放纵的思想，是对明代心学思想的认同和接受。这也正是《赠张乐一》诗与龙溪

① 《别张常甫序》，《王阳明全集》卷七，第230页。
② 《慰友人》，《吴承恩诗文集笺校》卷一，第28页。
③ 《寿王可斋七袠障词》，《吴承恩诗文集笺校》卷四，第315页。
④ 《赠赵学师归田障词》，《吴承恩诗文集笺校》卷四，第327页。
⑤ 《慰友人》，《吴承恩诗文集笺校》卷一，第28页。

心学相契合的一个层面。

（二）对"灵台拂拭"，人格自我完善的强调

王畿指出："吾人从生至死，只有此一点灵明本心，为之主宰。人生在世，有闲有忙，有顺有逆，毁誉得丧诸境，若一点灵明时时做得主宰，闲时不至落空，忙时不至逐物，闲忙境上，此心一得来，即是生死境上一得来样子。顺逆、毁誉、得丧诸境亦然。"① 强调的是心之本体"盎然出于天成"的主宰作用。而现实的人心因受物欲之蔽，产生了私我的意识，怎样才能去除私欲，从知善知恶到为善止恶，达到人格的完善呢？从理论上讲，人格的道德完善主要有两种方式，一是以伦理束缚的方式达到道德的强制完善，二是以自省的方式达到人格的自我完善。王畿主张后者，认为"良知知是知非，良知无是无非"②。"诚致良知，所谓太阳一出，魍魉自消，此端本澄源之学。"③ 正是基于对良知本体"知是知非，无是无非"的真切体悟，王畿才反复强调所谓的猖狂自恣、肆无忌惮的狂荡之风，均"非良知之教使之然也"，而"正是不曾致得良知"之故。因此，他认为内圣作为人格之境，并不是外在的矫饰，而是一种实有诸己的真实品格，即通过自身的体察与践履，使道德意识成为主体的内在德性。如果仅仅依照外在的理性规范，而未能将普遍之理融合于内在心体，则行为便往往会难以控制，只有时刻加强对良知本体的体认和修炼，使道德修养不求于外反求诸心，用加强内心修养的方法去体认天理，才能达到内外一致的圣人之境。正如王畿所说："良知真宰，澄莹中立，譬之主人在堂，豪奴悍婢自不敢肆，闲思杂虑从何处得来？"④ 从知善知恶到行善止恶的转换，正是以内在的德性为其自因，而为善去恶的道德实践亦相应地表现为一个基于主体自省的过程，只要"明心见性"，"反身而诚"，复得本体明净，就能实现主体意识与伦理意识的和谐统一，达到人格的自我完善，在本心固有的伦理观念规范下最大限度地弘扬主体人格。

---

① 《华阳明伦堂会语》，《王畿集》卷七，第160页。
② 《太极亭记》，《王畿集》卷十七，第482页。
③ 《与阳和张子问答》，《王畿集》卷五，第124页。
④ 《南游会纪》，《王畿集》卷七，第152页。

这一思想在《赠张乐一》诗中也得到了典型的体现。作者吴承恩在批判了"猿惊象醉"、"心如飞鸟"的主体放纵意识之后，自然会让我们感到迷惑，怎样才能在发挥主体意识的同时又能避免自私欲念的膨胀？因此，诗中紧接着又提出"清宁天地合方寸，妙含太极生阴阳。灵台拂拭居中央，殊形异状难遮藏"。认为主体意识和独立人格的高扬所带来的私欲膨胀，必须通过不断的自我修炼，完养此身，才能达到自身人格的完善。诗中作者以"方寸"之"小"而喻人心，认为心之于人，当如"方寸地"之于"天地"，却能"妙含太极生阴阳"，包含着天地万物之理，包含着阴阳交替的宇宙根本规律，进而也包含人类社会上下、君臣、父子、夫妻间仁、义、礼、智的伦理观念。也就是说，宇宙的本体，伦理道德观念都存在于"心"。所谓"灵台拂拭居中央，殊形异状难遮藏"，"灵台"即"灵府"，《庄子·德充符》："不可入于灵府"①，灵府，指心灵。"郭云：'灵府，精神之宅也。'"② 同上句相承接，作者认为，作为内在的德性，吾心包含着自我评价的准则和能力，展开为好善恶恶的情感认同，并能以恒定的意向和坚毅的努力去制约主体行为的选择。由此看来，这句诗隐括着人必须时刻运用"心"中所固有的是非准则，道德标准去规范和约束自己，将知当然转化为行当然，"拂拭"私欲之昏蔽，去其心之不正以归于正。只有这样，才能择善弃恶，使"殊形异状难遮藏"，使形形色色的邪恶无藏身之地，最终实现人格的自我完善，从而实现真正意义上的自由与洒落，达到"吉凶倚伏视诸掌，指挥进退知存亡"的人生境界。因此，强调本心在人格完善过程中的主观能动作用，要求通过诚自我之意、"灵台拂拭"的方式成就德性，实现人格的完善，便构成了《赠张乐一》一诗受龙溪心学影响的第二个层面。

二 《赠张乐一》、《西游记》与龙溪心学的传播

明确了《赠张乐一》与龙溪心学的关系以后，我们再从思想和语言上来考察《赠张乐一》与《西游记》"西天取经"部分的一致性。

---

① （清）王先谦：《庄子集解》，上海书店出版社1986年版，第35页。
② 同上。

　　（一）在思想上，《赠张乐一》与《西游记》的一致性主要体现在两个层面。

　　1. 对"猿惊象醉"的批判与对"心猿意马"的否定

　　在《西游记》后八十七回的回目名中，"心猿"出现 15 次，"意马"出现两次，正文中"心猿"出现 17 次，"意马"出现 3 次。"心猿"、"意马"这两个词语屡屡出现，除了分别指孙悟空和白龙马之外，还共同代表了人的欲念和臆想。万历刻本《西游记》陈元之序云："旧有叙……其叙以为孙，狲也；以为心之神。马，马也；以为意之驰。"① 在当时佛道用语的影响下，"心猿意马"用以比喻人的思绪飘荡散乱、不可把捉，用以指与见性成佛相背离的世俗杂念的特殊含义已为一般人所习惯和接受。"西天取经"过程中的 81 难里，有相当一部分是由主体的自私欲念和自身过失招致外魔所引起的灾难。如在观音院丢失袈裟，招来黑风山黑熊精之难，是由于孙悟空卖弄家私，"与人斗富"；在五庄观偷吃人参果，推倒草还丹，引起镇元大仙之难，也是因为孙悟空等人的口腹之欲等。小说作者对"心猿意马"的放纵进行否定，要求"意马胸头休放荡，心猿乖劣莫教嚎"，强调"休逞六根多贪欲"，要求"心猿归正"、"意马收缰"，也就是对人心如猿、人意似马，不加遏制、毫无边际的漫游驰骋状态给予批判，要求过分放纵的人欲臆想能够加以制约，得以归正。鲁迅先生在《中国小说史略》中叙及《西游记》主旨时指出："假欲勉求其大旨，则谢肇淛（《五杂俎》十五）之'《西游记》曼衍虚诞，而其纵横变化，以猿为心之神，以猪为意之驰，其始之放纵，上天下地，莫能禁制，而归于紧箍一咒，能使心猿驯服，至死靡他，盖亦求放心之喻，非浪作也'数语，已足尽之。"② "求放心"语本《孟子·告子上》："仁，人心也；义，人路也。舍其路而弗由，放其心而不求，哀哉！""学问之道无他，求其放心而已矣。"③ 所谓"求放心，"大致相当于王守仁的"致良知"，实质上强调的就是把失落的"仁"、"义"等伦理观念纳入主体意识，以实现人格的道德

---

① （明）陈元之：《西游记序》，《西游记资料汇编》，第 225 页。
② 鲁迅：《中国小说史略》，齐鲁书社 1997 年版，第 133 页。
③ 《孟子·告子上》，朱熹《孟子集注》卷十一，上海古籍出版社 1987 年版，第 89—90 页。

完善。"马猿合作心和意，紧缚牢拴莫外寻"，"紧闭牢拴休旷荡，须臾懈怠见参差"表达的也就是这个意思。《西游记》主张对"心猿意马"、"紧缚牢拴"，与《赠张乐一》中对"颠狂逐物"所导致的"猿惊象醉"的批判在思想上完全吻合于对主体放纵和人欲驰骋的否定。同时，《西游记》第五十八回"二心搅乱大乾坤"中指出"人有二心生祸灾"，与《赠张乐一》诗中的"所乐在于一"、"平生无他长"，也如出一辙地体现出要求摒弃"二心"，遏制放纵的世俗欲望，达到清明宁静的心境的思想。

2. 要求"灵台拂拭"与主张"明心见性"

《西游记》作者的本意就是通过唐僧师徒西行取经的形象化故事，敷衍"明心见性"、"心生，种种魔生；心灭，种种魔灭"的微言大义。这一点正是作者寻找的一种既能发挥主体意识，又能避免自私欲念的方式。小说第十四回"心猿归正，六贼无踪"中，孙悟空对代表人的六种感官和情欲的口耳鼻舌身意六贼的剿除，实际上就意味着以自省的方式对主体自私欲念的战胜。因此，作者在这一回的回首诗中写道："佛即心兮心即佛，心佛从来皆要物。若知无物又无心，便是真如法身佛。"陈元之在《西游记序》中也说："魔，魔；以为口耳鼻舌身意恐怖颠倒幻想之障。故魔以心生，亦以心摄。是故摄心以摄魔，摄魔以还理。"[①] 均强调了"明心"在人格完善中的重要作用。为了进一步说明问题，小说在第六十一回《孙行者三调芭蕉扇》中，特意敷衍了孙行者三次向铁扇公主借来芭蕉扇，以扑灭火焰山之火的情节。读者不能视此为一个简单的虚幻故事，《李卓吾先生批评西游记》于此拨云见雾，指出："谁为火焰山？本身烦热者是。谁为芭蕉扇？本身清凉者是。作者特为此烦热世界下一帖清凉散耳。读者若作实事理会，便是痴人说梦。"将《西游记》要求明心见性，显示心的躁动与宁静、放纵与回归，训导人们如何以自省的方式实现人格完善的真正题旨从九九八十一难的幻化描写中凸显出来。同时，小说对象征外在束缚对人性制约的"定心真言"紧箍咒的描写，也体现了作者对强制人性的批判和对人格自省的要求。正因为如此，小说在"西天取经"部分反复强

---

① （明）陈元之：《西游记序》，《西游记研究资料汇编》，第225页。

调，"只要你见性志诚，念念回首处，即是灵山"、"但要一片志诚，雷音只在眼下"、"佛在灵山莫远求，灵山只在汝心头。人人有个灵山塔，好向灵山塔下修"，这些思想表明孙悟空、猪八戒、唐僧分别从猴王、野猪精、玄奘到斗战胜佛、净坛使者、旃檀功德佛，正是他们修心向善，格物致知的结果。唐僧师徒取经的主要目的，就是"缚魔归正仍修身"、"扫荡群魔安社稷"，就是"求放心"，把已经失落的"仁"、"义"等伦理观念及善良本心重新纳入主体意识，在普救众生的同时达到自身人格的完善。相比较《赠张乐一》诗中"清宁天地合方寸，妙含太极生阴阳。灵台拂拭居中央，殊形异状难遮藏"，强调运用"心"中所固有的是非准则，道德标准去规范和约束自己，"拂拭"私欲之昏蔽，择善弃恶，使"殊形异状难遮藏"，最终实现人格的自我完善，达到"吉凶倚伏视诸掌，指挥进退知存亡"的人生境界，显然与《西游记》"西天取经"的创作主旨有着惊人的一致。

（二）在语言上，《赠张乐一》与《西游记》的一致性也主要体现为两个层面。

1. 语言运用：在语言的运用上，《赠张乐一》与《西游记》有颇多相似之处。如《西游记》中有孙悟空求仙学道的"灵台方寸山斜月三星洞"，《赠张乐一》中有"清宁天地合方寸……灵台拂拭居中央……"；《西游记》中孙悟空"心猿意马"，"逐日家无拘无束，自在逍遥"，《赠张乐一》中有"猿惊象醉无束缚，心如飞鸟云中翔"；《西游记》中有"得清凉，光皎洁，好向丹台赏明月"，《赠张乐一》中有"举头忽见天上月，金波一片□流光，散彩皎皎分千江"等。类似这样的似出一人之手的语句在《吴承恩诗文集》和《西游记》中还可找到一些。

2. 语言风格：在语言风格上，《赠张乐一》与《西游记》中的诗歌都具有清雅流丽，酣畅自然，如行云流水的语言特点。关于吴承恩的诗歌风格，天启《淮安府志》中写道："吴承恩，性敏而多慧，博极群书，为诗文下笔立成，清雅流丽，有秦少游之风。"陈文烛的《吴射阳先生存稿叙》也论其诗歌曰："今观汝忠之作，缘情而绮丽，体物而浏亮，其词微而显，其旨情而深。……沉辞渊深，浮藻云峻，文潜之后，一人而已。"① 《赠张乐一》就较为典型地体现了吴承恩诗歌的这样一种语言风格。这种语言风格与《西游记》中诗歌的语言风格应该说是一致的。如《西游记》第三十六回有诗云：

> 皓魄当空宝镜悬，山河摇影十分全。
> 琼楼玉宇清光满，冰鉴银盘爽气旋。
> 万里此时同皎洁，一年今夜最明鲜。
> 浑如霜饼离沧海，却似冰轮挂碧天。
> 别馆寒窗孤客闷，山村野店老翁眠。
> 乍临汉宛惊秋鬓，才到秦楼促晚奁。
> 庾亮有诗传晋史，袁宏不寐泛江船。
> 光浮杯面寒无力，清映庭中健有仙。
> 处处窗轩吟白雪，家家院宇弄冰弦。
> 今宵静玩来山寺，何日相同返故园。

该诗清雅流丽，酣畅自然，与《赠张乐一》一诗的语言风格十分类似。

综上所述，既然《赠张乐一》是受龙溪心学影响的结果，《赠张乐一》与《西游记》在思想及语言上存在着多方面的一致性，而《西游记》与明代心学思潮的密切关系又是学术界公认的，那么，我们就不难推断二者极有可能出自一人之手。《赠张乐一》的作者无疑是吴承恩，这就自然为吴承恩著《西游记》找到了一条新的有力证据。

---

① （明）陈文烛：《吴射阳先生存稿叙》，《吴承恩诗文集笺校》附录，第 385 页。

第四章 龙溪心学的传播与孙悟空形象的哲学内蕴

孙悟空在《西游记》的成书过程中，逐渐取代了唐僧的地位而成为《西游记》中的第一主角，小说中曾有言："那长老得性命全亏孙大圣，取真经只靠美猴精。"故孙悟空这一主人公角色的原型问题、演化轨迹及形象研究就成了《西游记》研究中的一项重要课题。孙悟空形象研究也是探讨龙溪心学与《西游记》关系的关键所在。

关于孙悟空的原型问题，学界的研究较多，形成的观点主要有三种："进口"说认为，孙悟空形象源于印度神猴哈奴曼，代表人物有胡适、郑振铎、陈寅恪、季羡林等；"国产"说认为，孙悟空的原型应该是淮涡水怪无支祁，代表人物有鲁迅、金克木、刘毓忱等；"混血"说认为，孙悟空形象是无支祁和哈奴曼二合一的典型，代表人物有蔡国梁、萧兵等。

无论是"进口"说、"国产"说还是"混血"说，都是从印度史诗、中国神话传说和佛教故事中寻找孙悟空形象的原型，这对孙悟空形象研究而言无疑是具有重要意义的。而对于龙溪心学与《西游记》的关系研究而言，我们似乎更应当从《西游记》成书过程中的诗话、杂剧、平话直到《西游记》的纵向层面上去探讨孙悟空形象的演进、发展轨迹，从而论证《西游记》中的孙悟空是作者受龙溪心学影响而创造出来的崭新形象。为本章论述的需要，现将《西游记》成书过程中的孙悟空形象演化先做一个简单的梳理。

《西游记》故事的历史原型是唐代著名高僧玄奘远赴天竺取经求学的

真实历史事件。当年的玄奘法师历经 17 年取经回国后，应唐太宗之请口述西行经历、见闻，由门徒辨机笔录完成了《大唐西域记》，其后其门徒慧立、彦悰又完成了记载玄奘生平事迹、游学经历及取经细节的传记文学《大慈恩寺三藏法师传》。这两部作品以写实为主，玄奘法师基本上是作品的唯一主角，孙悟空形象尚未出现。尽管张锦池先生在《西游记考论》第三章第二节中指出，孙悟空的现实原型，"应首推《三藏法师传》里的年青人石磐陀"①，似有一定道理，但也不能完全坐实。

据现有材料看，在《西游记》的成书过程中，孙悟空的原型最早应该追溯于《大唐三藏取经诗话》中的"猴行者"。《大唐三藏取经诗话》现存宋代刻本，李时人认为："它可能早在晚唐五代就已成书，实是唐、五代寺院'俗讲'的底本。"② 它的出现是《西游记》成书过程中的重要环节，书中已经出现了唐三藏、猴行者、深沙神等取经团队的主要成员。在《取经诗话》"行程遇猴行者处第二"中，"僧行六人……偶于一日午时，见一白衣秀才从正东而来"，这位白衣秀士自称"花果山紫云洞八万四千铜头铁额猕猴王。我今来助和尚取经"。③ 三藏法师听后十分高兴，"当便改呼为猴行者"。可见《取经诗话》中的"猴行者"不是受神佛的派遣，也不是受某种力量逼迫前去护法，而是作品弘扬佛法主旨下一个受佛法感召而自愿前来辅佐三藏法师西天取经的"志愿者"。

《取经诗话》以后，与孙悟空形象有关的取经题材的元明杂剧、平话作品主要有无名氏的《二郎神锁齐天大圣》、吴昌龄的《唐三藏西天取经杂剧》（全剧已佚，残留两折与孙悟空无关）、《西游记平话》（国内已失传）和杨景贤的《西游记杂剧》。

《二郎神锁齐天大圣》杂剧在第一折中述及：

---

① 张锦池：《〈大唐三藏取经诗话〉故事源流考》，《西游记考论》，黑龙江教育出版社 1997 年版，第 56 页。
② 李时人：《〈大唐三藏取经诗话〉成书时代考辨》，《西游记考论》，黑龙江教育出版社 1997 年版，第 61 页。
③ 李时人、蔡镜浩校注：《〈大唐三藏取经诗话〉校注》，中华书局 1997 年版，第 2—3 页。全书所引《大唐三藏取经诗话》原文均出自此版本，不注出处。

> 吾神三人，姊妹五个。大哥哥通天大圣，吾神乃齐天大圣，姐姐是龟山水母，妹子铁色猕猴，兄弟是耍耍三郎。①

虽有"齐天大圣"之名，干的却是扳倒药炉、偷灵丹、盗仙酒的妖魔行径。

《西游记平话》约产生于元代末期，在国内失传，其佚文片段有保存在《永乐大典》中的"梦斩泾河龙"和保存在朝鲜古代汉语教科书《朴通事谚解》中的几条介绍《西游记平话》的注。《朴通事谚解》注中曾转述《西游记平话》中的文字：

> 西域有花果山，山下有水帘洞，洞前有铁板桥，桥下有万丈涧，涧边有万个小洞，洞里多猴，有老猴精，号齐天大圣，神通广大，入天宫仙桃园偷蟠桃，又偷老君灵丹药，又去王母宫偷王母绣仙衣一套，来设庆仙衣会。老君王母具奏于玉帝、传宣李天王引领天兵十万及诸神将，至花果山与大圣相战失利，巡天大力鬼上告天王，兴灌州灌江口神曰小圣二郎，可使拿获。天王遣太子木叉与大力鬼往请二郎神，领神兵围花果山，众猴出战，皆败，大圣被执当死，观音上请于玉帝，免死，令世灵神押大圣前往下方去，乃于花果山石缝内纳身……其后唐太宗敕玄奘法师往西天取经，路经此山，见此猴精压在石缝，去其佛押出之，以为徒弟，赐法名吾空，改号为孙行者，与沙和尚及黑猪精朱八戒偕往，在路降妖去怪，救师脱难，皆是孙行者神通之力。②

可见平话中的"齐天大圣"是以"老猴精"的形象出现的，由一名取经"志愿者"转化为一个因偷桃偷丹闹天宫而被玉帝派兵制伏于花果山下

① 《二郎神锁齐天大圣杂剧》，《西游记研究资料汇编》，第87页。全书所引《二郎神锁齐天大圣杂剧》原文均出自此版本，不注出处。

② ［朝］边暹等：《朴通事谚解》，《西游记研究资料汇编》，第110—111页。全书所引《朴通事谚解》原文均出自此版本，不注出处。

被迫随玄奘取经的"孙行者"。

杨景贤《西游记杂剧》约产生于元末明初（或者更早），现存刊本为明万历四十二年（1614年）刻本，全剧共六本二十四出。其中第三本用《神佛降孙》、《收孙演咒》、《行者除妖》、《鬼母皈依》四出的篇幅重点塑造孙行者形象。杂剧中住在"花果山紫云罗洞的"孙行者在第九出一出场就自称：

> 一自开天辟地，两仪便有吾身。曾教三界费精神。四方神道怕，五岳鬼兵嗔。六合乾坤混扰，七冥北斗难分。八方世界有谁尊。九天难捕我，十万总魔君。小圣弟兄姊妹五人：大姊骊山老母，二妹巫枝祇圣母，大兄齐天大圣，小圣通天大圣，三弟耍耍三郎，喜时攀藤揽葛，怒时揽海翻江。金鼎国女子我为妻，玉皇殿琼浆咱得饮。我盗了太上老君炼就金丹，九转炼得铜筋铁骨，火眼金睛，鍮石屄眼，摆锡鸡巴。我偷得王母仙桃百颗，仙衣一套，与夫人穿着，今日作庆仙衣会也。①

此处的孙行者形象也是个"十万总魔君"，除了具有平话中"猴行者"的为非作歹、闹乱天宫等恶习外，身上还透着一股油滑气、市井气，最终也被捉拿归案压于花果山下，无奈中随唐僧西天取经，在路却仍然妖气十足，魔性难改，吃人好色，样样都干。可见，《西游记杂剧》是在追求热闹好看的戏剧舞台效果的创作理念下产生的杂剧作品。

到《西游记》则在第一回"灵根孕育源流出，心性修持大道生"中就述道：

> 盖自开辟以来，每受天真地秀，日精月华，感之既之，遂有灵通之意。内育仙胞，一日迸裂，产一石卵，似圆球样大。因见风，化作一个石猴。

---

① 杨景贤：《西游记杂剧》，隋树森编《元曲选外编》第二册，中华书局1959年版，第654页。全书所引《西游记杂剧》原文均出自此版本，不注出处。

这里塑造的"石猴"形象，没有了《取经诗话》中虔诚的宗教气息，亦脱去了平话、杂剧中的妖魔油滑之气，展现在读者面前的是一个清新自然、灵气十足的美猴王。以此为起点，《西游记》作者在明代社会思想解放思潮崛起的时代背景下，带着他对龙溪心学的深切体悟，带着他对社会、人生的独特思考，对孙悟空形象进行了彻底的改造和升华，真正完成了从弘扬佛法到高扬主体的转化，也真正实现了由"妖"到"人"的转变，塑造出一个自然真性、狂豪无欲、真修实悟的全新孙悟空形象，也正是这个刻着龙溪心学思想烙印的孙悟空形象使《西游记》在此前取经作品的基础上成功地脱胎换骨，成为令世人惊异的经典奇书。

第一节　龙溪心学与孙悟空形象的自由意识

一　自然天成，混沌立基

王畿之学把"以自然为宗"作为其学术宗旨和为学旨归，《王畿集》中"自然"二字以两百余次的超高频率反复出现，"夫学当以自然为宗"、"夫君子之学贵于自然"等语句也被王畿多次强调。从哲学意义上而言，王畿所谓"自然"肯定的是"益然出于天成"的良知本体，赞赏良知的"天之所为"、"不学不虑"、"混沌立基"、"先天完足"、"圣凡无间"；王畿所谓"自然"提倡的是"人力不得而与"的致知功夫，主张先天立根，顺应自然，依从天则，排斥人之所为。

（一）出身：自然天成

王畿之"自然"，一所谓天然，天生如此。《西游记》作者吴承恩通过与王畿的间接交游认同并接受了龙溪心学，在对"西游故事"的再创造中，将崇尚"自然"的哲学理念成功赋予《西游记》中孙悟空艺术形象的重新处理和改造，完成了由"老猴精"、"总魔君"到活脱脱的自然人的飞跃。

《大唐三藏取经诗话》中的"猴行者"是以一个颇有儒士之风的"白衣秀才"形象出现，带着一份虔诚作为玄奘忠实的向导诠释着作品的弘佛主旨。《二郎神锁齐天大圣》杂剧中虽名曰"齐天大圣"，却也是干着"扳倒药炉，先偷去金丹数颗，后去天厨御酒局中，再盗了仙酒数十余瓶，回到于花果山水帘洞中，大排筵会，庆赏金丹御酒"丑恶勾当的妖精出身。《西游记平话》中的"孙行者"则是花果山水帘洞铁板桥下万丈洞多猴洞中的"老猴精"，同样"入天宫仙桃园偷蟠桃，又偷老君灵丹药，又去王母宫偷王母绣仙衣一套，来设庆仙衣会"。《西游记杂剧》中"一自开天辟地，两仪便有吾身，曾教三界费精神，四方神道怕，五岳神兵嗔。六合乾坤混扰，七冥北斗难分。八方世界有谁尊？九天难捕我，十万总魔君"的孙行者更是从一开始就是一个地道的妖猴，是一个神通广大而又好为非作歹的恶魔，骨子里体现出一股妖气和野气，它"喜时攀藤揽葛，怒时揽海翻江。金鼎国女子我为妻，玉皇殿琼浆咱得饮"，它对于救命恩人唐僧暗想"好个胖和尚，到前面吃得我一顿饱，依旧回花果山"，这些都是典型的妖魔行径，带有远古传说之遗风。

《西游记》则在孙悟空的出身问题上秉承王畿"以自然为宗"的学术理念，将其改造得与"老猴精"、"总魔君"判然有别。《西游记》开篇第一回就引《易经》曰："大哉乾元！至哉坤元！万物资生，乃顺承天。"乾为天，坤为地，表明万物的资生、发展，都是顺承天地的基本法则的，可谓开宗明义。第一回标目"灵根孕育源流出，心性修持大道生"，写到东胜神洲"海外有一国土，名曰傲来国。国近大海，海中有一座名山，唤为花果山。此山乃十洲之祖脉，三岛之来龙，自开清浊而立，鸿蒙判后而成"，"正是百川会处擎天柱，万劫无移大地根"。这些背景交代都是为小说主人公的混沌立基做好铺垫。孙悟空正是这花果山顶上的一块仙石变化而来，这块仙石"四面更无树木遮阴，左右倒有芝兰相衬"，"盖自开辟以来，每受天真地秀，日月精华，感之既久，遂有灵通之意，内育仙胎，一日迸裂，产一石卵，似圆球样大，因见风，化作一个石猴，五官俱备，四肢皆全"。可见，作者笔下的孙悟空是一个得自然之真气、由天地化育而成的一个与众不同的独特的生命，是天地自然造化之子。显然，小说中孙悟空的诞生多了许多灵气，开篇就成为读者心目中自然的精灵，他那"受天真地秀，日月精华……遂有灵通之意"的出身，自然、纯粹、透明，没有一丝一毫的妖气，正是"人心"的混沌纯洁状态。除此之外，在小说后面的回目中，也多次用"天产猴王"、"天生美石猴王"、"天产石猴"等来称呼孙悟空，作者用孙悟空的天造地就，象征着人之原初状态、良知本体的自然天成，肯定了没有被统治阶级官方思想熏染和被社会习气所干扰过的自然纯朴的精神状态。由此可见，经过重新加工处理，孙悟空这一形象从来历上说，已经一改前此"西游故事"中的妖魔形象，没有了半点妖邪之气，而是花果山石卵风化的天产石猴，是破石而出的自然之子，他那跳出人间社会桎梏、摆脱神界等级关系束缚的原生性存在正是对龙溪心学中"天之所为"、"混沌中立根基"的自然良知和"爽然由于固有"、"盎然出于天成"的良知本体的绝佳理解和诠释。

（二）取经：自然致知

王畿之"自然"，二所谓"人力不得而与"，是在良知本体自然天成的基础上强调致知工夫的自然性，主张用"无功夫中真功夫"、"即本体以为工夫"来实现其"致良知"上的"以自然为宗"。王畿时时要求把握良知心体，使之有所呈现并以为主宰，推崇"自性流行"的天之所为，拒斥"收敛保聚"的人之所为，强调本体与工夫的合一，极力反对离开本体而谈工夫。他指出：

> 良知本来是真，不假修证。[1]
> 涵养工夫贵在精专接续，如鸡抱卵，先正尝有是言。然必乎中原有一点真阳种子方抱得成，若是无阳之卵，抱之虽勤，终成假卵。学者须识得真种子，方不枉费工夫。[2]

所谓"真阳种子"，便是指"本来是真"的良知心体，要求"学者须识得真种子"，即意味着对良知心体的率先自觉把握。正是基于此，王畿将先天正心之学作为其工夫论的重要组成部分，强调为学应"在先天心体上立根"，将"意"纳入"心"的发动与控制机制之下，使得意识的产生无不以良知心体为根据，从而从理论上排除了外在的束缚与压制，主张通

---

[1] 《答茅治卿》，《王畿集》卷九，第230页。
[2] 《留都会纪》，《王畿集》卷四，第98—99页。

过对心体的自觉体认而使外在行为和意识始终作为良知心体的自然直接发用而保持纯净。这应当是王畿所谓"正心，先天之学也"的真正内涵，也是在工夫论意义上对"以自然为宗"的哲学诉求的阐释。

《西游记》之前的取经故事中并没有把西天取经上升到龙溪心学"自然致知"的理论高度，特别是孙悟空形象由"西游故事"中的取经助手演化为《西游记》中自我完善的主体人格，西天取经的漫漫征程由大唐高僧光大佛学的宗教事业转变为齐天大圣自省自觉回归心体原点的修炼过程，使得《西游记》明显地因为对龙溪心学的成功诠释而完成了对"西游故事"的极大飞跃，成为名副其实的"奇书"。

《大唐三藏取经诗话》中自称"花果山紫云洞八万四千铜头铁额猕猴王"的猴行者，是唐僧一行六人在一日午时偶遇的一名从正东而来的白衣秀才，猴行者跟随唐僧西行的原因很简单，只是因为他知道："和尚生前两回去取经，中路遭难"，此回再往西天取经，"此去百万程途，经过三十六国，多有祸难之处"，若无人相助，定是"千死万死"，故而为了"东土众生获大利益"才决定"我今来助和尚取经"。可见，《取经诗话》中并没有石猴出世、大闹天宫、被压五行山的情节，"猴行者"只是作者所设计的一个保护大唐高僧"同往西天鸡足山"完成取经大业、超度众生、光大佛学的志愿者和助手。关于这一点，《取经诗话》中猴行者留诗："百万程途向那边，今来佐助大师前。一心祝愿逢真教，同往西天鸡足山。"及三藏法师诗答："此日前山有宿缘，今朝果遇大明贤。前途若到妖魔处，望愿神通镇佛前。"此二诗便是明证。

《西游记杂剧》及《西游记平话》则在《取经诗话》的基础上，增加了孙悟空在取经前的相关情节。《朴通事谚解》注中转《西游记平话》描述，号为"齐天大圣"的"老猴精"是闹乱天宫后，与天兵与小圣二郎交战失利：

　　大圣被执当死，观音上请于玉帝，免死，令世灵神押大圣前往下方去，乃于花果山石缝内纳身，下截画如来押字封着，使山神土地镇守，饥食铁丸，渴饮铜汁，待我往东土寻取经之人，经过此山，观大

圣肯随往西天，则此时可放。其后唐太宗敕玄奘法师往西天取经，路
经此山，见此猴精压在石缝，去其佛押出之；以为徒弟，赐法名吾
空，改号为孙行者。

显然，此处纳身于花果山石缝中的猴精完全是在观音菩萨和玄奘法
师的安排下纯粹被动地加入西天取经队伍的。在《西游记杂剧》中，托
塔李天王、哪吒、梅山七圣率天兵天将到孙行者的老窝"花果山紫云
洞"围剿，这时的孙行者还不具备以后孙悟空的灵通本领，又逃又躲，
终于一战遭擒，被观音抄化，压在花果山下。此时的孙行者还叫苦道：
"佛啰，好重山也呵。我有小曲唱哩。"至唐僧西天取经路过花果山，刚
将孙行者救出，他就想："好个胖和尚，到前面吃得我一顿饱，依旧回花
果山，哪里来寻我。"等观音及时赶到，传授唐僧紧箍咒，念得孙行者
"做跌倒科云：'师父饶恁徒弟咱。'"欲将其摘下却是不能，无奈之下才
跟随唐僧西行。

由此可见，《西游记平话》、《西游记杂剧》中的猴精、孙行者随同
唐僧西天取经不是主动的，而是由于斗不过天兵天将，斗不过观音等时
的无奈选择，自始至终是一个被强迫、被钳制的过程，没有十分明确的
取经目的。

《西游记》中，唐僧西天取经的目的是度人修身、劝人为善。孙悟空
虽然神通广大，本领远超过《西游记杂剧》中的孙行者，但他仍在与如来
佛祖打赌赛时输于如来，被佛祖压在五行山下饥餐铁丸，渴饮溶铜。待观
音来到五行山下时，他对菩萨道："我已知悔了，但愿大慈悲指条门路，
情愿修行。"观音让他"秉教伽持，入我佛门，再修正果"，他也回答"愿
去！愿去！"因此，对孙悟空而言，他西天取经的目的是"再修正果"，
"见性明心归佛教"，"见性明心参佛祖"，"诚心诚意上雷音"，也就是要
在普救众生的同时，自觉体认和回归作为"真阳种子"的良知心体。相对
于平话、杂剧中的孙行者来说，小说中的孙悟空西天取经的行为更加主
动，更有诚意，更具有人的主体意识和人性光辉。

1. 跳出"五行山"：《西游记》中的孙悟空作为良知主体，已经意识

到，依靠如来佛祖设下的"五行山"这个全然外在的束缚和压制是无法令虽率性、自由、狂豪却有些许放纵的自我回复良知本体的。这表明，小说作者在哲学主张上，出于对"良知是天然之灵窍"的认同而在"致良知"上也同样依从龙溪心学的"以自然为宗"、"人力不得而与"，反对外力的干预和加损。他运用王畿所谓"良知本顺，致之则逆"[①]，"良知上有增减、有轻重，皆非天则"[②]，"良知本无知，良能本无能，学者复其不学之体而已，虑者复其不虑之体而已，非有加也"[③] 等哲学精神，而把孙悟空被压五行山之情节规定为"逆"、"加"、"增"，是"非天则"的行为，并让良知主体孙悟空跳出"五行山"这个外在束缚，自我选择了"西天取经"这样一条可谓"无功夫中真功夫"的自然致知之路。

2. 排斥"紧箍咒"：《西游记》作者除了用心良苦地将"五行山"设计成违背自然致知哲学理念的关键词外，还用"紧箍咒"这一符号来共同诠释他在致知工夫上倡导自然、批判外在束缚和强制的要求。关于"紧箍咒"，在《大唐三藏取经诗话》中并没有提及，若说有相关之处，也只是在"入大梵天王宫第三"中述及玄奘与孙行者谒见大梵天王时，"天王赐得隐形帽一事"，可谓点到为止，并没有说明它的作用。《西游记杂剧》则在第十出"收孙演咒"中写到唐僧救出行者后，观音给予孙行者一个"铁戒箍"用以戒其"凡性"，并告诉唐僧："这畜生凡心不退，但欲伤你，你念紧箍儿咒，他头上便紧，若不告饶，须臾之间，便刺死这厮"，紧接着有 [菩萨梁州] "你那凡心若再起，敢着你魄散魂飞，为足下常有杀人之机，因此上与师父留下这防身计，劣心肠再不可生奸意"，这里所提及的"铁戒箍"和"紧箍儿咒"只是在行者获救后 [背云] "好个胖和尚，到前面吃得我一顿饱，依旧回花果山，哪里来寻我"的背景下，观音为唐僧留下的"防身计"，后文中再没有提及，也没有相关文字对这一关目作肯定或否定式的评介。而在《西游记》中，作为"定心真言"的"紧箍咒"显然不同于以上作品而具有了明显的象征意味，如来曾告诉观音："假若

---

① 《图书先后天跋语》，《王畿集》卷十五，第420页。
② 《与三峰刘子问答》，《王畿集》卷四，第80页。
③ 《拙斋说》，《王畿集》卷十七，第499页。

路上撞见神通广大的妖魔”，“他若不伏使唤，可将此箍与他戴上，自然见血生根。各依所用的咒语念一念，眼胀头痛，脑门皆裂，管教他入我门来”。观音对孙悟空也说：“若不如此拘系你，你又诳上欺天”，“须是得这个魔头，你才肯入我瑜伽门路哩”。可见，小说中神佛对孙悟空使用紧箍咒，其目的是想通过这个外在的束缚来迫使他“入我门来”、“入我瑜伽门路”，也就是试图以强制而非自然的方式达到致良知复本体的目的，而这种强制人性的致知方式显然为作者所否定。取经过程中，作者多次借孙悟空之口指责唐僧乱念紧箍咒是“不识人性”、“不识贤愚”、“只迷了一片善缘，更不察皂白之苦”，对紧箍咒所象征的强制人性的致知方式进行了反对，孙悟空也多次要求唐僧、观音、如来“把松箍咒念念，退下这个箍子”、“趁早念个松箍咒，脱下来，打得粉碎，切莫叫那甚么菩萨再去捉弄他人”，且最终这个紧箍咒“自然去矣”，意味着作者始终认为“良知本顺，致之则逆”，主张取消违背自然天则的“加损”和强制工夫，要求从本体出发去体认良知，用“自然之用”的功夫去体认“不须防检，不须穷索”的心体这个“天然之灵窍”。

综上所述，可以获知，《西游记》作者通过描写孙悟空的天造地就、混沌纯洁，通过对“五行山”、“紧箍咒”等外在强制性手段的否定，而在小说孙悟空形象塑造中象征性地注入了龙溪心学中“盎然出于天成”的良知本体论和“无工夫中真工夫”的自然致知论。

二　真性流行，自由自在

对“真”、“真性”、“直心”的强调和倡导是龙溪心学中的极大特点。王畿强调“真性”、“天则”，要求人人拥有毫无虚假的真心、未受世俗尘埃污染的本心，保持真实无妄之心、正直而无谄曲之心，主张人人依自然本性而行，任天而动，来去自由。故他在文集中经常提到的“直心以动”、“真性流行”，要求“直心以动，自见天则”，任本心“自然之流行”，一切行为应当遵循率直的心灵；倡导“真性流行，不涉安排”，保持生命的自然本性，不虚伪，不饰性，让视听言动都符合自己本然的心灵真实。在王畿那里，包含纲常伦理内容的“天理”已经不占主导地位，而处于纯真状态、充满自然生机、充满人的自然本性内容的"天性"、"真性"、"本来生生真命脉"开始占据主导地位，他十分看重生命的自然之道，认为要使人的自然之性的本来面目得以呈现，就不能有私意安排，只有坦怀任意，才可以做到真性流行，使心灵进入纯真自然状态。正如王畿在《书累语简录》中所强调的："赤子之心，纯一无伪，无智巧，无技能，神气自足，智慧自生，才能自长，非有所加也。"① 王畿之后，罗汝芳全面论述"赤子之心"，所谓"赤子之心"，就是要求保持"天初生我"的自然真性；李贽极力推崇"童心说"，所谓"童心"，就是人先天固有的、未受外界影响的自然真性，是"最初一念之本心"，是"绝假纯真"的"真心"，"童子者，人之初也；童心者，心之初也"，"若失却童心，便失却真心，失却真心便失却真人，人而非真，全不复有初矣"。② 可见，受王畿"真"、"真性"、"直心"的影响，对"真人"、"本性"、"自然人性"的强调和倡导成为明中后期心学思潮的突出特点。同时，与"自然"、"真性"相联系，王畿也表达了他的自由意识和自由观，他以人的自然本性为基础重建人性论，提出只有真性流行，才能形成自由的独立人格，从而推动了个体自由意识的极大进展。正如他在《与魏水洲》中所言："若能见性，不为境缘所移，到处随缘，缘尽则去，去来自由，无所碍滞，如金之离矿，潜藏变化，皆自由得，方成大超脱"③，明确表明了龙溪思想的鲜明特色，即在"见性"——保持自然真性的前提下，才能达到"去来自由"、"大超脱"的理想之境。在《与殷秋溟》中，王畿还指出，"若夫超生死一关，生知来处，死知去处，宇宙在手，延促自由，出三界、外五行，非缘数所能拘限，与太虚同体，亦与太虚同寿，非思想言说所能凑泊，惟在默契而已"④，通过对生死之事的看法，来表明龙溪强烈的自由意识和对人格独立、人性自由的自觉要求。

李泽厚在《美的历程》中说："以'童心'——'真心'作为创作基

---

① 《书累语简录》，《王畿集》卷三，第72页。
② （明）李贽：《童心说》，《焚书》卷三，《焚书·续焚书》，中华书局1975年版，第98页。
③ 《与魏水洲》，《王畿集》卷九，第203页。
④ 《与殷秋溟》，《王畿集》卷十二，第308页。

础和方法，也就为本来建筑在现实世俗生活写实基础上的市民文艺，转化为建筑在个性心灵解放基础上的浪漫文艺铺平了道路。"① 《西游记》作者把他对龙溪哲学之"真性"、"自由"思想的接受和认可寄于他对孙悟空形象的塑造中，以"真心"、"真性"为创作基础和哲学依托，描绘出一个追求真我的人物形象，折射出作者所向往的真实生活，使小说自然而然地流露出一种真朴之美。"真"在《西游记》中成为出现频率仅次于"心"的字眼而不得不引起我们的高度重视。小说第一回就旗帜鲜明地指出"空寂自然随变化，真如本性任为之"，开篇即表明作者笔下的孙悟空是天生一段真性情、永葆一颗自在心，这既是作者对孙悟空身上所体现出来的本性之真和顺应自然、任性而为的自由意识的热情赞颂，也是作者对"真性"、"自由"的极力标举。小说中，天造地就的天产石猴呈现出王畿"四无"论之无善无恶的浑沌状态，混迹于群猴之间，天真无邪，不知喜不知忧，过着"山中无甲子，寒尽不知年"，无善无恶任天真的逍遥自在生活，孙悟空虽是一个猴身，却是一个真人，他始终以天地生成的婴儿面目传达出他对真性、自由的渴望。故须菩提祖师在为孙悟空起名时也说道："狲字去了兽旁，乃是个子系。子者儿男也，系者婴细也，正合婴儿之本论，教你姓'孙'罢。"这里的"婴儿之本论"相当于王畿所谓"本来生生真命脉"，相当于后来李贽《童心说》中作为"人之初"的"童子"、"绝假纯真，最初一念之本心"，指的是保有生命原初状态、具有纯真本性、超脱封建礼法的"真人"。可见，《西游记》的作者赐予孙悟空一种与身俱来的本性之真，这种"子系婴儿"的形象刻画赋予了孙悟空出于自然本性、回归自然真性的无穷魅力，这一点是在《西游记》之前的取经故事中无法找到的。对于小说所隐含的这一立意，在第四十二回"大圣殷勤拜南海，观音慈善缚红孩"交代"有一个红孩儿妖精，唤作圣婴大王"时，《李卓吾先生批评西游记》侧评曰："谁圣不婴？谁婴不圣？"再次强调"圣"与"婴"的关联，指出成圣的途径就是要回归婴儿本真，保持赤子之心。

---

① 李泽厚：《美的历程》，天津社会科学院出版社 2001 年版，第 321 页。

作为天产石猴的孙悟空，生性活泼好动，自由自在，从诞生伊始就呈现给读者一个浑然状态的自我、一个真性流出的自我。小说中灵根孕育出的石猴，"一朝天气炎热，与群猴避暑，都在松荫下玩耍"，看到一股洞水奔流，便"顺涧爬山，直至源流之处，乃是一股瀑布飞泉"，石猴凭着他初生牛犊不畏虎的英勇气概和探索精神，主动跳入瀑布泉中，不意探得个"花果山福地，水帘洞洞天"，而被众猴称为"千岁大王"、"美猴王"，自此在这"仙山福地，古洞神州"过上了"不伏麒麟辖，不伏凤凰管，又不伏人王拘束，自由自在"的生活，一个真性自由的形象便呼之而出。然而带着对自然真我、本性直心的原初人性的展露和呈现，带着对无拘无束、自由自在的生存境界的追求和向往，小说以此为起点进一步塑造出一个不满足于世俗的自由而打破生死界限、摆脱时空束缚、超越自然力控制的光辉形象。

1. 力求长生、强销死籍：超越生死、时间自由

《西游记》中，孙悟空至灵台方寸山访求长生之道，赴地府森罗殿强销猴类死籍，均表明了主人公要求超越生死，追求时间上的自由。

孙悟空在无忧无虑的生活中，为了"省得受老天之气"，而率领众猴跳进水帘洞，《李卓吾先生批评西游记》在此侧评曰："'省得受老天之气。'如此说话，谁说得出？"赞扬了猴王不受拘束的自由意识。随后意识到那暗中还"有阎王老子管着"，"不得久注天人之内"，于是便只身"云游海角，远涉天涯"，赴灵台方寸山斜月三星洞拜师求道，希望"学一个不老长生，常躲过阎君之难"，打破生死的界限、超越有限的生命，憧憬着"躲过轮回，不生不灭，与天地山川齐寿"的自由生活，李评本评曰："自然跳出生死。""如此勇决……可羡可法。"肯定了猴王为解决生死问题而表现出的勇气和付出的努力。在受到阎罗王勾拘之时，这个本已"超升三界之外，跳出五行之中"的自然之子便大闹冥司、打死鬼差，在森罗殿上孙悟空称："我也不记得寿数几何，且只消了名字便罢！"以最大胆、最直接的方式将生死簿中猴类之名一概勾销，强销死籍，使得"十代阎君拱手接，五方鬼判叩头迎"，口称"了账！了账！今番不伏你管了"，力图达到所谓的长生不老，打破生命的限制，主宰自己的命运。李评本评曰：

"爽利！的是妙人。"回末总评亦曰："把生死簿子一笔勾消，此等举动，真是天生圣人，不可及也。彼自以为天生圣人，非妄也。"更加明确地指明了《西游记》中解决生死问题的创造性发挥，再现并赞扬了小说与龙溪心学相关联的超越生死的生死观和乐观追求。除此之外，孙悟空所服用的各种"不死之药"、所吃的能"与天地同寿，日月同庚"的蟠桃人参果、能令人长生不死并死而复生的九转还魂丹等，都最大限度地标志着孙悟空对生命无限的追求和对自由的渴望，直到西天取经完成时的最终成佛，更是让他实现了"不生不灭，与天地山川齐寿"的目的，生命的存在从有限走向了无限，从而完成了时间上的最大自由。可见，小说所塑造的孙悟空之"超升三界之外，跳出五行之中"，强销死籍、要求"与天地同寿，日月同庚"、死生在握、命运由己等，与龙溪心学所谓"任生死、超生死"，"延促自由，出三界、外五行，非缘数所能拘限，与太虚同体，亦与太虚同寿"的生死观异曲同工。

2. 七十二变、腾云筋斗：存在自由、空间自由

《西游记》中，孙悟空历尽艰辛学到的七十二变、筋斗云等诸般神通，均预示着主人公追求存在上的自由、空间上的自由并要求融入自然、摆脱自然规律的控制和束缚。

例如须菩提祖师对悟空附耳低言、传授口诀，猴王"一窍通时百窍通，当时习了口诀，自修自炼，将七十二般变化都学成了"，这"七十二般变化"表面是个定数，其实虚指千变万化，象征着作为生命主体的孙悟空无身无形而又万身万形，达到了自我存在上的自由自在。又如悟空听祖师道："凡腾云之辈，早辰起自北海，游过东海、西海、南海，复转苍梧。苍梧者，却是北海零陵之语话也。将四海之外，一日都游遍，方算得腾云"，便恳请祖师传授"朝游北海暮苍梧"筋斗云，"捻着诀，念动真言，攒紧了拳，将身一抖，跳将起来，一筋斗就有十万八千里路"，同"七十二般变化"一样，孙悟空一个筋斗十万八千里的筋斗云也寓示着主体达到了"朝游北海暮苍梧"般的上天入地的空间自由。正如悟空所言："我自闻道之后，有七十二般地煞变化之功，筋斗云有莫大的神通，善能隐身遁身，起法摄法，上天有路，入地有门，步日月无影，入金石无碍，水不能

溺，火不能焚。那些儿去不得？”故从此“逐日家无拘无束，自在逍遥，此亦长生之美”，加上小说中所描述的孙悟空对象征风雨雷电的掌握者风婆婆、推云童子、布雾郎君、雷公、电母、龙王等的招之即来挥之即去，共同诠释了作者赋予孙悟空对自然、自由的向往和追求。

3. 如意金箍、火眼金睛：心灵自由、意识自由

《西游记》中，孙悟空在东海龙宫“借”到的“如意金箍棒”、在太上老君八卦炉中炼就的火眼金睛及观音菩萨赐予他的救命毫毛，也传达了主人公对心灵自由、意识自由的要求。

孙悟空不但有自己苦心修炼到的七十二般变化、十万八千里的筋斗云，更有各路神仙菩萨“赐予”他的金箍棒、火眼金睛、救命毫毛等神通。那被龙王只认作是块黑铁的“天河镇底神珍”，虽有一万三千五百斤，到了孙悟空手中却能说小即小、呼大即大，小能小做一个绣花针儿相似，可以在耳朵里面藏下，大能大得上抵三十三天，下至十八层地狱，这“如意金箍棒”其大无外，其小无内，纵横天地，真可谓是与孙悟空这个追求自由之人最相匹配的自由之器，是作者浸润于孙悟空形象身上的无形自由、心灵自由的象征。大闹天宫之后的孙悟空被推入八卦炉中锻炼，他即将身体钻在巽宫位下，巽乃风也，有风则无火，只是风搅得烟来，把一双眼刍红了，唤作“火眼金睛”，正是这火眼金睛，“白日里常看千里，凶吉晓得是，夜里也还看三五百里”，“但见面，就认得真假善恶，富贵贫穷，却好施为，辨明邪正”，由此而能辨人妖，忠奸善恶无迷惑，极大地发挥了主体的主观能动性，获得了个体意识上的最大自由。南海观音菩萨将杨柳叶儿摘下三个，放在行者的脑后，喝声：“变！”即变作三根救命的毫毛，教他：“若到那无济无主的时节，可以随机应变，救得你急苦之灾。”因此，孙悟空西天路上每到极难处便有拔毫毛应变之情节，这救命毫毛的生一生万、从无到有、随心所欲，也是孙悟空对自由最高境界的追求和憧憬。

综上而知，孙悟空天造地就、“子系婴儿”的真我本性，强销死籍、超越生死的长生理想，七十二变、筋斗云的诸般神通，金箍棒、火眼金睛、救命毫毛的随心所欲，加之在礼法森严的天宫里仍然“无事牵萦，自由自在，闲时节会友游宫，交朋结义”，“今日东游，明日西荡，云来云

去，行踪不定"，以及在取经路上也畅言"出家人无拘无束，自由自在"，这所有的刻画和描述都体现了小说作者基于对龙溪心学"以自然为宗"、真性流行、直心以动、自由自在思想的接受和认同而不惜笔墨地向读者展现出一个令人耳目一新的自然人、真人、自由人、理想人形象，孙悟空"自由自在，乃无量之福"的价值理念使小说作者追求自然真性、向往自由无拘的哲学心迹不言而喻、昭然若揭。

第二节 龙溪心学与孙悟空形象的狂狷意识

一 狂豪独立，率性而行

用"真性流行"、自由超脱诠释出来的"以自然为宗"的哲学精神在王畿的人格理想中上升为对狂者、豪杰乃至出世间大豪杰的认可与追求。因此，无论是在王畿集中还是在生活中，王龙溪都宁愿真而狂，不愿虚而伪，他把乡愿当作虚伪的代表而声声讨伐，他反对虚伪，反对矫情饰性，反对媚世、媚俗，反对违心之行、徇俗之举，张扬的是自信本心、狂豪独立的精神境界，标举的是顶天立地的本色人格。故他大呼"学贵自信自立，不是倚傍世界做得的。天也不做他，地也不做他，圣人也不做他，求自得而已"①，展现的是旁若无人的独立人格；他畅言"惟愿诸公顶天立地，以万古豪杰自期，不随世界转换，方见定力，亦吾人安身立命本分内事"②，推崇的是我自为我的个体意识；他总结"若要做个千古真豪杰，会须掀翻箩笼，扫空窠臼，彻内彻外，彻骨彻髓，洁洁净净，无些覆藏，无些陪奉，方有个宇泰收功之期"③，坚持的是如青天白日般光明特达、傲然自立的狂豪理想。正是在这种自信本心、狂豪独立的人格要求下，王畿大胆冲破程朱理学的俗儒行为模式，主张"率性而行"，他在文集中多次强调圣人"与天同体，无所障蔽，无所污染，率性而行，无不是道"④、"率

---

① 《龙南山居会语》，《王畿集》卷七，第167页。
② 《与张阳和》，《王畿集》卷十一，第287页。
③ 《答李克斋》，《王畿集》卷九，第206页。
④ 《〈中庸〉首章解义》，《王畿集》卷八，第179页。

性为圣人之学，修道为贤人之学"①。不难看出，王畿是在明代中期继王阳明之后较早地努力摆脱程朱理学桎梏的哲学家，他把自我个体作为天地间的主体，提倡人格独立，以豪情万丈式的狂者情怀带领明代士人大胆走出一条率性独知的大道，从而也将明代个性解放思潮的大幕慢慢揭开。

《西游记》在对"西游故事"的孙悟空形象改造中，明显注入了龙溪心学狂豪、独立、率性的个性解放元素，赋予了孙悟空崭新的艺术生命。为了更好地进行比较，我们首先来看"西游故事"中的孙悟空。《大唐三藏取经诗话》、《二郎神锁齐天大圣》、《西游记杂剧》中，猴行者、孙悟空尽管也是"铜头铁额"、"变化无穷"、"广大神通变化，腾云驾雾飞霞"，有着"铜筋铁骨，火眼金睛"和"十万八千里"的筋斗，但无论是闹天宫还是在西天路上，这些作品给读者展现的都是在神佛面前胆小卑微、缩手缩脚、缺乏主体人格的懦弱形象。如《大唐三藏取经诗话》中，猴行者在八百岁时，偷吃西王母仙桃十颗，被西王母捉下发配至花果山紫云洞，从此敬惧西王母，唐僧师徒路过西王母池时，他回想起当年的情形时说："被王母捉下，左肋判八百，右肋判三千，配在花果山紫云洞，至今肋下尚痛，我今定不敢偷吃也"，"我小年曾在此作贼了，至今由怕"。再者，《取经诗话》里，猴行者西天路上对神佛的依赖性也较大，取经伊始，他首先向天王问清楚"前程有魔难处，如何救用"，天王答："有难之处，遥指天宫大叫'天王'一声，当有救用"，猴行者这才放心保唐僧西去。《二郎神锁齐天大圣》中，齐天大圣孙悟空被二郎神锁获后便摇尾乞怜、下跪告饶："上圣可怜见！小圣误犯天条，望上圣宽恕小圣这一遭者"，且"从今后改恶向善，朝上帝礼拜三清"。《西游记杂剧》第十二出"鬼母皈依"，写唐僧为爱奴儿所捉，孙行者去求如来佛，"佛云：'孙悟空，你回原处去，你师父已出在那里了也。'行者云：'谢佛天，可怜弟子，寻师父去也。'"可见，孙行者可以在妖魔面前逞强，可以在铁扇公主面前说下流话，可以在女人国里几不自持，而一见神佛，却毕恭毕敬，体现了妖在佛面前的无可奈何的屈服。由这些例证我们不难看出，"西游故事"中的猴

①《与万合溪》，《王畿集》卷十一，第282页。

行者、孙悟空是如此的敬畏神佛，如此地唯唯诺诺，如此地缩手缩脚，这显然是与《西游记》中孙悟空狂豪、独立、率性的高大形象难以比拟的。《西游记》中，作者发挥小说的长处，对大闹天宫前后及西天取经的孙悟空在花果山、天宫、取经路上的情状作了较为详细的铺叙，这绝不是多余的，相对于"西游故事"来说，正是由于有了这些情节的描写，才让我们清楚地看到一个维护个人尊严、要求人格平等、主张率真任性的崭新艺术形象。

（一）蔑视权威、不拘礼法的狂豪情怀

在中国古代的神话传说里，天上有玉皇、海里有龙王、地狱有阎王，他们都是代表着一方权威而不容侵犯、戏弄和亵渎的，而《西游记》中美猴王、孙悟空蔑视天庭、龙宫和地府的权威，在花果山树起"齐天大圣"的旗号，试图与玉皇大帝平起平坐，公然与其分庭抗礼。李评本在此评曰："爽快！要做便自家做了，何必在他人喉下取气。"彰显了小说所宣扬的主体意识和人格精神；为了借兵器、谋披挂而吓坏龙王，使得"四海千山皆拱伏"；为了能够长生不老而打入地府，竟至"九幽十类尽除名"；取经途中，山神土地、四海龙王、诸天神圣等为孙悟空效劳时如有怠慢之处，他也会大动肝火，要他们"伸出孤拐来，各打五棍见面，与老孙散散心"；在平顶山除妖时，孙悟空要求玉帝把天借予他半个时辰，"若道半声不肯，即上灵霄宝殿动起刀兵"，吓得玉帝无奈答应，"只得他无事，落得天上清平是幸"。他以他的狂傲不羁与豪气干云挑战了天庭、龙宫、地府的神圣与尊严。

同时，面对宗教权威，孙悟空同样进行了挑战和嘲弄，《西游记》中的孙悟空虽然也曾对观音说："我知悔了"，但是他身上那股要求自由平等的"天性"仍然没有泯灭，他敢于笑唐僧是个"脓包"，骂观音"一世无夫"，指责她不该让"熊罴怪"作"邻居"，"纵放歹人为恶"，怪罪弥勒佛和李老君不该纵门下到下界行凶作恶，奚落如来是"妖精的外甥"。对于取经之事，他还曾抱怨如来："这都是我佛如来，坐在那极乐之境，没得事干，弄了那三藏之经。若果有心劝善，理当送上东土，却不是个万古流传？只是舍不得送去，却教我等来取，怎知苦历千山，今朝到此送命！"

抵达西天后，对于阿傩、伽叶索要人事愤愤不平而"忍不住叫嚷"，发现传的是无字经文，又到佛祖面前告他们"揩财不遂，通同作弊"。在三清观，孙悟空还同猪八戒、沙僧一起抛三清像至茅厕，并吃尽供品，将溺溺作圣水给道士喝。小说于嘻笑怒骂中跃出一个狂豪无畏的悟空。

再者，身为"美猴王"，孙悟空与花果山的群猴们也从来不论"君君臣臣"，而是"合契同情"，平等相处。在"玉帝老儿"面前，"挺身在旁，且不朝礼"，自称"老孙"，声称"老孙自小儿做好汉，不晓得拜人"，"我为人做了一场好汉，只拜了三个人：西天拜佛祖，南海拜观音，两界山师傅救了我，我拜了他四拜"，"其他人等，老孙一个也不拜"。他"与那九曜星、五方将、二十八宿、四大天王、十二元辰、五方四老、普天星相、河汉群神、俱以兄弟相待，彼此称呼"，"不论高低，俱称朋友"。这些都体现了孙悟空不拘礼法的叛逆精神和不畏权威的平等意识，极力标举了孙悟空性格上的狂傲美、精神美和人格美。

如此的蔑视权威，如此的挑战神佛，如此的不拘礼法，如此的渴望平等，都在不经意中诠释着龙溪心学的"超乎天地之外，立于圣人之表"，践行着龙溪思想的"掀翻箩笼，扫空窠臼，彻内彻外，彻骨彻髓，洁洁净净，无些覆藏，无些陪奉"，由此而将孙悟空彰显成为一个为王畿所欣赏和追求的"光明特达"、"无所奉陪"的狂者豪杰。

（二）捍卫尊严、敢于反抗的独立人格

孙悟空闯龙宫、闹地府的行为惊动了至高无上的玉帝，太白金星向玉帝献计，用卑微的官职笼络并且束缚孙悟空，孙悟空不解内情，欣然就职。当他由太白金星带上天宫后，他"挺身在旁，且不朝礼"，并自称"老孙"，显得格外心高气傲而又任情任性。而当他一朝闲暇，向众监官打听"我这弼马温是个甚么官衔"，得到的回答是"没有品从"，只是"未入流"的"末等"、"下贱之役"时，"不觉心头火起，咬牙大怒道：'这般藐视老孙！老孙在那花果山，称王称祖，怎么哄我来替他养马？'"显然，孙悟空是意识到自己的人格受到了侮辱，才一怒而去，"一路解数，直打出御马监"，反出天宫，径回花果山，高揭起"齐天大圣"的旗帜，公然与玉帝分庭抗礼。

二上天宫，他从王母娘娘差来摘蟠桃的仙女口中得知，王母娘娘的蟠桃盛会不曾请他，便道："我乃齐天大圣，就请我老孙做个尊席，有何不可？"这里，以四海龙王为"邻居"，以河汉群神为"朋友"的孙悟空再一次感到身受屈辱或压迫，感到人的尊严受到贱视，才使他盗仙丹、偷御酒、大闹蟠桃会，又一次反下天宫，提出"强者为尊该让我，英雄只此敢争先"。凡此，体现出孙悟空的人格尊严和自由平等观念。也就是说，《西游记》中的孙悟空大闹天宫，并不是同《西游记杂剧》中的孙行者一样，仅仅由于物质上的贪求，而是由于他那恍若与生俱来的人格尊严和自由平等意识与神权世界势难两立。而这一点正是从杂剧到小说的演变中孙悟空这一形象由"妖"到"人"的转变的不容忽视的一点。

《西游记》第三十一回，孙悟空三打白骨精后被唐僧责骂驱逐，他受到屈辱一气之下回到花果山。后当唐僧有难，猪八戒被迫到花果山编慌话"智激美猴王"，使得孙悟空"气得抓耳挠腮，暴躁乱跳"，大喊："即是妖精敢骂我，我就不能不降他。我和你去，老孙五百年前大闹天宫，普天的神将看见我，一个个控背躬身，口口称呼大圣。这妖怪无礼，他敢背前面后骂我！我这去，把他拿住，碎尸万段，以报我之仇！报毕，我即回来。"

这些例子表明，无论是大闹天宫还是取经途中的孙悟空，都自始至终用他高度的个人尊严和强烈的主体人格来指导他的行为，他用他一次又一次地反抗来公然捍卫他那受到贱视的人格尊严。这样一个孙悟空形象与面对官场的拉拢与高压亦不肯折腰，要求"还我堂堂一丈夫"，多次不顾毁誉、不计得失地捍卫着自己的独立人格和个体尊严的王畿何其相似。

（三）我自为我、自信自立的率性品质

《西游记》中的孙悟空不仅蔑视一切权威与礼法，敢于用斗争和反抗去维护主体人格、捍卫个人尊严，同时，孙悟空还具有极强的主体意识，拥有对自身人格力量的高度自信，从而产生了我自为我的率性品质和自信自立的主体精神。在与玉皇大帝叫板时，他并非无理取闹，而是自我评估："我有七十二般变化，万劫长生不老，会驾筋斗云，一纵十万八千里，如何坐不得天位"，认为"老孙有无穷本事"，"天上将不如老孙者多，胜过老孙者少"。西天取经路上，他降妖除魔，坚韧不拔，勇往直前，宣称：

"但有老孙，就是塌下天来，可保无事"，还扬言："老孙若肯做皇帝，天下万国九州皇帝，都做遍了"，"老孙到处降妖，你见我弱与谁的？只是不动手，动手就要赢"。这些豪言壮语以及他所坚持的"出家人无拘无束，自由自在"，无疑又为我们打造了一个如王畿般主张"率性而行"、个性解放的崭新悟空。

要而言之，作者对"西游故事"中的孙悟空形象进行改造后，在《西游记》中树立了一个蔑视权威、不拘礼法、捍卫尊严、敢于反抗、我自为我、自信自立的光辉艺术形象，这一形象的成功塑造，则是基于作者对龙溪心学中"狂者胸次"、"千古豪杰"的认同，对"独来独住，动与天游"的向往及对"率性而行"之"圣人之学"的践行。

二　寡欲至无，六贼无踪

对王畿而言，人格理想上的狂豪独立、率性而行，并非意味着人欲观上的放纵不羁、为所欲为、肆无忌惮，他在提倡狂者之学的同时，也曾反复提出"君子独立不惧，与小人之无忌惮，所争只在毫发间"，要求"缠绕的要脱洒，放肆的要收敛"，以达到"内有主而外不荡"，指出"克与妄，圣狂之所由分也"，主张用"良知做得主宰"为前提，实现"从心所欲不逾矩"的精神境界。因此，尽管王畿在人欲论上，根本不同于程朱理学的"遏人欲而存天理"的道德修养观。但总体而言，王畿还是主张"无欲"的，只不过他用他的先天正心之学进一步阐明心本体的道德属性，在他"以自然为宗"的哲学宗旨基础上，提出"无欲者，心之本体"的命题，以其"自然无欲"论来反对传统的"存天理、去人欲"的修养方法，并针对"贤人以下，不能无欲"的现实，指出"因其有欲，故须寡之，以至于无欲；因其有妄，故须反之，以复于无妄"，要求用"寡之又寡，以至于无"的寡欲功夫"以求复其本体"之无欲，从而构成了龙溪心学"以无欲为至，以寡欲为功"的人欲观。

《西游记》所重新塑造的孙悟空形象相对于"西游故事"特别是《西游记杂剧》中的孙行者来说，则十分清晰地体现了小说作者在人欲问题上对龙溪心学"寡欲至无"观的接受和认同。《西游记杂剧》里的孙行者，作为"九天难捕"的"十万总魔君"，身上具有不少诸如好色、吃人之类的妖性。他"喜时攀藤揽葛，怒时揽海翻江。金鼎国女子我为妻，玉皇殿琼浆咱得饮"，他"盗了太上老君炼就金丹"，"偷得王母仙桃百颗，仙衣一套"，与他所摄的"夫人"——金鼎国王女穿着，并作庆仙衣会，扬言"我天宫内盗得仙衣仙帽仙桃仙酒，夫人快活受用"，而金鼎国王女则十分悲凄地告白："妾身火轮金鼎国王之女，被通天大圣摄在花果山中紫云洞里，怕不有受用，争奈不得见父母之面，好生烦恼人也呵"，自叹行者害得她"将父母远乡相抛"，"翠蛾浅淡，玉肌消瘦，终日倚楼高"，"望断云山恨不消，愁随江水夜滔滔"，乞望天王相救。当行者被压在花果山下后仍念念不忘他的"金鼎国女娇姿"。刚被唐僧从花果山下救出来时，见到唐僧肥胖，行者又动了吃人的妖性，"好个肥和尚，到前面吃得我一顿饱，依旧回花果山去"。取经路过金鼎国，还自称是"丈人家里"。在女人国，又主动要求代替师傅留下来招亲："小行与娘娘驱兵将作朝臣"，见八戒、沙僧与宫女纠缠，也怦然心动："被一个婆娘按倒，凡心却待起。"到火焰山向铁扇公主借扇，他又向山神询问铁扇公主"有丈夫没丈夫"、"好模样也不好"、"他肯招我做女婿么"，并对铁扇公主出言轻薄，恣意调戏："弟子不浅，娘子不深，我与你大家各出一件，凑成一对妖精"。如此等等，可见《西游记杂剧》中的孙行者，无论是在花果山紫云洞为王时，还是在取经路上为徒时，都是一如既往地为非作歹、吃人劫色、纵欲胡为，尽管最终亦成了正果，却不难看出杂剧作者自始至终都是把孙行者作为一个妖气十足的魔君来塑造的。

与《西游记杂剧》相比，《西游记》则成功展现了孙悟空作为人格主体在取经前虽向往自由却有些肆行无忌、虽蔑视权威却过分狂妄不羁、虽捍卫尊严却不乏争强好胜，而通过西天路上的"修心"历程，一步步剿灭心贼、摒除邪欲，终使"心猿归正，六贼无踪"，得成正果。孙悟空这一动态的人格转型过程，并不是小说作者的随意而为，而正体现了作者对于龙溪心学的深刻体悟。王畿认为，"无欲者，心之本体"，但"贤人以下不能以无欲"，只有把"寡之又寡，以至于无"的"寡欲"功夫作为"求放心之要"，摒除现实存在的"世情嗜欲"，才能达到"复性"、"复其本体"、回归无欲心体的目的。因此，孙悟空挣脱五行山的外在束缚跟随唐僧西天取经、斩妖除魔的过程，正是他作为一个有独立人格的个体通过自省的方式"自明本心"、实现自我完善的"复性"之旅。

（一）"大闹天宫"中对主体放纵的批判

相对于"西游故事"来说，《西游记》给我们塑造了一个狂豪独立、率性而行的崭新孙悟空形象。然在本书第三章第二节"《二郎搜山图歌》与《西游记》作者问题"中，笔者比较《二郎搜山图歌》对"猴老"的态度及《西游记》前七回对孙悟空的态度时指出，《西游记》前七回中，作者在客观描写上虽确实不乏对孙悟空的个性张扬及对其自由精神和主体意识的欣赏，但欣赏并不等于完全赞颂。作者既以激情的笔调塑造了一个勇敢无畏、向往自由、非同凡响的孙悟空，同时也毫不掩饰地对于孙悟空在追求自由、弘扬主体过程中一步步走向放纵给予了适时适度有分寸的否定和批判。从前七回的情节与语言中可以看出，作者理想中的孙悟空应该是在不违背基本的道德规范和社会秩序的前提下，在除却过分的名位物欲要求的基础上，凭着自己的聪明才智和执着精神去追求人格尊严、主体意识及自由生活的英雄形象。因此，作者对于前七回的孙悟空既欣赏又惋惜，也正是这样一种矛盾的心理使作者给予了孙悟空一个"西天取经"修心向善的机会，最终修成正果，博得了作者最大的赞颂。那么，《西游记》前七回是如何表现作者对孙悟空于欣赏中又隐藏着一定程度的否定态度的呢？

1. 作者肯定了孙悟空身上所体现出来的本性之真和任性而为的自由意识及保卫花果山的高度度责任感，但在"傲来国借兵器"、"东海龙宫借宝"等情节中对孙悟空恃力强取、得寸进尺、骚扰邻里的过分行为给予了有分寸的批判。

正如小说第一回所言："空寂自然随变化，真如本性任为之"，孙悟空通过自己的努力和探索，在"花果山福地，水帘洞洞天"过上了"不伏麒麟辖，不伏凤凰管，又不伏人间王位所拘束，自由自在"的生活，这种强烈的自由意识以及他为追求自由而不懈努力的执着精神，在作者看来是弥足珍贵的。同时，孙悟空为保卫花果山水帘洞这个幸福、自由、宁静的乐土而不畏强暴、斩妖除魔的英雄气概及身为水帘洞洞主而一心保护众猴和家园的高度责任感，也是小说作者十分赞赏的。

然而，肯定之余，作者对孙悟空"借兵器"的具体做法又不以为然，表示了反感和批判。如小说第三回中，孙悟空到"向东去有二十里水面"的傲来国"买或造些兵器"：

> 他就捻起诀来，念动咒语，向巽地上吸一口气，呼的吹将去，便是一阵狂风，飞沙走石，好惊人也：炮云起处荡乾坤，黑雾阴霾大地昏。江海波翻鱼蟹怕，山林树折虎狼奔。诸般买卖无商旅，各样生涯不见人。殿上君王归内院，阶前文武转衙门。千秋宝座都吹倒，五凤高楼幌动根。风起处，惊散了那傲来国君王，三市六街，都慌得关门闭户，无人敢走。悟空才按下云头，径闯入朝门里。直寻到兵器馆、武库中，打开门扇，看时，那里面无数器械：刀、枪、剑、戟、斧、钺、毛、镰、鞭、钯、挝、简、弓、弩、叉、矛，件件俱备。一见甚喜道："我一人能拿几何？还使个分身法搬将去罢。"好猴王，即拔一把毫毛，入口嚼烂，喷将出去，念动咒语，叫声"变！"变做千百个小猴，都乱搬乱抢；有力的拿五七件，力小的拿三二件，尽数搬个罄净。径踏云头，弄个摄法，唤转狂风，带领小猴，俱回本处。

这里所谓的"买兵器"，明显有抢兵器、盗兵器的嫌疑，孙悟空要弄刚从灵台方寸山学来的一些手段，使得与花果山相隔不远的傲来国界顿时飞沙走石、云翻雾盖，文臣武将、商旅百姓皆避之不及，一个原本宁静祥和，百姓安居乐业的国家无故被搅得君臣不宁。他闯入兵器馆、武库，面对无数器械，不仅自己要拿，还担心一人拿得太少，弄个法术变出千百个小猴，一阵乱搬乱抢，将兵器"尽数搬个罄净"，之后又变个法术，逃之夭夭了，作者笔下的孙悟空在这里成了一个忽视他人存在，恃力抢盗，骚扰邻里的强盗形象。看到这些文字，笔者认为小说作者在赞美孙悟空的自由精神和主体意识的同时，显然对孙悟空在追求自由、弘扬主体过程中所采取的破坏社会秩序和道德规范的具体做法和过分行为表示反对。

这且不说，孙悟空嫌自己的兵器榔槺，不遂他意，便到紧邻东海龙宫处寻宝，一再嫌龙王取出的兵器太轻、不趁手，直到将那定海神珍如意金箍棒拿到手才算满意，却又"弄神通，丢开解数，打转水晶宫里，唬得老龙王胆战心惊，小龙子魂飞魄散；龟鳖鼋鼍皆缩颈，鱼虾鳌蟹尽藏头"。这还不算，居然还向龙王强行索要披挂：

> 悟空道："这块铁虽然好用，还有一说。"龙王道："上仙还有甚说？"悟空道："当时若无此铁，倒也罢了；如今手中既拿着他，身上更无衣服相趁，奈何？你这里若有披挂，索性送我一副，一总奉谢。"龙王道："这个却是没有。"悟空道："'一客不犯二主。'若没有，我也定不出此门。"龙王道："烦上仙再转一海，或者有之。"悟空又道："'走三家不如坐一家。'千万告求一副。"龙王道："委的没有；如有即当奉承。"悟空道："真个没有，就和你试试此铁！"龙王慌了道："上仙，切莫动手！切莫动手！待我看舍弟处可有，当送一副。"悟空道："令弟何在？"龙王道："舍弟乃南海龙王敖钦、北海龙王敖顺、西海龙王敖闰是也。"悟空道："我老孙不去！不去！俗语谓'赊三不敌见二'，只望你随高就低的送一副便了。"

这里的主人公孙悟空施法施威、骋凶骋势，弄得东海龙王舒身下拜，南海龙王战战兢兢，西海龙王凄凄惨惨，北海龙王缩首归降。如果读者将其转换成生活中的人，您一定会不假思索地认为这是一个恃力强取、横蛮无理的无行强盗，一个得寸进尺、强索蛮要的泼皮无赖。龙王明明已说了没有披挂，请孙悟空再到别处找寻，而他却说什么"一客不犯二主"、"走三家不如坐一家"、"赊三不敌见二"，扬言"若没有，我也定不出此门"，赖在东海龙宫不走了，一副不达目的誓不罢休的架式，直到四海龙王俱怕孙悟空的金箍棒，凑了一幅披挂给他，他才"将金冠、金甲、云履都穿戴停当，使动如意棒，一路打出去，对众龙道：'聒噪！聒噪！'"作者在此显然是以批判的态度集中描写了孙悟空为达到目的，满足个人私欲贪念而不讲道理、不择手段、肆行无忌的无赖行径，无疑体现了作者对孙悟空放纵行为的否定。李评本在此回总评中曰："坐在龙王家里，要兵器，要披挂，不肯出门，极有主张。但此是妖仙秘法，何今日世上如法流行，盛至此邪？妖矣！妖矣！"表明了评者与小说作者共同的对主体放纵的批判态度。

2. 作者通过对孙悟空两次反下天宫的原因描写肯定了他高度的人格尊严，但对他逼封齐天大圣，大闹天宫，偷蟠桃、盗御酒、盗仙丹，一味贪图名位、追求物欲的种种行为并不赞同。

孙悟空闯龙宫、闹冥司之后，天庭降旨"除他做个弼马温"。当他得知玉帝所封的"弼马温"只是"没有品从"、"未入流"的"末等"职位时，意识到自己的人格受到了侮辱，于是推倒公案，反下天宫。而当孙悟空二上天宫，接管蟠桃园后，却又因为王母娘娘的蟠桃会不曾"请老孙做个尊席"，深感自己的人格和尊严再次受到贱视，又一次反下天宫。小说中的这些描写塑造了一个具有高度人格尊严的孙悟空形象，作者对他不无肯定和赞扬。

然作者认为，在维护个人尊严和人格的过程中，不应过分张扬，走向对名位物欲不择手段的贪婪追求。唯其如此，小说才对具有强烈主体意识的孙悟空于欣赏之余有了一丝保留，对其"欺天罔上思高位"、"妖猴作乱惊天地"的贪念和行为表示了不满。且看不愿做弼马温的孙悟空，回到花果山后，"置个旌旗，旗上写齐天大圣四个字，立竿张挂"，逼着玉帝封官，说："若依此字号升官，我就不动刀兵，自然的天地清泰；如若不依，时间就打上灵霄宝殿，教他龙床定坐不成！""是这般官衔，再也不须动众，我自皈依；若是不遂我心，定要打上灵霄宝殿。"这显然不仅仅是维护个人尊严的行为，而是用极端的手段"思高位"、谋高官。难怪作者用"官封弼马心何足，名注齐天意未宁"的回目名来对其进行有分寸的批判。李评本在此回评点中分析："定要做齐天大圣，到底名根不断，所以还要受人束缚，受人驱使。毕竟并此四字抹杀，方得自由自在。"指出一味地要求满足欲望，"名根不断"，反而会受人束缚和驱使，无法实现人格的真正独立和个体的真正自由。更有甚者，接管蟠桃园的孙悟空听说人吃了蟠桃能"成仙了道"、"长生不老"、"与天地齐寿"后，竟然"脱了冠服，爬上大树，拣那熟透的大桃，摘了许多，就在树枝上自在受用。吃了一饱，却才跳下树来"，"迟三二日，又去设法偷桃，尽他享用"；骗过赤脚大仙混入蟠桃嘉会的大圣在瑶池"拿了些百味八珍，佳肴异品，走入长廊里面，就着缸，挨着瓮，放开量，痛饮一番"；在兜率宫把太上老君的仙丹从葫芦里"倾出来，就都吃了，如吃炒豆相似"；酒足丹满跑回花果山以后，为了让他的猴子猴孙们都能尝尝仙酒仙肴，竟再上瑶池宫阙偷盗。小说对孙悟空偷蟠桃、盗御酒、盗仙丹，大闹天宫的着意描写虽然与作者突出其主体意识和个性人格不无关系，但仔细读来却也毫不掩饰地承载了作者对孙悟空置天律于不顾、自私自利、一味贪图物欲享受的反感和否定。作者认为，在维护个人尊严和人格的过程中，不应过分张扬，走向对名位物欲不择手段的贪婪追求。故小说第四回，天庭同意给孙悟空"齐天大圣"的封号后，便在大圣府内设两司，"一名安静司，一名宁神司"，李评本回末总评曰："齐天大圣府内，设安静、宁神两司，极有深意。若能安静、宁神，便是齐天大圣；若不能安静、宁神，还是个猴王。读者大须着眼。"就是要求读者能够理解，小说认为真正的"入圣"是在张扬个性自由、追求人格独立、保持自我意识和尊严的基础上做到克念、安静、宁神，通过内在的良知自力，让"良知做得主宰"，才能不流于狂荡放纵，才能"作圣"。

3. 作者通过孙悟空与二郎真君战斗、与如来佛祖赌赛等情节肯定了他的高超本领、勇敢才智，但在细节描写及"五行山下定心猿"的结局中，则体现了作者要求过分卖弄手段、争强好胜、狂妄不羁的孙悟空能够"摒除邪欲"，使放纵之心得以归正的创作意图。

孙悟空凭着自己的执着精神和聪明才智，在灵台方寸山学得了长生不老之术和七十二般变化等不凡本领，并靠着高超本领和勇敢才智，去追求自由和维护人格。前七回中，作者对孙悟空"当天依力打天王，挡退十万八千将"的英雄气概和叛逆精神着力渲染，把孙悟空与天将恶斗的场面描写得绘声绘色，直接表现了作者对非同凡响的孙悟空的欣赏态度。

然而，大闹天宫后的孙悟空却是"小圣施威降大圣"、"五行山下定心猿"的结局。这些并不是作者的随意之笔，却是小说对带有世俗杂念，过分卖弄手段、争强好胜，思绪飘荡散乱、不可把捉的放纵"心猿"的收束和压制。作者把孙悟空"龙宫借宝"、"大闹天宫"等情节与其被二郎神降服、被压五行山下的结果相并列描写，就一步步将作者对孙悟空的反对和否定推向了最高峰。先看"小圣施威降大圣"这一与《二郎搜山图歌》基本相同的情节。孙悟空与二郎神斗争的结局是被二郎真君降服了，尽管孙悟空上窜下跳，发挥无穷本领，终被二郎真君"围绕中间"，众神"一拥按住，即将绳索捆绑，使勾刀穿了琵琶骨，再不能变化"。当孙悟空被押至斩妖台，就要"碎剁其尸"的时候，作者则认为这是"欺诳今遭刑宪苦，英雄气概等时休"。这些显然都表明了作者对于孙悟空比较鲜明的反对和否定态度。作者一方面借神佛的口咒骂和嘲笑孙悟空的罪有应得、大难临头："欺天罔上思高位，凌圣偷丹乱大伦。恶贯满盈今有报，不知何日得翻身"；另一方面又赋诗赞美庆贺"殄灭妖猴"的"安天大会"。神通广大的孙悟空从太上老君的八卦炉中逃出后，竟敢和如来佛打赌赛，却终究逃不出如来佛的手掌心，被压在五行山下，过着饥吞铁丸、渴饮铜汁的凄苦生活。到此，作者对孙悟空放纵主体的反对和批判达到了顶峰。有诗曰："恶贯满盈身受困，善根不绝气还升。"这里"善根不绝"与"恶贯满盈"的对立，正是孙悟空主体意识和自私欲念之间矛盾的体现，由此也比较清晰地向读者表达了作者对主体意识的肯定和对自私欲念的批判态度。

综上可见，作者在前七回中肯定了孙悟空不畏强暴的英雄气概和叛逆精神，赞扬了他的自由意识和聪明才智，并歌颂了他的主体意识和人格尊严。但小说又从情节描写上，通过对"借兵器"、"闹天宫"等主要情节的铺排，步步推进地体现了作者对孙悟空恃力强取、骚扰邻里的强盗行为和一味追求物欲、贪图个人名位的霸道行径的反感；从结局安排上，通过对孙悟空被二郎神降服、被压五行山等失败结局的布置，层层递进地表明了作者对这个嚣张跋扈、放纵无度，肆意卖弄手段、争强好胜的孙悟空的否定，并强调了其因未能修心而放纵，终得不到心灵安顿而身遭厄运、沦为囚犯的必然；并从语言表述上，通过对孙悟空"妖猴"、"妖仙"、"妖孽"的称呼及许多对孙悟空明显带有贬义色彩的诗词用语的排比，旗帜鲜明地承载了作者对狂放不羁、任意妄为、放纵自我的孙悟空的反对态度。这些在前七回中虽不是主流，但却是客观存在的，作者正是基于对不畏强暴、狂豪独立、弘扬主体、崇尚自由、率性而行的孙悟空的欣赏和肯定，才会对走入放纵极端的孙悟空表现出一定的惋惜，唯其如此，作者才于"大闹天宫"之后用八十七回的篇幅描写"西天取经"中的孙悟空修心向善、得成正果的经历，并对成为"斗战胜佛"的孙悟空给予完全肯定和最大的颂扬。因此，从作者的态度来看，《西游记》在前七回中对孙悟空是于赞颂中对其主体放纵持一定否定和批评态度的。这种否定和批评，恰恰基于对龙溪心学要求"放肆的要收敛"、"从心所欲不逾矩"的深刻体悟。

（二）"西天取经"中对寡欲至无的践行

《西游记》作者始终认同龙溪心学之"无欲者，心之本体"的哲学主张，强调"吾人本来真性"，不过是因为"久被世情嗜欲封闭埋没"，才"不得出头"，指出"真性离欲，始发光明，真金离矿，始见精采"①，但通过五行山这个外在束缚的方式对孙悟空的放纵进行压制，如程朱理学般被动强制地完善主体人格，却并不是作者所提倡的。因此，对于经过了五行山下五百年饥吞铁丸、渴饮铜汁凄苦生活的孙悟空，小说作者意味深长指点迷津地指出："若得英雄重展挣，他年奉佛上西方"，由此而设计了唐僧解救悟空踏上取经之路的情节。对于悟空而言，漫漫西天之路，斩妖除魔，正是他一步步"自明本心"、"反身而诚"，采用所谓"寡欲"功夫，通过"寡之又寡，以至于无"的方式以达到"复性"、复其无欲本体之目的的修心历程。这一过程，《西游记》在"西天取经"部分是通过三个层次来展开的。

1. "心猿归正，六贼无踪"的要求

《李卓吾先生批评西游记》中曾说："心猿一放，就有许多磨折，可不慎之？"《西游记》中的孙悟空经过五行山下五百年的沧桑变换，终在菩萨的安排下或者说是在作者的安排下，被西行取经的唐僧救下，开始了十万八千里的漫漫征途。既然作者希望通过斩妖除魔的西行历练而达到使主人公修心向善、明心见性、回复无欲本体的目的，那么就必须在取经伊始给

---

① 《南谯别言》，《王畿集》卷十六，第449页。

主人公提出一个努力的方向。这一努力的方向和要求在小说中是通过第十四回"心猿归正，六贼无踪"来明确的。该回述及：

　　师徒们正走多时，忽见路旁唿哨一声，闯出六个人来，各执长枪短剑，利刃强弓……行者的胆量原大，那容分说，走上前来，叉手当胸，对那六个人施礼道："列位有什么缘故，阻我贫僧的去路？"那人道："我等是剪径的大王，行好心的山主。大名久播，你量不知，早早的留下东西，放你过去。若道半个不字，教你碎尸粉骨！"行者道："我也是祖传的大王，积年的山主，却不曾闻得列位有甚大名。"那人道："你是不知，我说与你听：一个唤作眼看喜，一个唤作耳听怒，一个唤作鼻嗅爱，一个唤作舌尝思，一个唤作意见欲，一个唤作身本忧。"悟空笑道："原来是六个毛贼！你却不认得我这出家人是你的主人公，你倒来挡路。把那打劫的珍宝拿出来，我与你作七分儿均分，饶了你罢！"那贼闻言，喜的喜，怒的怒，爱的爱，思的思，欲的欲，忧的忧，一齐上前乱嚷道："这和尚无礼！你的东西全然没有，转来和我等要分东西！"他轮枪舞剑，一拥前来，照行者劈头乱砍，乒乒乓乓，砍有七八十下。悟空停立中间，只当不知。那贼道："好和尚！真个的头硬！"行者笑道："将就看得过罢了！你们也打得手困了，却该老孙取出个针儿来耍耍。"那贼道："这和尚是一个行针灸的郎中变的。我们又无病症，说什么动针的话！"行者伸手去耳朵里拔出一根绣花针儿，迎风一幌，却是一条铁棒，足有碗来粗细，拿在手中道："不要走！也让老孙打一棍儿试试手！"唬得这六个贼四散逃走，被他拽开步，团团赶上，一个个尽皆打死。剥了他的衣服，夺了他的盘缠，笑吟吟走将来道："师父请行，那贼已被老孙剿了。"

　　这一段表面上是写孙悟空拜唐僧为师不久就在两界山遇到六个打劫的毛贼，"一个唤作眼看喜，一个唤作耳听怒，一个唤作鼻嗅爱，一个唤作舌尝思，一个唤作意见欲，一个唤作身本忧"。实际上这所谓的"六贼"，"喜的喜，怒的怒，爱的爱，思的思，欲的欲，忧的忧"，是作者用六种感官喻指的各种欲望，被孙悟空"一个个尽皆打死"，也就暗示着孙悟空将种种凡心习态、名利声色、主观欲念全体斩断。接下来作者又在"浮屠山玄奘受心经"一回中借用《多心经》中的句子"无眼耳鼻舌身意，无色声香味触法"加以强调，并在第四十三回由孙悟空再次提醒唐僧要"眼不视色，耳不听声，鼻不嗅香，舌不尝味，身不知寒暑，意不存妄想"才能"祛褪六贼"，切不可"为求经，念念在意；怕妖魔，不肯舍身；要斋吃，动舌；喜香甜，嗅鼻；闻声音，惊耳；睹事物，凝眸"，由此而招来"六贼纷纷"，不得"西天见佛"。关于"六贼"，李评本评曰："世人心，都要杀六贼者，只是没手段。""请问今世人，还是打死六贼的，还是六贼打死的？""'心猿归正，六贼无踪'。八个字已明白说出，人亦容易明白。"指出应通过回复良知本心这一手段来清除各种欲望的侵扰。因此，笔者认为，《西游记》作者在取经之初设计这一出两界山遭遇六贼的情节，正是要求西天路上的主人公能够实现"心猿归正，六贼无踪"，回归本来真性、无欲本体。

2. 寡欲至无，剪灭心魔的过程

明确了"心猿归正，六贼无踪"的复性要求后，作者便安排唐僧师徒踏上了西天路上九九八十一难的历练之旅。那么，要想成功斩除妖魔，首先必须明确魔从何来。关于这一问题，《西游记》在第十三回中借唐僧之口作了交代：

众僧们灯下议论佛门定旨，上西天取经的原由。有的说水远山高，有的说路多虎豹，有的说峻岭陡崖难度，有的说毒魔恶怪难降。三藏钳口不言，但以手指自心，点头几度。众僧们莫解其意，合掌请问道："法师指心点头者，何也？"三藏答曰："心生，种种魔生；心灭，种种魔灭。"

此处所谓"心生，种种魔生；心灭，种种魔灭"寓指的是西天路上的妖魔鬼怪均由心生，主体的凡心习态、名利声色、自私欲念、世情嗜欲是九九八十一难的灾难之源。李评本在此处侧评曰："宗旨。"并在此回回末总评中曰："'心生，种种魔生；心灭，种种魔灭。'一部《西游记》，只是如此，别无些子剩却矣。"笔者认为，对于"贤人以下不能以无欲"的唐僧师徒而言，只有采取"寡之又寡，以至于无"的"寡欲"功夫，才能一步步将由自私欲念招致的妖魔消灭殆尽。也就是说，西行路上斩妖除魔的过程，正是以孙悟空为主角的唐僧师徒寡欲至无、剪灭心魔以达到"心猿归正，六贼无踪"的过程。

如：《西游记》第十六回《观音院僧谋宝贝，黑风山怪窃袈裟》中，只因老院主在唐僧师徒面前炫耀他的精美茶器、锦绣袈裟，才使孙悟空心下不服，全然不顾师傅"莫要与人斗富"的提醒，而将唐王所赐锦襕袈裟拿出卖弄，以致老和尚"动了奸心"，最终招来黑风山黑熊精之难。悟空与菩萨用计收服熊罴怪后，菩萨道："都是你这个孽猴大胆，将宝贝卖弄，拿与小人看见"才生此事端，并告诫悟空"以后再休懈惰生事"。可见，孙悟空在此难中打败黑熊精、夺回袈裟，并对菩萨说"乞恕弟子之罪"，表明他通过这一难已经对自我人前斗富、卖弄家私的主体欲念有了清醒的认识，斩除妖魔的同时亦使主体剪灭心魔，向无欲心体迈进了一步。

《西游记》第二十四回《万寿山大仙留故友，五庄观行者窃人参》中，孙悟空因"常闻得人说，人参果乃是草还丹，人吃了极能延寿"，故在猪八戒的极力撺掇下动了口腹之欲，私偷庄园中的人参果与猪八戒、沙和尚共享，后又因忍受不了两个道童的恶言恶语而推倒仙树草还丹，致使"桠开叶落仙根露"，招来"镇元仙赶捉取经僧，孙行者大闹五庄观"之难。孙悟空最终请来菩萨医活了人参果树，小说亦提醒孙悟空："处世须存心上刃，修身切记寸边而。常言刃字为生意，但要三思戒怒欺。上士无争传亘古，圣人怀德继当时。刚强更有刚强辈，究竟终成空与非。""几生欲海澄清浪，一片心田绝点尘。"要求孙悟空学会忍耐、克念，才能寡欲至无，回复本来真性。

又如《西游记》第五十八回《二心搅乱大乾坤》中由于"孙大圣有不睦之心，八戒、沙僧有嫉妒之意，师徒都面是背非"，才导致了真假孙悟空之争，此回提出"人有二心生祸灾"，认为"神归心舍禅方定"，故孙悟空在如来的帮助下找出假行者六耳猕猴，"轮起铁棒，劈头一下打死，至今绝此一种"，寓示着孙悟空"剪断二心，锁镇猿马"才能除灭心魔，神归心舍；《西游记》第五十九回《唐僧路阻火焰山》中，"因大圣五百年前大闹天宫时，被显圣擒了，压赴老君，将大圣安于八卦炉内，煅炼之后开鼎，被你蹬倒丹炉，落了几个砖来，内有余火，到此处化为火焰山"，孙悟空意识到此难乃因自己的放纵所致，于是三调芭蕉扇，"借得纯阴宝扇，扇息燥火遥山"，亦剪灭了心中欲火，回复本性清凉。李评本在此回回末总评曰："谁为火焰山？本身烦热者是。谁为芭蕉扇？本身清凉者是。作者特为此烦热世界，下一贴清凉散耳。读者若作实事理会，便是痴人说梦。"阐明的仍然是，所谓火焰山，所谓芭蕉扇，所以烦热，所以清凉，都"只在此心"。

如此等等，我们发现，《西游记》中的九九八十一难中有相当一部分灾难是由孙悟空以及取经集团中的不同主体的名利、声色、权位等心中欲念所致，以孙悟空为主角的取经团队斩妖除魔、战胜灾难的过程，实际上正是主体剪灭心魔、消除杂念的过程，妖魔一个一个被消灭、灾难一个一个被战胜，均象征着世情嗜欲的"寡之又寡，以至于无"，无欲心体的回复也正是在这一过程中得以实现的。李评本亦指出小说"劈头'打开欲网，跳出情牢'八个字极妙，可惜世人自投欲网，占住情牢耳!"提示了小说要求寻求无欲心体的重要性。

3. 回复本体，修成正果的结局

为了达到"心猿归正，六贼无踪"的要求，孙悟空在取经途中一路践行着"寡欲"功夫，不断剪灭心魔。正是这种努力，使我们看到，取经过程中的孙悟空与大闹天宫中的美猴王相比，保持了他的自由意识、个人尊严与主体人格，保持了他的那份狂豪、独立与率性，同时亦渐渐向我们展示了一个"内有主而外不荡"、"从心所欲不逾矩"、凭良知做主、收敛放肆之心、克念"作圣"的孙悟空形象。

《西游记》中的孙悟空去除了"西游故事"中的吃人妖性，对于食欲除在《五庄观行者窃人参》那一回中一时动念遭遇一难外，此后便除了贪欲，仅满足于基本的生理要求，渴饮山泉、饥吞水果，"喝风呵烟"。对于物欲，孙悟空也一改"西游故事"中的偷盗行为及大闹天宫中的恃力强取，保持了在财物面前的如如不动。如在西梁女国，女王欲留唐僧而打发徒弟三人西行：

> 赐出碎金碎银一盘，下龙床递与行者道："你三人将此权为路费，早上西天。待汝等取经回来，寡人还有重谢。"行者道："我们出家人，不受金银，途中自有乞化之处。"女王见他不受，又取出绫锦十匹，对行者道："汝等行色匆匆，裁制不及，将此路上做件衣服遮寒"，行者道："出家人穿不得绫锦，自有护体布衣。"

这与东海龙宫中强索披挂的形象判若两人。又如孙悟空在驼罗庄除妖前，众老问道：

> "长老，拿住妖精，你要多少谢礼？"行者道："何必说要什么谢礼！俗语云，说金子幌眼，说银子傻白，说铜钱腥气！我等乃积德的和尚，绝不要钱。"众老道："既如此说，都是受戒的高僧。既不要钱，岂有空劳之理！我等各家俱以鱼田为活，若果降了妖孽，净了地方，我等每家送你两亩良田，共凑一千亩，坐落一处，你师徒们在上起盖寺院，打坐参禅，强似方上云游。"行者又笑道："越不停当！但说要了田，就要养马当差，纳粮办草，黄昏不得睡，五鼓不得眠，好倒弄杀人也！"众老道："诸般不要，却将何谢？"行者道："我出家人，但只是一茶一饭，便是谢了。"

对于情色二字，《西游记》中的孙悟空更是不同于"西游故事"中为了自己"快活受用"而强摄金鼎国女、纠缠女国宫女、调戏铁扇公主的好色油滑，即便在第二十三回《四圣试禅心》中，三藏对于菩萨假扮的母女四人坐山招夫"者者谦谦"，叫道："悟空，你在这里罢。"行者道："我从小儿不晓得干那般事，教八戒在这里罢。"可以说，《西游记》中基本上没有关于孙悟空在情色方面的记录。对于名位而言，小说中的孙悟空亦没有了大闹天宫中"皇帝轮流做"、定要扳倒玉帝或是自封齐天大圣与之分庭抗礼的欲望和要求，取经途中，他把名位当作身外之物，曾说："老孙若肯做皇帝，天下万国九州皇帝，都做遍了。"

足见，《西游记》中西天路上的孙悟空已经将食欲、财物、情色、名位等世情嗜欲寡之又寡，渐渐达到了"以至于无"，直至成为"斗战胜佛"的孙悟空，终于修成正果，亦可谓完成了他回复无欲心体、回归本来真性的自省之路。

第三节　龙溪心学与孙悟空形象的人格完善

龙溪心学在为学方法上讲究"悟"，主张通过自悟本心来实现人格完善。王畿对"悟"的强调和关注引起了先贤、时哲及后学的重视，"王门有心斋、龙溪，学皆尊悟，世称'二王'"[1] 是对龙溪学术精髓的提炼。"君子之学，贵于得悟"[2] 是王畿在《悟说》中对"悟"之重要性的高度概括，他认为"一切经纶变化，皆悟后之绪余也"[3]。总结一下龙溪心学关于"悟"的学术要点，大致有四：其一，要求"自证自悟，不从人脚跟转"[4]、"自证自悟，自见天则"[5]、"自证自悟，多所自得"[6]；其二，认为"千古圣学，惟在察诸一念之微"[7]，"一念灵明，便是入圣真种子"[8]；其三，强调"悟有顿渐"、"从顿入者"、"顿后仍修"、"智虽顿悟，行则渐修"[9]；其四，提出"入悟有三"，解、证、彻悟，"无迷无悟，是为彻悟"[10]，事上摩礲，修成正果。细读《西游记》，我们不难发现，作者在孙悟空形象的人格完善上也把龙溪心学"悟"之一字贯彻始终，认为

---

① 《师说·王龙溪畿》，《明儒学案》，第8页。

② 《悟说》，《王畿集》卷十七，第494页。

③ 同上。

④ 《天泉证道纪》，《王畿集》卷一，第1页。

⑤ 《赵麟阳赠言》，《王畿集》卷十六，第447页。

⑥ 《龙溪王先生墓志铭》，《王畿集》附录四，第829页。

⑦ 《别曾见台漫语摘略》，《王畿集》卷十六，第464页。

⑧ 《桐川会约》，《王畿集》卷二，第53页。

⑨ 《答程方峰》，《王畿集》卷十二，第311页。

⑩ 《不二斋说》，《王畿集》卷十七，第491页。

"灵山只在汝心头"，要求"心性修持"、自悟本心，以达到"本性圆明"；指出"菩萨妖精，总是一念"，忠告"人心生一念，天地悉皆知"，"一念才生动百魔"；强调"悟即刹那成正"，只有"心下顿悟"后的渐修才是成正路径；设计大闹天宫、被压五行、西天取经为从言解悟、静中证悟、事上彻悟的三重悟境。要言之，《西游记》中孙悟空从天生顽猴而得成正果、实现人格完善的端本澄源第一义就是王畿所谓"悟"，作者如王畿一样，将"悟"作为解决一切问题的关键加以强调。

一　自证自悟，心性修持

王畿在其文集中多次强调"自证自悟"，指出"学须自证自悟，不从人脚跟转"，对于师学"惟彼此默默自修、自证、自悟"①，"今日良知之说，人孰不闻，却须自悟，始为自得"②，"盖吾人本心自证自悟，自见天则"③，"此入圣之微机，学者可以自悟矣"④。同时，认为"既有所悟入，安身立命当不假于外求"⑤，"真修实悟，使自得之，非有假于外也"⑥，"心性者，根于天，取诸固有而益然出之，无所假于外"⑦，"良知本虚，天机常活，未尝有动静之分，如目本明，如耳本聪，非有假于外也"⑧，"夫心本平，本能好恶，譬诸鉴之能别妍媸，衡之能权轻重，非有假于外也"⑨。……也就是说，王畿仍然是在"以自然为宗"的学术旨归上强调"悟"，要求一要自悟自得、非从人脚跟，二要得之于心、不假外求。

《西游记》开篇即标目"灵根孕育源流出，心性修持大道生"，把"心性修持"作为小说比较重要的主题开宗明义。在之后的一百回行文中，作者则将"悟"作为"心性修持"的要义反复强调。作为小说第一主角的美

---

① 《与狮泉刘子问答》，《王畿集》卷四，第81页。
② 《南游会纪》，《王畿集》卷七，第153页。
③ 《赵麟阳赠言》，《王畿集》卷十六，第447页。
④ 《悟说》，《王畿集》卷十七，第494页。
⑤ 《与诸南明》，《王畿集》卷九，第231页。
⑥ 《白鹿洞续讲义》，《王畿集》卷二，第47页。
⑦ 《赠邑博诸元冈迁荆王府教授序》，《王畿集》卷十四，第382页。
⑧ 《松原晤语寿念庵罗丈》，《王畿集》卷十四，第392页。
⑨ 《赠绍坪彭侯入觐序》，《王畿集》卷十四，第376页。

猴王在灵台方寸山拜须菩提为师后，祖师借着"子系婴儿"寓义赐美猴王以"孙"性，紧接着猴王恳请祖师再赐其名：

> 祖师道："乃'广大智慧真如性海颖悟圆觉'十二字。排到你，正当'悟'字。与你起个法名叫做'孙悟空'，好么？"猴王笑道："好，好，好！自今就叫做孙悟空也！"正是：鸿蒙初辟原无姓，打破顽空须悟空。

这里的"悟"字排行并不是随意的巧合，而是作者的有意安排，后文中观音菩萨为猪八戒、沙和尚分别取名悟能、悟净亦是与悟空相呼应来共同诠释《西游记》主张通过"悟"来达到"心性修持"的目的。小说中，尽管唐三藏是取经集团中的师傅，但作者却将孙悟空作为第一主角来重点塑造他在西天路上的多次"自悟"，他的"悟"性远远胜过其师。

例如《西游记》第十九回《浮屠山玄奘受心经》中，师徒四人途遇一山：

> 这山唤做浮屠山，山中有一个乌巢禅师……
>
> 三藏殷勤致意，再问："路途果有多远？"禅师道："路途虽远，终须有到之日，却只是魔瘴难消。我有《多心经》一卷，凡五十四句，共计二百七十字。若遇魔瘴之处，但念此经，自无伤害。"三藏拜伏于地恳求，那禅师遂口诵传之。经云：
>
> 《摩诃般若波罗蜜多心经》：观自在菩萨，行深般若波罗蜜多，时照见五蕴皆空，度一切苦厄。舍利子，色不异空，空不异色；色即是空，空即是色。受想行识，亦复如是。舍利子，是诸法空相，不生不灭，不垢不净，不增不减。是故空中无色，无受想行识，无眼耳鼻舌身意，无色声香味触法，无眼界，乃至无意识界，无无明，亦无无明尽，乃至无老死，亦无老死尽。无苦寂灭道，无智亦无得。以无所得故，菩提萨埵。依般若波罗蜜多故，心无挂碍，无挂碍故，无有恐怖。

那禅师传了经文，踏云光，要上乌巢而去，被三藏又扯住奉告，定要问个西去的路程端的。……行者闻言，冷笑道："我们去，不必问他，问我便了。"

在这一段中，对于乌巢禅师所传之《多心经》，唐僧"本有根源，耳闻一遍《多心经》，即能记忆"，但却尚未悟透个中深义，定要扯住禅师问个端的，而孙悟空却早自悟了此"修真之总经，作佛之会门"。此段《多心经》虽为佛门教义，但作者却借此要求读者参悟"色即是空，空即是色"的人间万象、世态纷纷，了悟"无眼耳鼻舌身意，无色声香味触法"的无欲心体、本来真性。

再如，《西游记》第三十二回《平顶山功曹传信》中：

师徒们正行赏间，又见一山挡路。唐僧道："徒弟们仔细，前遇山高，恐有虎狼阻挡。"行者道："师父，出家人莫说在家话。你记得那乌巢和尚的《心经》云心无挂碍，无挂碍，方无恐怖，远离颠倒梦想之言？但只是扫除心上垢，洗净耳边尘。不受苦中苦，难为人上人。你莫生忧虑，但有老孙，就是塌下天来，可保无事。怕什么虎狼！"长老勒回马道："当年奉旨出长安，只忆西来拜佛颜。舍利国中金象彩，浮屠塔里玉毫斑。寻穷天下无名水，历遍人间不到山。逐逐烟波重迭迭，几时能彀此身闲？"行者闻说，笑呵呵道："师要身闲，有何难事？若功成之后，万缘都罢，诸法皆空。那时节，自然而然，却不是身闲也？"

这一段中亦是孙悟空首先自悟自得，并用所悟所得开导师父要"心无挂碍"，"扫除心上垢，洗净耳边尘"，当师父问及"几时能够此身闲"时，孙悟空也能顿悟到"万缘都罢，诸法皆空。那时节，自然而然，却不是身闲也？"这也是龙溪心学中典型的"悟无"、"悟空"。

再者，王畿强调"不假外求"，认为"实悟者，识自本心"，正如孟晓路先生所言："在朱子律宗，对治之依据主要来自外在之典要与戒条，而非来自内心的自主判断，此（龙溪心学）则恰恰相反，对治之依据主要来自内心良知之判断，而非外在的礼制与戒条。"①《西游记》中的孙悟空对此也深悟于心。如第八十五回《心猿妒木母》中，师徒一行：

> 忽见一座高山阻路。唐僧勒马道："徒弟们，你看这面前山势崔巍，切须仔细！"行者笑道："放心，放心！保你无事！"三藏道："休言无事。我看那山峰挺立，远远的有些凶气，暴云飞出，渐觉惊惶，满身麻木，神思不安。"行者笑道："你把乌巢禅师的《多心经》早已忘了？"三藏道："我记得。"行者道："你虽记得，这有四句颂子，你却忘了哩。"三藏道："那四句？"行者道："佛在灵山莫远求，灵山只在汝心头。人人有个灵山塔，好向灵山塔下修。"三藏道："徒弟，我岂不知？若依此四句，千经万典，也只是修心。"行者道："不消说了。心净孤明独照，心存万境皆清。差错些儿成惰懒，千年万载不成功。但要一片志诚，雷音只在眼下。似你这般恐惧惊惶，神思不安，大道远矣，雷音亦远矣。且莫胡疑，随我去。"那长老闻言，心神顿爽，万虑皆休。

这一段中，孙悟空对"佛在灵山莫远求，灵山只在汝心头。人人有个灵山塔，好向灵山塔下修"四句颂子自悟在先，并点拨师父"心净孤明独照，心存万境皆清"，"但要一片志诚，雷音只在眼下"。孙悟空这些所悟之处，均来自于作者对龙溪心学的深刻体悟，是对本心能动作用的高度肯定，也是其"以自然为宗"的哲学起点。

二 菩萨妖精，总是一念

在龙溪心学中，"一念"亦是一个值得重视的概念。王畿的"一念之微"是指良知初发后的细微状态，不同于一般脱离本心的意念，是良知心体在刚刚开始发动而尚未形成固定意识时的端倪与萌芽，是良知心体尚未

---

① 孟晓路：《儒家之密教——龙溪学研究》，河北大学出版社2007年版，第104页。

受到任何后天物欲习染的最初发动。王畿将其概括为千古圣学的精一之传，"端本澄源第一义"，"立真志、修实行"的关键，"入圣真种子"、"入圣真脉路"。

《西游记》作者基于对龙溪心学之"念"的认同，也在作品中对其加以反复强调，如：

> 若能一念合真修，灭尽恒沙罪垢。
>
> 灵台无物谓之清，寂寂全无一念生。
>
> 劝人为善，切休作恶。一念生，神明照鉴，任他为作。
>
> 一念才生动百魔，修持最苦奈他何！但凭洗涤无尘垢，也用收拴有琢磨。
>
> 扫退万缘归寂灭，荡除千怪莫蹉跎。管教跳出樊笼套，行满飞升上大罗。
>
> 人心生一念，天地悉皆知。善恶若无报，乾坤必有私。
>
> 解除三事从前恶，一念皈依善果弘。
>
> 善心一念天应佑，福荫应传十七宗。
>
> 念念在心求正果，今朝始得见如来。
>
> 出家人时时常要方便，念念不离善心，扫地恐伤蝼蚁命，爱惜飞蛾纱罩灯。
>
> 只要你见性志诚，念念回首处，即是灵山。

而小说中关于"念"最典型的论述应当是在第十七回《孙行者大闹黑风山，观世音收伏熊黑怪》中，孙行者要求菩萨变作妖道凌虚子以便降伏黑熊精，观音菩萨变后——

> 行者看道："妙啊，妙啊！还是妖精菩萨，还是菩萨妖精？"菩萨笑道："悟空，菩萨妖精，总是一念。若论本来，皆属无有。"行者心下顿悟。

这里的"菩萨妖精，总是一念"虽是借观音之口指出的，但"行者心下顿悟"，表明孙悟空亦悟及，菩萨妖精只不过是一身之两面，内心一念为善则为菩萨，一念为恶则为妖精。这与王畿在《与殷秋溟》中所述：

> 凡与圣，只在一念转移之间，似手反复，如人醉醒，迷之则成凡，悟之则证圣。迷亦是心，悟亦是心，但时节因缘有异耳。①

表述与内涵何其相似，所要说明的就是菩萨与妖精、圣与凡、正念与邪念、本念与欲念转移之间只不过"似手反复，如人醉醒"，"迷亦是心，悟亦是心"，从根本上说，是对作为良知本体的生命真机的悟入。

此外，王畿《念堂说》中有言：

> 人惟一心，心惟一念。念者心之用也。念有二义：今心为念，是为见在心，所谓正念也；二心为念，是为将迎心，所谓邪念也。②

在《南雍诸友鸡鸣凭虚阁会语》、《书见罗卷兼赠思默》中分别提道：

> 今人乍见孺子入井，皆有怵惕恻隐之心，乃其最初无欲一念，所谓元也。转念则为纳交要誉、恶其声而然，流于欲矣。③

> 若不转念，一切运谋设法皆是良知之妙用，皆未尝有所起，所谓百虑而一致也。才有一毫纳交要誉恶声之心，即为转念，方是起了。…才有转念，便觉烦难纷扰，便不是睿，便不能作圣。此古今学术毫厘之辨也。④

这三段文字中所谓"今心"、所谓"正念"、所谓"见在心"，是与"二

① 《与殷秋溟》，《王畿集》卷十六，第309页。
② 《念堂说》，《王畿集》卷十六，第501页。
③ 《南雍诸友鸡鸣凭虚阁会语》，《王畿集》卷五，第112页。
④ 《书见罗卷兼赠思默》，《王畿集》卷十六，第473页。

心"、"邪念"、"将迎心"相对应的，从前者到后者即为"转念"。《西游记》中则用"一念才生动百魔"来加以表达。小说作者为了进一步表明对王畿"二心为念，是为将迎心，所谓邪念也"，"才有转念，便觉烦难纷扰"的认同，而在《西游记》中专门设计了一回《二心搅乱大乾坤，一体难修真寂灭》，此回中当两个行者"在那半空里，扯扯拉拉，抓抓揪揪，且行且斗"时，"如来降天花普散缤纷，即离宝座，对大众道：'汝等俱是一心，且看二心竞斗而来也。'"这里的真假美猴王之争，实质上就是今心与二心、正念与邪念的竞斗。孙悟空象征的是本心、真心、良知本体、最初无欲一念，而六耳猕猴则象征着一种潜意识的二心与邪念。初心无善恶，转念分正邪。孙悟空和六耳猕猴闹遍天宫、冥界，致使整个乾坤大乱，亦寓示着"一念才生动百魔"，二心与邪念的滋生必然会带来"烦难纷扰"。孙悟空在如来的帮助下战胜六耳猕猴则标示着主体本心的回归。故本回有诗曰：

> 人有二心生祸灾，天涯海角致疑猜。欲思宝马三公位，又忆金銮一品台。
>
> 南征北讨无休歇，东挡西除未定哉。禅门须学无心诀，静养婴儿结圣胎。

三　刹那成正，顿悟渐修

王畿强调"悟有顿渐"，即"本体有顿悟，有渐悟"[①]，顿渐之别在于"根器之有利钝"，而他更倾向于立足上根的"顿悟"，他指出：

> 从顿入者，即本体以为功夫，天机常运，终日就业保任，不离性体，虽有欲念，一觉便化，不致为累，所谓性之也。[②]

认为"上根之人悟得无善无恶心体，使从无处立根基……即本体便是功

---

① 《留都会纪》，《王畿集》卷四，第89页。
② 《松原晤语》，《王畿集》卷十四，第393页。

夫，只从无处一了百当，易简直截，更无剩欠，顿悟之学也"。

上面所举《西游记》中孙悟空对观音所言"菩萨妖精，总是一念"的"心下顿悟"以及多处行者自悟之例，均是对主体顿悟的解读。再举一例，如第九十三回《给孤园问古谈因》：

> 忽一日，见座高山，唐僧又悚惧道："徒弟，那前面山岭峻峭，是必小心！"行者笑道："这边路上将近佛地，断乎无甚妖邪，师父放怀勿虑。"唐僧道："徒弟，虽然佛地不远。但前日那寺僧说，到天竺国都下有二千里，还不知是有多少路哩。"行者道："师父，你好是又把乌巢禅师《心经》忘记了也？"三藏道："《般若心经》是我随身衣钵。自那乌巢禅师教后，那一日不念，那一时得忘？颠倒也念得来，怎会忘得！"行者道："师父只是念得，不曾求那师父解得。"三藏说："猴头！怎又说我不曾解得！你解得么？"行者道："我解得，我解得。"自此，三藏、行者再不作声。

当八戒、沙僧对行者的解悟表示嘲笑和怀疑时，三藏道："悟能悟净，休要乱说，悟空解得是无言语文字，乃是真解。"这是徒弟对师父的开悟，连唐僧自己也自愧不如。所以小说作者并不赞成以坐禅苦修、"只是念得不曾解得"来完成心性修持，而是主张通过"悟"、"顿悟"来参透真机。故《西游记》在第二十九回中用回前诗加以明确：

> 妄想不复强灭，真如何必希求？本原自性佛前修，迷悟岂居前后？
> 悟即刹那成正，迷而万劫沉流。若能一念合真修，灭尽恒沙罪垢。

此处的"悟即刹那成正"是对王畿"顿悟之学"的最好诠释，"刹那"之间参透真机的"悟"即是"顿悟"。与之相对的那种日渐积累的"渐悟"则是王畿所并不提倡的，故他喻指：

> 盖象山之学得力处全在积累。因诵"涓流积至沧溟水，拳石崇成

太华岑"，先师曰："此只说得象山自家所见。须知涓流即是沧海，拳石即是泰山。"此是最上一机，所谓无翼而飞，无足而至，不由积累而成者也。非深悟无极之旨，未足以语此。①

这里所谓"涓流即是沧海，拳石即是泰山"，即是相对积累而言对"顿悟"的提倡。

顿悟而外，王畿又指出"悟而不修，玩弄精魂"②，强调"理乘顿悟，事属渐修"③，"智虽顿悟，行则渐修"，即他要求顿后仍修，认为悟后尚需进行顺天则之自然、终日兢业保任良知本体的所谓渐修工夫，即"无工夫中真工夫"，"无修证中真修证"。究其原因，则是：

　　……只缘吾人凡心未了，不妨时时用渐修工夫，不如此不足以超凡入圣，所谓上乘兼修中下也。④

与王畿的这种顿悟渐修相适应，《西游记》中孙悟空的每次顿悟、自悟后并非就此结束修为得成正果，而是仍然要在九九八十一难的千妖百怪、世态人情中不断地摩砻炼修才能最终成佛成正。因此，孙悟空的成正之路正是按照王畿这种顿悟渐修的为学致知路径来打造和设计的。

四　三重悟境，修成正果

王畿在对"悟"的解读中，还论述了其三重悟境：

　　入悟有三：有从言而入者，有从静坐而入者，有从人情事变练习而入者。得于言者，谓之解悟；触发印正，未离言铨，譬之门外之宝，非己家珍；得于静坐者，谓之证悟，收摄保聚，犹有待于境，譬之浊水初

---

① 《抚州拟岘台会语》，《王畿集》卷一，第27页。
② 《留都会纪》，《王畿集》卷四，第89页。
③ 《渐庵说》，《王畿集》卷十七，第500页。
④ 《东游问答》，《王畿集》附录二《龙溪会语卷三》，第721页。

澄，浊根尚在，才遇风波，易于淆动；得于练习者，谓之彻悟，摩砻锻炼，左右逢源，譬之湛体冷然，本来晶莹，愈震荡愈凝寂，不可得而澄淆也。根有大小，故蔽有浅深，而学有难易，及其成功一也。①

这里王畿所概括的从言而得解悟、从静中而得证悟、从人情事变上磨练而得彻悟的三重悟境并非一种简单的并列关系，而是一种层层递进的关系。知晓了王畿的"入悟有三"，再来细读《西游记》，我们会惊奇地发现，小说作者极其巧妙地将这三重悟境成功融入孙悟空的成圣历程中。

大闹天宫中的孙悟空一味地狂豪独立、率性而行却有些放纵心猿，对于此，作者在文中警戒"官封弼马心何足，名注齐天意未宁"、"只为心高图罔极，不分上下乱规箴"、"意马胸头休放荡，心猿乖劣莫教嚎"、"猿马牢收休放荡，精神谨慎莫峥嵘"、"马猿合作心和意，紧缚牢拴莫外寻"，同时还由天庭在齐天大圣府内设安静、宁神两司，我们可以将大闹天宫对应于王畿所言之解悟，解悟乃最初一重，虽亦是悟，但却如"门外之宝，非己家珍"。因此，大闹天宫中的孙悟空被如来压到五行山下五百年，这便是由解悟进入证悟，小说作者通过五百年的历练让孙悟空静中证悟，此一重悟境如"浊水初澄"，所证尚浅。从五行山下出来的孙悟空跟随师父开始了十万八千里的西天征程，这西天路上的妖魔鬼怪、人情事态正是他修行路上的对应之境，只有这种于人情事变上的摩砻锻炼，才能达到如"湛体冷然"、泥沙俱去、所证已深的彻悟，故西天取经的历程对应于王畿的彻悟之境而最终让孙悟空修成正果。

由以上分析，我们就能理解小说作者设计孙悟空大闹天宫、被压五行、西天取经的三部曲来对应王畿之解、证、彻悟的良苦用心。王畿认为，解悟"未离言诠"，证悟"有待于境"，彻悟才是"正法眼藏"。因此，孙悟空心性修持的历程和王畿的三重悟境一样都是一种层层递进、渐入佳境的过程，《西游记》在整体结构上和孙悟空形象的人格完善上充分体现了对王畿"悟"学的体认。

---

① 《悟说》，《王畿集》卷十七，第494页。

第五章　龙溪心学的传播与猪八戒、唐僧形象的哲学内蕴

第一节　龙溪心学的传播与猪八戒形象的哲学内蕴

《西游记》中的猪八戒是作者所刻画的众多人物形象中地位仅次于孙悟空的主要角色。张锦池先生在他的《西游记考论》中论及猪八戒的形象演化时指出："鲁迅说：'自有《红楼梦》出来以后，传统的思想和写法都打破了。'这无疑是正确的。我想补充一句：这种打破，实始于《西游记》而成于《红楼梦》。从人物塑造来说，最为鲜明的，是体现在猪八戒这一形象上。"① 可见，以张锦池为代表的《西游记》研究者们对于小说中猪八戒形象的成功塑造给予了高度肯定。而钱锺书在《管锥编》中云："古罗马哲人言，人具五欲，尤耽食色，不廉不节，最与驴豕相同；分别取驴象色欲，取豕象食欲。是故《西游记》中猪八戒，'食肠如壑'，'色胆如天'，乃古来两说之综合，一身而二任者。"② 将猪八戒的形象特点归置于"人具五欲"的前提下进行讨论。的确，在《西游记》的师徒四众中，猪八戒是神气最淡而凡气最浓的一个，也就是说，他是一个更接近于凡夫俗子的形象。故我们在本节中将从猪八戒形象的演化出发，着力于对人欲的态度这一角度来探讨龙溪心学思想与《西游记》中猪八戒形象的哲学内蕴。

---

① 张锦池：《西游记考论》，黑龙江教育出版社1997年版，第181页。
② 钱锺书：《管锥编》第一册，中华书局1979年版，第128页。

一 形象演化

在上一章论及孙悟空形象演化时已经基本清晰地勾勒出《西游记》的成书线索：玄奘取经史实——《大唐西域记》、《大慈恩寺三藏法师传》——《大唐三藏取经诗话》——《西游记平话》、《西游记杂剧》——《西游记》。在这一成书过程中，猪八戒是唐僧三个徒弟中加盟最晚的。从取经史实到《大唐西域记》、《大慈恩寺三藏法师传》，唐玄奘都基本上是唯一的主角。《大唐三藏取经诗话》中出现了猴行者、深沙神，无疑是孙悟空和沙悟净的前身，猪八戒的形象尚没有踪影。尽管据《杭州南山区雕刻史初步调查》中称，创凿于五代后晋天福七年的将台山摩崖像里有包括猪八戒在内的唐僧师徒及白马负经的浮雕，据广东博物馆所藏宋元磁州窑代表作品唐僧取经瓷枕上有长嘴大耳、肩扛九齿钉钯的猪八戒形象出现在取经队伍中，但在《西游记》之前，关于猪八戒的文字记载只有两处，一是《西游记平话》，二是杨景贤的《西游记杂剧》。

《西游记平话》佚文片段保存在《永乐大典》中的"梦斩泾河龙"与猪八戒毫无关系，但保存在朝鲜古代汉语教科书《朴通事谚解》中的几条注里有介绍《西游记平话》的文字，其中一条注中就出现了"黑猪精朱八戒"：

> 西游记云……孙行者，与沙和尚及黑猪精朱八戒偕往，在路降妖去怪，救师脱难，皆是孙行者神通之力也，法师到西天，受经三藏东还，法师证果栴檀佛如来，孙行者证果大力王菩萨，朱八戒证果香华会上净坛使者。

可以看到，在排名上，朱八戒是排在孙行者和沙和尚之后的。另外一条注中还提道：

> 法师往西天时，初到师陀国界，遇猛虎毒蛇之害，次遇黑熊精，黄风怪，地涌夫人，蜘蛛精，狮子怪，多目怪，红孩儿怪，几死仅免。又过棘钩洞，火炎山，薄屎洞，女人国及诸恶山险水怪害，患苦

不知其几，此所谓刁蹶也，详见《西游记》。

这条注中尽管未提到"朱八戒"，但述及的取经沿途所遇中的"棘钩洞"应当接近于《西游记》中第六十四回"荆棘岭悟能努力"里的"荆棘岭"，"薄屎洞"应当接近于《西游记》第六十七回"脱离秽污道心清"里的"稀柿衕"。这两个名目都是有关猪八戒的重要情节。

因此，《西游记平话》中就已经出现了猪八戒的雏形——"黑猪精朱八戒"，并有了与猪八戒相关的名目和故事情节，且在最后被封为"净坛使者"。

《西游记杂剧》在叙述了唐僧起程、孙悟空的由来和沙和尚的由来后，猪八戒才在第四本第十三出"妖猪幻惑"中开始亮相：

> 自离天门到下方，只身惟恨少糟糠。神通若使些儿个，三界神祇恼得忙。某乃摩利支天部下御车将军。生于亥地，长自乾宫。搭琅地盗了金铃，支楞地顿开金锁。潜藏在黑风洞里，隐显在白雾坡前。生得喙长项阔，蹄硬鬣刚，得天地之精华，秉山川之秀丽，在此积年矣。自号黑风大王。左右前后，无敢争者。

杂剧第四本以"妖猪幻惑"、"海棠传耗"、"道女还裴"、"细犬擒猪"等4出的篇幅较为详细地叙述了猪八戒抢夺民女裴海棠，为孙行者、二郎神等收服，唐僧收八戒为徒等情节。剧中称猪八戒为"摩利支天部下御车将军"、"妖猪"、"黑风大王"、"猪精"等，并在结尾的正名中有"二郎收猪八戒"。可见平话中的"黑猪精朱八戒"形象在杂剧中为"黑猪精猪八戒"，是一个十足的"妖猪"。

《西游记》中的猪八戒在出场时也是一个吃人的猪精，但却从一开始就较《西游记杂剧》变更了其由来，自述：

> 我本是天河里天蓬元帅。只因带酒戏弄嫦娥，玉帝把我打了二千锤，贬下尘凡。一灵真性，竟来夺舍投胎，不期错了道路，投在个母

猪胎里，变得这般模样。

这个被贬下凡错投猪胎的"天蓬元帅"，受观音菩萨点化，取法名曰"猪悟能"，在云栈洞被孙悟空收服后，拜唐僧为师，先于沙和尚成为唐僧的二弟子，唐僧为其取名"猪八戒"。

《西游记》中的猪八戒形象不像平话中的点到为止，也不像杂剧中的简单粗糙，作者在特定的时代特点和创作背景下，结合自己的哲学理念和人生感悟，对猪八戒形象进行了大胆的改造和精彩的艺术加工，赋予了猪八戒真实的艺术生命和全新的艺术内涵，使之在小说中成为超过唐僧、沙和尚而几乎与孙悟空平分秋色的崭新艺术形象。那么，在《西游记》整整一百回的篇幅里，占了八十四回几乎贯穿始终的猪八戒形象，究竟注入了作者怎样的哲学要求，作者又是如何通过对平话、杂剧中的"黑猪精朱八戒"、"妖猪"猪八戒进行大刀阔斧的改造和艺术升华而将自己的哲学思想赋予其中的呢？

二　无欲的要求

提到猪八戒，我们不论是把他放在我国古代有关猪的文化传说中进行考察①，还是注重于猪八戒形象从平话、杂剧到《西游记》中的形象演化，都无法规避其"耽于食色"的共同特性。而"食"与"色"，乃人之大欲，《西游记》对猪八戒形象的艺术加工和再创造，最大程度地体现了作者在对人欲的态度上根本有别于平话、杂剧的哲学诉求。这种贯穿其中的哲学主张正是吴承恩基于对龙溪心学的吸收与认同而在作品中所提出的"无欲"的要求。前面曾多次述及，王畿主张"无欲者，心之本体"，要求"惩忿窒欲"、"寡欲而复性"，指出：

夫食色之性，同于犬羊，是不知命也。②

---

① 张锦池：《猪八戒的形象演化·说猪八戒形象演化的文化基因》，《西游记考论》第六章，黑龙江教育出版社1997年版，第156页。
② 《书累语简端录》，《王畿集》卷三，第77页。

"甘食说色"，人之所欲是性。然却有个自然天则在。若一向任了欲去，不成世界。①

《西游记》中的猪八戒尽管仍然保留了其贪食、贪色的特性，但吴承恩却在对平话、杂剧中的猪八戒形象进行再创造的过程中，将其对"无欲"的哲学要求和理念清晰地彰显其中，使《西游记》中全新的猪八戒形象闪烁出龙溪心学的哲学根基。

要论证这一点，我们有必要对平话、杂剧、《西游记》中的猪八戒形象进行认真比对，以期厘出由"黑猪精"到《西游记》中猪八戒这一形象演化过程中所暗含的作者对于人欲态度上的转变。不过，由于目前所保留的平话佚文及相关文字中，有关猪八戒形象的只有"黑猪精朱八戒"这个名字和"棘钩洞"、"薄屎洞"两个名目外加"净坛使者"的封号，对于我们的分析论证没有太大帮助，故以下主要将《西游记杂剧》与《西游记》中的猪八戒进行对比论证。

既然选择了从对人欲的态度这一角度来探讨《西游记》对此前的《西游记杂剧》等作品中猪八戒形象的改造过程中所承载的龙溪心学思想，那么我们就从以下几个方面来看一看《西游记杂剧》和《西游记》中对于猪八戒之"欲"的描写：

（一）人物来历、出场

杂剧中的猪八戒，打着"摩利支天部下御车将军"的牌子盗金铃、开金锁，在黑风山积年成精，自号黑风大王，"左右前后，无敢争者"，这显然是以"妖猪"形象出场的。当唐僧向土地询问"是何妖怪"时，土地"亦然不知"，只记得"当年八月十五夜，则见在黑松林内，现出本像，蹄高八尺，身长一丈，仔细看来，是个大猪模样"。行者据此判断"想是个猪精"。可见，杂剧作者在介绍猪八戒的来历时，是让他以"妖怪"、"妖猪"、"猪精"的负面形象出场的，因其作为妖精固有的巨大贪欲而偷盗抢动、逞强称霸、为害一方；同时在自报家门中，这个"猪精"的第一句话

① 《性命合一说》，《王畿集》卷八，第187页。

就是"自离天门到下方，只身惟恨少糟糠"，且自称"神通若使些儿个，三界神祇恼得忙"，充分暴露了他试图使用卑鄙手段欺良霸女的色欲。而对于这一形象所表现出来的贪欲、色欲，杂剧作者只是作了客观的描述，并没有用相关语言抑或是一定的情节来进行否定和批判。

再来看《西游记》中猪八戒的来历和出场，猪八戒自己对观音称："我不是野豕，亦不是老彘，我本是天河里天蓬元帅。只因带酒戏弄嫦娥，玉帝把我打了二千锤，贬下尘凡，不期错了道路，投在个母猪胎里，变得这般模样。"还详述自己刻苦修炼的经过及被贬下凡的原由道：

> 玉皇设宴会群仙，各分品级排班列。
> 敕封元帅管天河，总督水兵称宪节。
> 只因王母会蟠桃，开宴瑶池邀众客。
> 那时酒醉意昏沉，东倒西歪乱撒泼。
> 逞雄撞入广寒宫，风流仙子来相接。
> 见他容貌挟人魂，旧日凡心难得灭。
> 全无上下失尊卑，扯住嫦娥要陪歇。
> 再三再四不依从，东躲西藏心不悦。
> 色胆如天叫似雷，险些震倒天关阙。
> 纠察灵官奏玉皇，那日吾当命运拙。
> 广寒围困不通风，进退无门难得脱。
> 却被诸神拿住我，酒在心头还不怯。
> 押赴灵霄见玉皇，依律问成该处决。
> 多亏太白李金星，出班俯囟亲言说。
> 改刑重责二千锤，肉绽皮开骨将折。
> 放生遭贬出天关，福陵山下图家业。

孙行者也告其师道：他"不是凡间的邪祟，也不是山间的怪兽。他本是天蓬元帅临凡，只因错投了胎，嘴脸像一个野猪模样，其实性灵尚存"。

从《西游记》的这些文字中，我们至少可以得到两条与杂剧不同的信息：

其一，《西游记》中的猪八戒不是"妖猪"、"猪精"，他"不是凡间的邪祟，也不是山间的怪兽"，"不是野豕，亦不是老彘"，而是经过立地拜师、养性修真、刻苦修行才功圆行满的敕封天蓬元帅，专管天河、总督水兵。此所谓"敕封天蓬元帅"，相对于杂剧中"野猪精"的负面形象而言，就是无异于天上地下的典型的正面形象了。更为重要的是，在中国古老的民间传说中，天河是王母娘娘用玉簪划下的一道阻隔牛郎织女的巨大屏障，作者给予猪八戒这一形象以天蓬元帅的出身，令其总督天河，以防止牛郎织女私自相会为己任之一，可见《西游记》作者从这一角色出场开始，就已经赋予了他"无欲"的要求。

其二，《西游记》中的天蓬元帅是因蟠桃会上酒醉逞雄撞入广寒宫"扯住嫦娥要陪歇"才获罪天庭的。作者对他的这一行为在语言上进行了毫不留情的否定和批判："全无上下失尊卑"、"色胆如天叫似雷"……与此同时，除了对他的非分欲望给予口头批判外，他还为此遭受了严厉的体罚：纠察灵官奏明玉皇，玉皇命诸神拿住，依律当斩，所幸众官求情才免于一死，"改刑重责二千锤，肉绽皮开骨将折"，最后不仅丢掉了天蓬元帅的官职，还被贬下凡间，由此才错投猪胎，变成野猪形象。可见，不同于杂剧对"猪精"贪财逞雄好色的不置可否甚至放纵的态度，《西游记》作者对于天蓬元帅带酒戏弄嫦娥的行为从语言和行动上都展开了严肃的批判和无情的打击，色欲主体遭到了惩罚，表明作者从这一角色出身的设计上就明确了其要求"惩忿窒欲"的哲学主张。

（二）"八戒"名称由来

关于猪八戒的名称，在杂剧第四本"妖猪幻惑"、"海棠传耗"、"道女还裴"、"细犬擒猪"这四出着重描述猪八戒的文字中，通篇都是以"妖猪"、"猪精"、"那猪"来称呼猪八戒的，没有出现"八戒"二字，更别说对"八戒"的由来进行交代了，只是在第四本最后的正名中才提到了"二郎收猪八戒"，或许在杂剧中，"八戒"这个名称对于作者而言，本就没有承载太多的意义。

而《西游记》中，作者对"八戒"这一名称的来由则以前后呼应的方式作了特别的交代和定义。

在小说第八回，观音菩萨规劝猪八戒时，猪八戒闻言似梦方觉，表示愿随取经人往西天走一遭以将功折罪。"菩萨才与他摩顶受戒，指身为姓，就姓了猪；替他起个法名，就叫做猪悟能。遂此领命归真，持斋把素，断了五荤三厌，专候那取经人。"何谓"五荤三厌"？人民文学出版社出版的《西游记》注曰："五荤——佛教称大蒜、小蒜、洋葱、葱、薤是五荤，列入戒条，不准食用；三厌——道教认为天上的雁，有夫妇的伦常；地上的狗，有保卫家的好处；水中的乌鱼，有忠敬之心。把不吃这三种东西列为教条，叫三厌。厌，不忍食的意思。"断了五荤三厌，就是意味着要控制食欲，有所禁忌。

到第十九回"云栈洞悟空收八戒"中，当唐僧欲为猪八戒取个法名早晚好呼唤时，猪八戒告诉师父："菩萨已与我摩顶受戒，起了法名，叫做猪悟能也。"

> 悟能道："师父，我受了菩萨戒行，断了五荤三厌，在我丈人家持斋把素，更不曾动荤；今日见了师父，我开了斋罢。"三藏道："不可！不可！你既是不吃五荤三厌，我再与你起个别名，唤为八戒。"那呆子欢欢喜喜道："谨遵师命。"因此又叫做猪八戒。

可知，《西游记》中唐僧为猪悟能取别名为"八戒"，是基于其受菩萨戒行，断了五荤三厌的考虑，而且是在猪悟能要求动荤开斋的时候提出来的，显然是师父针对徒弟的特点，对其提出的不可放纵欲望的要求。这个名称有些望文生义，尽管这个名称来源于佛、道教义，但我们不难看出《西游记》作者在设计这一名称来由时，希望利用佛道教义在不经意间传达出"无欲"之哲学主张的良苦用心。

（三）取经之前

关于猪八戒在取经前的表现，杂剧作者是煞费了一番笔墨的。第十三出"妖猪幻惑"一开始就介绍了黑猪精猪八戒抢夺民女裴海棠的原委：

近日山西南五十里裴家庄，有一女子，许配北山朱太公之子为妻，其子家贫，裴公欲悔亲事，此女夜夜焚香祷告，愿与朱郎相见，那小厮不敢去。我今夜化做朱郎，去赴期约，就取在洞中为妻子，岂不美乎。只为巫山有云雨，故将幽梦恼襄王。

这显然是色欲难奈、淫心荡起而想出的无耻勾当。当裴海棠看到假扮朱郎的黑猪精"光纱帽，黑布衫，鹰头雀脑将身探，狼心狗行潜踪，鹅行鸭步怀愚滥"，心生疑虑时，猪精还厚颜无耻地编造慌话说自己"往常时白白净净一个人，为烦恼娘子呵，黑干消瘦了，想当日汉司马，唐崔护，都曾害这般的症候"。得手以后，黑猪精将裴女摄在洞中，他每日"五更出去，直至夜方回"，"不将经卷览，惟把色情贪"，害得裴女和朱郎两家打官司，他却说"打不打不干我事，每夜快活受用"，成天逼迫裴女陪他吃酒、为他唱曲。甚至行者假扮裴女捉拿猪精时，猪精还色心不改地"［做摸科］呀，好粗腿也"。由于他的风流纵欲，导致良家女子裴海棠被摄在千山万壑，不得见父母颜面，处境悲惨：

　　［裴女唱］俺爷平生好善常存，俺娘从小看经不出音，抬举得我如花锦。今日猪生狗活，兔扰狐侵。
　　［裴女唱］［蛮姑儿］看间，兴阑，飕飕风色，飒飒秋声。一阵愁烦痛心肝，想家何在，见应难，望云树沉沉在眼。
　　［滚绣球］这些时懒将玉粒餐，偷将珠泪弹。端的是不茶不饭，思昏昏恰便似一枕槐安。身边有数的人，眼前无数的山，听了些水流深涧，野猿声啼破高寒。碧梧露冷冰肌瘦，红叶秋深血泪干。改尽朱颜。
　　［倘秀才］山洞里消磨了粉颜，草堂上流干了泪眼。

可见，杂剧中的黑猪精猪八戒在取经前因色欲和淫心指使他干着假扮朱郎骗取良家妇女的丑恶勾当，致使朱裴两家由亲家变冤家，裴女更是处境悽惨、受害匪浅。

再来看看，《西游记》中是怎样描述取经前的猪八戒的。当观世音菩萨问及猪八戒所占的山叫作什么山时，猪八戒回答说：

> 叫做福陵山。山中有一洞，叫做云栈洞。洞里原有个卵二姐。他见我有些武艺，招我做了家长，又唤做"倒蹅门"。不上一年，他死了，将一洞的家当，尽归我受用。

由他的介绍，我们可知，《西游记》中的猪八戒并不是用烧杀抢掠的暴力手段获得"一洞的家当"，而是因其"有些武艺"，被原来的洞主招赘为夫进洞的，直至卵二姐病死，可谓有始有终，说起来也算是正当的。至于猪八戒后来到高老庄的情由，据高老叙述说：

> 要招个女婿，指望他与我同家过活，做个养老女婿，撑门抵户，做活当差。不期三年前，有一个汉子，模样儿倒也精致，他说是福陵山上人家，姓猪，上无父母，下无兄弟，愿与人家做个女婿。我老拙见是这般一个无根无绊的人，就招了他。一进门时，倒也勤谨：耕田耙地，不用牛具；收割田禾，不用刀杖。昏去明来，其实也好。

猪八戒自己对假扮高翠兰的孙悟空说：

> 我得到了你家，虽是吃了些茶饭，却也不曾白吃你的：我也曾替你家扫地通沟，搬砖运瓦，筑土打墙，耕田耙地，种麦插秧，创家立业。

在收服猪八戒时，行者也对高老说：

> 他虽是食肠大，吃了你家些茶饭，他与你干了许多好事。这几年挣了许多家资，皆是他之力量。他不曾白吃了你东西，问你祛他怎的。据他说，他是一个天神下界，替你把家做活，又未曾害了你家女

儿。想这等一个女婿，也门当户对，不怎么坏了家声，辱了行止。

可见，《西游记》中的猪八戒在取经前基本上是安分守己的在做高家女婿，并没有胡作非为、纵欲强抢，相反他对高小姐还可以说是体贴入微，使她"身上穿的锦，戴的金，四时有花果享用，八节有蔬菜烹煎"。相比杂剧中的黑猪精乘人之危盗人妻女、骗抢裴女摄入山洞而言，《西游记》中的猪八戒在取经前的表现也明显地体现出了作者的"无欲"要求和哲学理念。

（四）取经途中

《西游记杂剧》在第四本集中描述猪八戒至其随唐僧西天取经之后，就将笔墨转向了唐僧和孙悟空，很少涉及猪八戒。但在第十七出"女王逼配"中，作者用寥寥几笔就描述出了猪八戒在女人国的丑陋行径：

> ［寄生草］猪八戒吁吁喘。沙和尚悄悄声。上面的紧紧往前挣，下面的款款将腰肢应。我端详了半晌空偬倖，他两个忙将黑物入火炉，我则索闲骑白马敲金镫。

这显然是猪、沙二人在取经路上没能抵挡住色欲的诱惑，偷偷与宫女鸾颠凤倒、寻欢作乐而破戒胡为、放纵不羁的明证，结合前面所叙之抢夺裴女做压寨夫人事件而言，猪八戒简直可谓是个无耻的色欲狂，但杂剧作者却只是平平叙之，并未对吃人劫色、色胆如天的"妖猪"加以批判。

《西游记》里，取经过程中的猪八戒是全书除孙悟空之外的第二大亮点。小说中天蓬元帅遭贬下凡而错投猪胎的猪八戒，不可避免地具有了他从"母猪胎里"所带来的自然属性，成为一个既耽于"食"又耽于"色"的"一身而二任者"，这就决定了猪八戒这一角色在取经队伍中，不可能像其他成员那样清心寡欲、超凡脱俗，因此，小说中也同样以大量笔墨和无数场景描写了猪八戒的食量之洪和色心难奈。然而，我们要从猪八戒这一形象的演化角度来比较《西游记杂剧》和《西游记》，探究《西游记》作者的改编理念和哲学、文学主张，关键问题就是要厘清《西游记》作者对于猪八戒之"食"与"色"的态度和最终的结果。

先来看猪八戒的食欲：在小说中，关于猪八戒的"吃"，无论是在高老庄的硕大食肠，还是在陈家庄的惊人食速；无论是在西梁女国"喜宴"上的豪饮海食，还是在寇员外家斋筵上的风卷残云……小说中对猪八戒食量和吃道的十余处生动描写，处处都让我们记忆犹新。或许，读者会简单地认为，这些场景的描写，是作者在支持他笔下的猪八戒放纵食欲。然而，细心的读者会发现，由于猪所天生具有的巨大食量，加上西天路上的摩肩挑担、捞取尸体、扔塑像进茅坑、水中追怪、捣药接尿等琐事及荆棘岭开路、稀屎衕拱臭等累活脏活，使得猪八戒即使每次都流星赶月般地扫荡斋饭，却仍没有满足他因巨大的体力消耗所需要的巨大的物质补充；我们也会发现，猪八戒在取经途中的饮食基本上是只满足数量，不重视质量的"平民之吃"，说明他尚未满足口腹的最基本要求。猪八戒曾对孙悟空说："就你给师傅做徒弟，我做长工"，而作为"长工"的八戒却苦不堪言地道："哥啊，似不得你这喝风呵烟的人。我从跟了师父这几日，长忍半肚饥，你可晓得？"这里的"长忍半肚饥"让我们体会到了八戒的无奈，更让我们清晰地察觉到作者对于猪八戒食欲的态度。王畿认为"口之欲味，目之欲色，耳之欲声，鼻之欲臭，四肢之欲安佚"这类"欲"，属"性之不容已者"，是"自然之生理"，他并不否定和谴责基本的生理之欲。《西游记》作者正是基于对王畿"无欲心体说"的认同和接受，才对猪八戒的"平民之吃"、猪八戒的"长忍半肚饥"表示同情和理解，希望在满足基本的生理之欲的基础上，通过"寡之又寡，以至于无"的方式渐渐达到"无欲"，这也是作者描写师徒四众取得真经回陈家庄时，要特别交代，在宴席上，一向贪食的猪八戒这时也不似前番而有所收敛，不知不觉地脾胃一时就弱了的原因所在。

再来看猪八戒的色欲。小说中，关于猪八戒的"色"，我们看到的是天庭调戏嫦娥时的"凡心难灭"，是四圣庄"坐山招夫"时的"心痒难挠"，是女儿国观看女王时的"心头撞鹿"、"骨软筋麻"，是濯垢泉打杀女妖前的水中戏耍……小说中对猪八戒色心色情的描写也可谓别开生面，时时让我们难以忘怀。或许，读者又会以为，这些情景的铺排，是作者对猪八戒放纵色欲的肯定。其实不然：其一，小说中猪八戒的贪色不同于《西游记杂剧》中的色胆如天、欺良霸女、寻欢作乐，也不同于《金瓶梅》中西门庆、潘金莲的一味纵欲，他的好色只是想入非非且均未得逞，或者说只表现为一种本能和一种意念却始终没有破过"色戒"，好色而不淫；其二，小说中猪八戒的好色，其大部分结果都是受到了惩罚的，如调戏嫦娥后的被贬下凡，"四圣试禅心"后的"绷巴吊拷"，盘丝洞里的丝篷罩体……这些都让猪八戒苦不堪言，以致在西梁女国陷入万人空巷的脂粉阵中时，他口里乱嚷"我是销猪，我是销猪"，即使在如来佛祖给猪八戒的考语上，也是用"又有顽心，色情未泯"来加以界定的。由此可见，小说正是通过猪八戒的色欲并未得逞和色心得到处罚两点上来体现出作者的"无欲"倾向。

因此，无论是从猪八戒的来历和出场、"八戒"名称的由来，还是取经前、取经中的表现来比较，《西游记》中用"色情未泯"、"长忍半肚饥"的猪八戒代替了杂剧中吃人劫色的色欲狂黑猪精，正体现了猪八戒这一形象在演化过程中所承载的作者对于人欲态度上的悄然转变和在哲学文学主张上对"无欲"的要求。

三 人欲的宽容

前者我们从纵向的层面上，比较了在猪八戒形象演化过程中从《西游记杂剧》到《西游记》的变化，我们发现，杂剧中的黑猪精在裴家庄强抢民女做压寨夫人，乘人之危、为非作歹，在女人国与宫女鸾颠凤倒、寻欢作乐；而《西游记》中的猪八戒尽管食量较大却仍是"长忍半肚饥"，尽管有点贪色有些色心却只是"色情未泯"，始终未破"色戒"且还付出了代价，受到了惩罚。因此，纵向层面上的猪八戒从《西游记杂剧》到《西游记》的演化彰显的是《西游记》作者带着"无欲"的哲学主张和要求对这一角色的改造和升华。

现在，我们不妨换一个角度，从横向层面来比较一下《西游记》中的师徒四众。尽管《西游记》已经将超凡入圣的三藏法师改造为肉眼凡胎的唐僧，但却自始至终不为女色所诱，面对女色"推聋妆哑，瞑目宁心"、

"如痴如蠢，默默无言"，只念"阿弥陀佛"；尽管《西游记》中的孙悟空仍有"大闹天宫"的恶习，但在受到被压五行山的惩罚后，取经途中的他已然欲海扬尘、"喝风呵烟"；尽管《西游记》中取经前的沙悟净也曾吃人无数，但跟随师父后亦成为一个不为名利、心无二念的苦行僧。然而，相对于唐僧、悟空、悟净的清心寡欲而言，作者对于猪八戒的改造又似乎显得没有那么彻底，尽管他未破色戒，尽管他"长忍半肚饥"，但我们还是无法忽视《西游记》中对于猪八戒这一角色贪食、贪财、贪色等的大量描写。那么，为什么作者抱着"无欲"的哲学主张和要求重新塑造的猪八戒角色却不以一个清心寡欲、人欲净尽的形象展现在我们面前呢？笔者认为，在猪八戒形象的改造上体现了作者在对待人欲的态度上，以"无欲"为前提而又传递了一定程度的宽容和理解。

此所谓人欲的宽容，相对于"无欲"的要求，并不是自相矛盾，更不是空穴来风，它同样源自于对龙溪心学的理解、认同和发展。前章已论及龙溪心学在"欲"的问题上提出的最基本命题是"无欲者，心之本体"，然相对于程朱的"无欲"，王畿之"无欲"说是建立在其"以自然为宗"的哲学宗旨基础之上的，强调的是"天命之性，粹然无欲"的无欲心体说和自然无欲论。换句话说，王畿所谓"无欲"中的"无"，并非"没有"，更非束缚或压抑，而应理解为"自然"之别名，王畿指出："性者心之生理、万物之原，其同体于万物，乃生生不容已之机"①，"性是心之生机，命是心之天则"②，认为"口之欲味，目之欲色，耳之欲声，鼻之欲臭，四肢之欲安佚，五者，性之不容已者也"③。意思是说，口、目、耳、鼻、四肢五者的欲，是人的性，是"心之生理"、"心之生机"，是自然天则，即人的自然属性，它不同于不加节制的放纵"生机"和"世情嗜欲"等社会欲望而被王畿界定为自然人性加以理解和宽容。这种宽容，在龙溪心学理论中，虽然不占主流，但却隐约体现了明中期在对待人欲的态度上向晚明文学思潮过渡的端倪。

---

① 《跋徐存斋师相教言》，《王畿集》卷十五，第412页。
② 《书累语简端录》，《王畿集》卷三，第72页。
③ 同上书，第77页。

正基于此，《西游记》作者在再创作时，把这种端倪悄悄地赋予在猪八戒这一形象身上，故《西游记》中的猪八戒承载着作者在"无欲"哲学要求前提下对自然人欲的一丝理解与宽容，相较于唐僧、悟空、悟净等形象的演变和改造而言，他为神之气最淡而凡人之气最浓，其言行举止最接近于凡人常态。

首先说到食欲，《西游记》中的唐僧对食物的要求并不高，淡菜素食即可。取经途中一般都只是到肚中实在饥饿时才对徒弟们说："我这一日其实饥了，哪里寻些斋饭我吃？"徒弟们寻来便吃，寻不到他也只是说"有斋没斋罢了"。在第二十七回"尸魔三戏唐三藏"中，唐僧饥饿，悟空化斋去，其间遇妖精所变女子送唐僧斋饭，他也为女子考虑而"只是不吃"，最后把悟空摘来的桃子"在马上吃了几个，权且充饥"。即使有人专门安排斋饭，唐僧在"举起箸来"吃斋前，都要不慌不忙地"先念一卷《启斋经》"，更不用说万寿山五庄观的二位仙童遵师命奉献观中异宝"人参果"两枚给唐僧解渴时，他见了竟"战战兢兢，远离三尺"。小说中的孙悟空乃花果山的仙石感天真地秀日月精华风化而来，并非肉体凡胎，故跟随唐僧取经后的孙悟空基本上是渴饮山泉、饥吞水果，所以猪八戒称他为"喝风呵烟的人"。而相比较而言，猪八戒在取经途中却始终把"吃"放在第一位，一听到"吃"字就口内流涎，喉咙咽唾，唐僧曾批评八戒："这个呆子，怎么只思量捞嘴！"小说中关于猪八戒的食欲和吃相描写可谓淋漓尽致。在高老庄，高太公因其"一顿要吃三五斗米饭；早间点心，也得百十个烧饼才够"而希望悔婚；在陈家庄，"唐僧一卷经还未完，他已五六碗过手了，然后却才同举箸，一齐吃斋。呆子不论米饭面饭，果品闲食，只情一捞乱嚼，口里还嚷：'添饭，添饭'"；在女儿国，"那八戒那管好歹，放开肚子，只情吃起。也不管什么玉屑米饭、蒸饼、糖糕、蘑菇、香蕈、笋芽，木耳、黄花菜、石花菜、紫菜、蔓菁、芋头、萝菔、山药、黄精，一骨辣了个罄尽，喝了五七杯酒。口里嚷道：'看添换来！拿大觥来！再吃几觥，各人干事去'"；在寇员外家斋僧宴上，"那上汤的上汤，添饭的添饭，一往一来，真如流星赶月。这猪八戒一口一碗，就是风卷残云"，"长老在上举箸，念揭斋经。八戒慌了，拿过添饭来，一口一碗，又丢壳有五六碗，把那馒头、卷儿、饼子、烧果，没好没歹的，满满笼了两袖，才跟师父起身"。连孙悟空都担心他"莫胀破了肚子！"然而，我们在读到作者的这些文字时，并没有感到作者对其食欲的反感和批判，而是一种善意的轻嘲和理解式的宽容。作者并没有把猪八戒的海量食欲规定为对食欲的放纵，而是在字里行间体现出猪八戒对自然人欲的满足和要求，因为小说中猪八戒曾言，"我从跟了师父这几日，长忍半肚饥"，也曾说："且到人家化些斋吃，有力气，好挑行李。"说明猪八戒尽管食肠如壑，但并没有完全解决他的口腹温饱；说明猪八戒尽管总是吃得"撑肠挂腹"，也是因为取经途中承担大量累活苦活而消耗了体力需要得到物质补充。故在小说作者笔下，猪八戒的"吃"被定义为"口之欲味……性之不容已者也"的"心之生理"、"心之生机"，即人性的自然属性而未加否定并给予宽容。正缘于此，小说作者才在师徒四人取经成功后让如来给猪八戒加考语为"因汝挑担有功，加升汝职正果，做净坛使者"，"八戒口中嚷道：'他们都成佛，如何把我做个净坛使者？'如来道：'因汝口壮身慵，食肠宽大。盖天下四大部洲，瞻仰吾教者甚多，凡诸佛事，教汝净坛，乃是个有受用的品级。'"小说正是通过如来给猪八戒的这个封号来暗中透露出作者对于其出于自然人性的较大食欲的理解和宽容，反对对人的基本生理之欲的束缚和压抑。

其次来看物欲，小说中师徒四众一路降妖除魔，受惠百姓总是出于感激而拿出金银财宝相谢，此时的唐僧从不动心，一概推辞挽拒。如在高老庄收服八戒后，"老高将一红漆丹盘，拿出二百两散碎金银，奉三位长老为途中之费。又将三领绵布褊衫，为上盖之衣。三藏道：'我们是行脚僧，遇庄化饭，逢处求斋，怎敢受金银财帛？'"之后，"老高又道：'师父们既不受金银，望将这粗衣笑纳，聊表寸心。'三藏又道：'我出家人，若受了一丝之贿，千劫难修。'"又如，在陈家庄，师徒赶走灵感大王救出童男童女后，"两个老者苦留不住，只得安排些干粮烘炒，做些烧饼馍馍相送。一家子磕头礼拜，又捧出一盘子散碎金银，跪在面前道：'多蒙老爷活子之恩，聊表途中一饭之敬。'三藏摆手摇头，只是不受道：'贫僧出家人，财帛何用？就途中也不敢取出。'"如此等等，可见唐僧是完全不动财货之心，毫无贪欲之人。同样，前章已经述及，小说中的孙悟空在物欲方面也无甚心思。而同为出家人的猪八戒却是"财货心重"，取经路上走到哪里都想方设法弄些宝物，偷偷摸摸攒些"私房"。在乌鸡国，孙悟空忽悠八戒做桩买卖，八戒一听说妖精有件宝贝藏在御花园，便决定与孙悟空去偷，临去之前不忘与悟空讲明条件："这个买卖，我也去得，果是晓得实实的帮寸，我也与你讲个明白：偷了宝贝，降了妖精，我却不奈烦什么小家罕气的分宝贝，我就要了。"显得颇有经济头脑。在金平府遇到犀牛精，八戒首先想到的是"若是犀牛，且拿住他，锯下角来，倒值好几两银子哩"；天竺国国王为唐僧师徒送行前，八戒对悟空道："送行必定有千百两黄金白银，我们也好买些人事回去，到我那丈人家，也再会亲耍子儿去耶。"而最为经典的则是小说关于八戒攒"私房"的一段描述：猪八戒在狮驼岭被抓，孙悟空以"勾命鬼"化身诈八戒攒"私房"的底细：

　　行者道："我是勾司人。"那呆子慌了道："长官，你是那里来的？"行者道："我是五阎王差来勾你的。"那呆子道："长官，你且回去，上复五阎王，他与我师兄孙悟空交得甚好，教他让我一日儿，明日来勾罢。"行者道："胡说！阎王注定三更死，谁敢留人到四更！趁早跟我去，免得套上绳子扯拉！"呆子道："长官，那里不是方便，看我这般嘴脸，还想活哩。死是一定死，只等一日，这妖精连我师父们都拿来，会一会，就都了帐也。"行者暗笑道："也罢，我这批上有三十个人，都在这中前后，等我拘将来就你，便有一日耽阁。你可有盘缠，把些儿我去。"八戒道："可怜啊！出家人那里有什么盘缠？"行者道："若无盘缠索了去！跟着我走！"呆子慌了道："长官不要索，我晓得你这绳儿叫做追命绳，索上就要断气。有，有，有！有便有些儿，只是不多。"行者道："在那里？快拿出来！"八戒道："可怜，可怜！我自做了和尚，到如今，有些善信的人家斋僧，见我食肠大，衬钱比他们略多些儿，我拿了攒在这里，零零碎碎有五钱银子，因不好收拾，前者到城中，央了个银匠煎在一处，他又没天理，偷了我几分，只得四钱六分一块儿，你拿了去罢。"行者暗笑道："这呆子裤子也没得穿，却藏在何处？咄！你银子在那里？"八戒道："在我左耳朵眼儿里揸着哩。我捆了拿不得，你自家拿了去罢。"行者闻言，即伸手在耳朵窍中摸出，真个是块马鞍儿银子，足有四钱五六分重，拿在手里，忍不住哈哈的大笑一声。

这些描写用戏谑的方式把猪八戒对金钱和财富的艳羡和追求刻画得淋漓尽致。虽然在龙溪心学中尚没有关于张扬物欲的论述，但小说作者在明代商品经济长足发展的社会背景下，开始借猪八戒这一形象对普通民众的物质欲望给予一定的关注和认可，却也缘于龙溪心学中对于自然人性、自然而然的物质欲望的肯定和赞同。这一思想理论和文学表现在晚明哲学界和晚明文学领域都结出了累累硕果。

最后，关于情欲，唐玄奘在"三藏不忘本，四圣试禅心"中面对菩萨所化妇人的"坐山招夫"，是"推聋妆哑，瞑目宁心，寂然不答"、"如痴如蠢，默默无言"、"好便似雷惊的孩子，雨淋的虾蟆，只是呆呆挣挣，翻白眼儿打仰"；在"法性西行逢女国，心猿定计脱烟花"中面对西梁女王的柔情蜜意，是"低头不语"、"越是痴哑"、"怕逢女色，只思量即时脱网上雷音"；在"色邪淫戏唐三藏性正修持不坏身"等回目中面对女妖的有意挑逗，是"咬定牙关，声也不透"、"如痴如哑"、"漠然无听"、"目不视恶色，耳不听淫声"、"如死灰槁木"、"只晓得修真养性"。尽管杂剧中的孙行者曾下界劫妇女，摄金鼎国王女为妻，但到了《西游记》里跟随唐僧后的孙悟空就已经没有了好色和情欲的相关记录了。而猪八戒形象在从《西游记杂剧》到《西游记》的演变中则并没有完全抹去他的情色欲念，在"四圣试禅心"中，猪八戒"闻得这般富贵，这般美色"便"心痒难挠，坐在那椅子上，一似针戳屁股，左扭右扭的，忍耐不住"；垂涎于西梁女王的美貌，猪八戒"看到好处，忍不住口嘴流涎，心头撞鹿，一时间骨软筋麻，好便似雪狮子向火，不觉的都化去也"；在盘丝洞见到洗澡的七个蜘蛛精，猪八戒借口打杀妖精，脱了皂锦直裰，"变成鲇鱼，只在那腿裆里乱钻"；在天竺国，见到前来助阵降妖的嫦娥，"猪八戒动了欲心，忍不住跳在空中，把霓裳仙子抱住道：'姐姐，我与你是旧相识，我和你耍子儿去也'"。可见，在塑造或改造师徒四众形象时，小说作者无疑在猪八戒身上体现了有别于唐僧、悟空等人的情欲上的宽容，这也体现了《西游记》作者在哲学文学观点上对王畿自然人性论中对人的感情、情欲之观点的认同。王畿尽管以"无欲"为"心之本体"，但他也提出"性情者，心之体用"①，"性者，心之生理，情则其所乘以生之机"②，他把出于本性的情感，定义为真正的情感，称为"至情"，指出"情归于性，是为至情"③。小说中猪八戒秉性质朴憨直，他的情色欲念，始终只表现为一种本能，一种意念，是本性意识的驱动，是天性中带来的一段"痴情"，作者认为猪八戒的这种人生之欲是自然的，抹杀了这种自然人欲也就是扼杀了人的真性情，而这一点也恰恰是王畿所并不否定的发乎自然的情性，作者对猪八戒形象的情欲宽容，正是对龙溪心学以自然为宗的思想的充分体认和表现。

王畿与吴承恩同生活于明代中期，他们从成年到逝世的60余年中，明朝正处于重要的转型期，商品经济的发展、资本主义的萌芽、贫富的分化、对金钱的崇拜、世风的转变虽然还没有到达万历晚年"富者百人而一，贫者十人而九"、"金令司天，钱神卓地"、物欲横流、纵放情色的地步。但王畿、吴承恩的时代，在政治、经济、思想及社会生活上都有新的因素和动向悄然破土：商品经济的繁荣、资本主义的萌芽、早期启蒙思想的出现、社会风气的悄然转变等。故王畿在其哲学文学主张中继承阳明心学而发展阳明，提出了"无欲者，心之本体"，并用"自然无欲"说充实其"以自然为宗"的哲学宗旨。可以说，王畿在儒家正统思想为主体的理论框架下，已然受转型期时代特点的牵动而不动声色的展露出一丝新的思想因子和端倪，对于"心之生理"、"心之生机"给予理解，对于"至情"、本性之情加以宽容，这显然是在悄无声息中率先冲进了明代中后期的哲学文学领域，为中晚明个性解放思潮的兴起酝酿发端。所以我们说，王畿可谓早期启蒙思想的启蒙者。作为与王畿同时代的吴承恩，也正是以

---

① 《书顾海阳卷》，《王畿集》卷十六，第476页。
② 《遗徐柴油崖语略》，《王畿集》卷十六，第461页。
③ 《答王敬所》，《王畿集》卷十一，第277页。

其文学家特有的敏感觑到了王畿思想中这点时代风气之先，而借用猪八戒这一形象承载作者在新的时代背景与思想气息下对人性、人欲的全面思考和体认。除王畿、吴承恩而外，王艮和王襞的"百姓日用即道"、"饥来吃饭倦来眠"，何心隐的"性而味，性而色，性而声，性而安佚，性也"，李贽的"吃饭穿衣即是人伦物理"，"如好货，如好色，如勤学，如进取，如多积金宝，如多买田宅为子孙谋，博求风水为儿孙福荫，凡世间一切治生产业等事，皆其所共好而共习，共知而共言者，是真迩言也"……他们一步一步大张旗鼓地肯定人的各种欲望，人的自然欲望得到了前所未有的重视，认为物质生活欲望和精神生活欲望是人类生存的必备条件，要求"各遂其千万人之欲"。这些晚明人性解放思潮的诸多理论和晚明人欲思潮的崛起，都可追本逐源到王畿的以自然为宗的"自然无欲"说。而在文学领域，吴承恩吸收王畿思想因子入《西游记》，对猪八戒的食欲、物欲、情欲等给予宽容的轻嘲，甚至让猪八戒喊出"斋僧不饱，不如活埋"、"依着官法打杀，依着佛法饿杀"、"和尚是色中饿鬼"等话语，更可谓是开《三言》、《金瓶梅》、《牡丹亭》等文学作品的先河，这些作品从《西游记》中猪八戒形象身上捕捉到了对人欲的宽容的星星之火，而渐次认可了人的基本生理之欲，充分肯定了人的合理物欲，更用大胆的笔触表现出了对人情色欲的勇敢正视，从而一步步把中晚明时期人欲思潮的发展推向高峰。从这一点而言，吴承恩受龙溪心学影响而创作出来的《西游记》，于晚明个性解放思潮和人性观的流变无疑具有了发端导源的重要意义。

第二节　龙溪心学的传播与唐僧形象的哲学内蕴

唐僧，是历史上的玄奘取经本事和传统"西游故事"中的第一主角，不过在从本事到诗话，到平话、杂剧，再到《西游记》的演化过程中，孙悟空甚至猪八戒都渐次走向前台，唐僧不得不慢慢退居"二线"。然而，《西游记》中沙和尚曾说，只知唐僧取经，"自来没个孙行者取经之说"，可见唐僧仍然是一个不容忽视的形象而值得我们去研究。那么，为什么在玄奘取经本事向英雄神魔小说演化的过程中，唐僧的第一主角地位会被孙悟空取代而越传越不英雄呢？笔者认为，这是因为，受到龙溪心学影响的吴承恩是把唐僧作为世俗乡愿的腐儒形象来对其进行再创造的。为了说明这一观点，我们现从唐僧形象的演化出发，探讨龙溪心学与《西游记》中唐僧形象的哲学内蕴。

一　形象演化

唐僧是《西游记》成书过程中一以贯之的人物形象，在玄奘取经史实——《大唐西域记》、《大慈恩寺三藏法师传》——《大唐三藏取经诗话》——《西游记平话》、《西游记杂剧》——《西游记》的整个演进历史中，唐僧有别于取经团队其他成员的后来加盟而自始至终存在着。

玄奘是一位真实的历史人物，是中国佛学界的第一人，也是著名的旅行家、学者和翻译家，他远赴西天取经也是史载有证的真实事件。关于玄奘取经史实较早的详细记载来源于《大唐西域记》和《大慈恩寺三藏法师传》（简称《三藏法师传》）。《大唐西域记》是玄奘取经回国后奉旨亲自口述、门徒辨机笔录辑成的一部记载他西行所经西域诸国史地风土的地理书，与玄奘本人关系不大。《三藏法师传》则是玄奘逝世后，由其弟子慧立、彦悰编纂的一部记载玄奘生平事迹、游学经历及取经细节的传记文学作品。这两部书堪称双璧，为后来所有玄奘取经神话故事提供了故事素材和文学精神，也成为《西游记》所有话题的开始。而对于唐僧的形象演化而言，《三藏法师传》的意义显然更大。《三藏法师传》是记述玄奘生平最早最翔实的传记，记录了玄奘不同寻常的一生。书中记载：

> 法师讳玄奘。俗姓陈。陈留人也。汉太丘长仲弓之后。……父慧英洁有雅操早通经术。……有四男。法师即第四子也。幼而圭璋特达聪悟不群。……自后备通经奥。……又少知色养温清淳谨。[1]

正是这样一位圭璋特达、聪悟不群、温清淳谨的少年，受二哥长捷法

---

[1]　（唐）慧立等撰，孙毓棠、谢方校点：《大慈恩寺三藏法师传》，中华书局 1983 年版。全书所引《大慈恩寺三藏法师传》原文皆出自此版本。不注出处。

师的影响，很小就在洛阳净土寺学佛，走上佛学之路。在十三岁时以一句"意欲远绍如来，近光遗法"的出家抱负被当时奉敕度僧的大理寺卿赞赏其"风骨难得"，"必为释门伟器"，从此剃度出家，法名玄奘。弱冠之年，玄奘云游南北，感佛教各派"引据不同，诤论纷然"，且"此地经论，盖法门枝叶，未是根源"，于是"结侣陈表，有嫚不许，诸人咸退，唯法师不屈"，抱着"誓往西方，遵求遗法"的信念，"无贪性命，不惮艰危"，于贞观三年（629年），"冒越宪章，私往天竺"，他"投身入万死之地"，虽长途跋涉、九死一生，始终"不东移一步以负先心"，终于到达了印度佛教的最高学府——那烂陀寺。十多年"留学"期间，玄奘法师一路求师访道、潜心研习佛法、读尽佛教经典，终于取得"三藏法师"的称号。学成思归，玄奘拒绝了印度各国的挽留，坚意回国，在贞观十九年终于结束了他历时十七年、往返五万里、所闻所履一百多国的漫长旅程，回到长安，受到唐太宗李世民的迎接和宠待。在唐王的支持下，玄奘至逝世为止翻译了他从印度带回的六百多部梵文佛经中的七十三部一千多卷，记录西行经历、描述西域各国风俗民情地理宗教成《大唐西域记》，并创建了中国佛教的法相一宗，对中国佛教的发展和中印文化的交流起到了重大的作用。要之，这一时期的取经本事、史实、传纪，着重突出玄奘献身佛法的精神，将他的形象定位为一位对佛教有着巨大贡献的佛学大师、释门伟器、法门领袖，记载他西行取经、翻译佛经、光大佛学的佛学东传盛事，有着很强的宗教色彩，虽有夸大但大体不离史实。

从《大唐西域记》、《三藏法师传》演变到宋元乃至明初的取经故事，佛学大师玄奘已经渐渐由历史真实步入文学轨道。《大唐三藏取经诗话》中的唐僧形象被削减了他身上的史传成分，并在已有的宗教色彩的基础上增加了文学性的想象和虚构，赋予了他一定的神异性和传奇色彩，在玄奘西行求法这一虔诚的艰辛之旅中平添了一些仙佛鬼怪频出的神奇经历。《取经诗话》中的唐僧是一个"生前两回去取经，中路遭难"被深沙神吃掉，却仍不顾千死万死矢志不移的和尚。尽管本书第一节关于唐僧出世抑或是关于取经缘起的文字已经阙佚，但从书中所述西行经历来看，我们明显可以获知，诗话中的唐僧能够到达西天，靠的不是他凭着献身佛学的执着信仰去克服自然界的重重险阻，而是依靠唐僧"志诚通神"的神异力量和神仙佛祖的无边法力才躲过了西行路上神奇怪诞的妖魔鬼怪，毕竟诗话中的猴行者作为唐僧的弟子还仅仅担当着一个引路者的角色，而唐僧取经东归，被明皇封为"三藏法师"，待"天宫降下采莲船"后他便"望正西乘空上仙去也"。到了《西游记杂剧》中，唐僧的前身成为西天罗汉之一毗卢伽尊者，他的出世也在第一本中用"之官逢盗"、"逼母弃儿"、"江流认亲"、"擒贼雪仇"四出打造出一个具有一定神奇色彩的圣僧形象。同时，杂剧与平话中的唐僧已经有别于《三藏法师传》中的触犯天威、冒越宪章、私行孤征，而是有了释迦牟尼的佛旨和观音的指引，同时也是奉旨取经的，这一重大的改变在平话、杂剧中尽管只是一笔带过，但却直接影响了《西游记》的再创造。再者，杂剧中已经有了师徒五人的取经团队，孙行者充当了降妖开路的重要角色，且玉帝卿点十大保官护法，使唐僧在取经过程中的能力和作用渐渐弱化，由主导地位渐渐向边缘化发展。取经回东土后，大兴妙法，"后回西天，始成正果"。

《西游记》中的唐僧是如来佛的二弟子金蝉子转世，奉唐王旨意西行取经，至灵山"凌云渡"脱却凡胎，真身东归后又回净土，被封为"旃檀功德佛"。那么，作者对于唐僧形象存在肯定的一面，这种肯定基于唐僧与悟空一样，踏上取经之路，一跬一步圆满西天，这一过程正是唐僧心性修持、寻找至善人性、回复良知本体的过程。到达西天后，被封为"旃檀功德佛"的唐僧便同被封为"斗战胜佛"的孙悟空一样，脱胎换骨、修心成正，从而得到了作者的肯定。故《西游记》第九十八回《功成行满见真如》中有：

　　那佛祖轻轻用力撑开，只见上溜头泱下一个死尸。长老见了大惊，行者笑道："师父莫怕，那个原来是你。"八戒也道："是你，是你！"沙僧拍着手也道："是你，是你！"那撑船的打着号子也说："那是你！可贺可贺！"他们三人，也一齐声相和。撑着船，不一时稳稳当当的过了凌云仙渡。三藏才转身，轻轻的跳上彼岸。有诗为证，诗曰：脱却胎胞骨肉身，相亲相爱是元神。今朝行满方成佛，洗净当年六六尘。

然而，在取经过程中，作者基于对程朱理学为钦定哲学的时代的不满，而把唐僧改造成一个头戴僧帽的封建正统派思想代表形象，作品中，亦僧亦儒、以儒为主的三藏已经被作者定位为一名世俗乡愿而进行了一定程度的讽喻。

二 世俗乡愿

孔子一生反对乡愿，却不料儒学历经孟子、荀子、董仲舒、程朱理学等的传承，培养了大批的乡愿。程朱后学的世俗乡愿们以重视道德修养为名，遇事惧小慎微、孱弱自卑，缺少了经世济民的能力，胆小无能，怯于反抗与冒险；他们不辨是非、自以为是、迂腐拘执，不信本心、包藏掩匿，以世俗的毁誉为是非，围绕他人脚跟转，外表忠信廉洁，实则虚伪徇俗，同流合污。王畿在其文集中，对于狂者胸次、狂豪气象给予了热情的肯定和赞美，而对于世俗乡愿则给予了痛快淋漓的斥责与鞭挞。关于乡愿，王畿主要有两段重要的文字：

> 若夫乡愿，不狂不狷，初间亦是要学圣人，只管学成觳套，居之行之，象了圣人忠信廉洁，同流合污，不与世间立异，象了圣人混俗包荒。圣人则善者好之，不善者恶之，尚有可非可刺。乡愿之善，既足以媚君子，好合同处，又足以媚小人。比之圣人，更觉完全无破绽。譬如紫色之夺朱，郑声之乱雅，更觉光彩艳丽。苟非心灵开霁、天聪明之尽者，无以发其神奸之所由伏也。夫圣人所以为圣，精神命脉全体内用，不求知于人，故常常自见已过，不自满假，日进于无疆。乡愿惟以媚世为心，全体精神尽从外面照管，故自以为是，而不可与入尧舜之道。学术邪正路头，分决在此。自圣学不明，世鲜中行，不狂不狷之习，沦浃从之心髓。吾人学圣人者，不从精神命脉寻讨根究，只管不取皮毛支节，趋避形迹，免于非刺，以求媚于世，方且傲然自以为是，陷于乡愿之似而不知，其亦可哀也已。①

---

① 《与梅纯甫问答》，《王畿集》卷一，第5页。

　　若夫乡愿，一生干当，分明要学圣人，忠信廉洁是学圣人之完行，同流合污是学圣人之包荒。谓之似者，无得于心，惟以求媚于世，全体精神尽向世界陪奉，与圣人用心不同。若矫情饰伪，人面前忠信廉洁，在妻子面前有些缺败，妻子便得以非而刺之矣。谓之同流，不与俗相异，同之而已；谓之合污，不与世相离，合之而已。若自己有所污染，世人便得以非而刺之矣。圣人在世，善者好之，不善者犹恶之。乡愿之为人，忠信廉洁既足以媚君子，同流合污又足以媚小人，比之圣人局面更觉完美无渗漏。尧舜之圣，犹致谨于危微，常若有所不及。乡愿傲然自以为是，无复有过可改，故不可以入尧舜之道；似德非德，孔子所以恶之尤深也。①

　　王畿通过这些文字而表明他对于"自以为是"、"违心殉俗"、"似德非德"的"乡愿"是持批判态度的，他本人也是"宁为阔略不掩之狂士，毋宁为完全无毁之好人"。吴承恩在王畿的哲学理念与狂豪人格的影响下，对于程朱末流之封建理学家们软弱的性格和匮乏的能力进行了否定和反思，基于此，《西游记》中的唐僧形象经过吴承恩的改造后，既不同于史传中献身佛学、不畏艰险、独行天下、处变不惊的玄奘，也不同于《西游记》中明辨是非、大智大勇、敢爱敢恨、豪气干云的孙悟空，成了一个矫情殉俗、胆小懦弱、固执刚愎、迂腐无能、善恶不分、贤愚不辨的世俗乡愿、愚氓之僧，体现了作者意欲将佛学圣徒颠覆为乡愿腐儒而加以一定程度的怀疑、讽喻和嘲笑的创作意图。

　　（一）相对于龙溪心学所主张的狂狷豪杰、动于天游、旁无牵累、超脱生死，唐僧的乡愿首先表现为怯懦恐惧、迂腐无能、执着于名、耿耿于生。

　　论述龙溪心学的思想特色时，笔者指出王畿热切赞美了狂者豪杰的进取求真、心事光明，"志存尚友，广节而疏目，旨高而韵远"，"超乎天地之外，立于千圣之表"；斥责鞭鞑了俗儒乡愿的矫情伪饰、覆藏掩昵、弥

_____

　　①　《与阳和张子问答》，《王畿集》卷五，第127页。

缝键闭。欣赏超越功名利禄，不为道义名节所拘管，"一切纷嚣俗染不足以累其心"，不为生死所忙的"出世间大豪杰"；否定"以媚世为心"，放不下名利得丧，执着于生死闲忙的"小家"之相。

吴承恩把王畿的哲学、人格倾向贯穿于《西游记》创作中对于唐僧形象的改造，将取经故事中大放异彩的玄奘，塑造成胆小懦弱的乡愿腐儒加以弱化、讽喻甚至讥嘲。

在《大唐西域记》、《三藏法师传》中，玄奘凭着"宁可就西而死，岂归东而生"的豪气和胆识孤征西行求法，让我们对这样一位高僧心存敬仰。

《大唐三藏取经诗话》里，猴行者曾多次提醒唐僧西天取经的险恶和危难："和尚生前两回去取经，中路遭难；此回若去，千死万死。""前去路途尽是虎狼蛇兔之处，逢人不语，万种牺惶。此去人烟都是邪法。"但唐僧听了全无畏缩："法师闻语，冷笑低头。看遍周回，相邀便出"，依然乘危远迈、杖策西征，还留诗曰"前程更有多魔难，只为众生觅佛缘"。取经途中"行次至火类坳白虎精，前去遇一大坑，四门陡黑，雷声喊喊，进步不得"时，"法师当把金怀杖遥指天宫，大叫：'天王救难！'忽然杖上起五里豪光，射破长坑，须臾便过"。如此过人的胆识、高远的志向、无边的法力也让我们对唐僧钦佩不已。

然而，经吴承恩改造后的《西游记》中，唐僧的形象却怎么也不能让人肃然起敬，曾经那位令人高山仰止的高僧在妖魔鬼怪面前胆战心惊、一筹莫展，在利害得丧之间执着于名，在生死考验中关注着生。如《西游记》第十一回中，唐僧的坐骑在鹰愁涧被小白龙吃掉：

> 三藏道："既是他吃了，我如何前进！可怜啊！这万水千山，怎生走得！"说着话，泪如雨落。行者见他哭将起来，他那里忍得住暴躁，发声喊道："师父莫要这等脓包形么！你坐着，坐着！等老孙去寻着那厮，教他还我马匹便了。"三藏却才扯住道："徒弟啊，你那里去寻他？只怕他暗地里撺将出来，却不又连我都害了？那时节人马两亡，怎生是好！"行者闻得这话，越加嗔怒，就叫喊如雷道："你忒不

济，不济！又要马骑，又不放我去，似这般看着行李，坐到老罢！"

第二十八回"黑松林三藏逢魔"中：

> 那长老看见他（黄袍怪）这般模样，唬得打了一个倒退，遍体酥麻，两腿酸软，即忙的抽身便走。虽则一心忙似箭，两脚走如风，终是心惊胆战，腿软脚麻。况且山路崎岖，林深日暮，步儿哪里移得动？

如此等等，不胜枚举。在西天取经的九九八十一难中，唐僧一遇妖魔便"坐个雕鞍不稳，扑的跌下马来，挣挫不动，两腿酸软"，"好便似雷惊的孩子，雨淋的蛤蟆，只是呆呆怔怔，翻白眼儿打仰"，逢难必哭，懦弱无能。

对于功名，唐僧亦是念念不忘；面对生死，唐僧总是规避死亡。如《西游记》第七十五回，唐僧听猪八戒说孙悟空被狮驼洞里的老魔吞下肚了：

> 唬得倒在地，半晌间，跌脚拳胸道："徒弟呀！只说你善会降妖，领我西天见佛，怎如今日死于此怪之手！苦哉！苦哉！我弟子同众的功劳，如今都化作尘土矣！"

在第四十八回中，唐僧更是直接说：

> 世间事惟名利最重。似他为利的，舍生忘死，我弟子奉旨全忠，也只是为名，与他能差几何？

第八十五回，唐僧流泪对被缚的樵子说：

> "樵夫啊，你死只是一身，无甚挂碍，我却死得不甚干净。""我本是东土往西天取经去的，奉唐朝太宗皇帝御旨拜活佛、取真经，要

超度那幽冥无主的孤魂。今若丧了性命，可不盼杀那君王，孤负那臣子？那枉死城中，无限的冤魂，却不大失所望，永世不得超生；一场功果，尽化作风尘，这却怎么得干净也？"

难怪孙悟空要称唐僧为"脓包"，猪八戒也说唐僧"人才虽俊，其实不中用"。可见，在《西游记》中，唐僧形象离王畿、吴承恩所欣赏的狂者、豪杰相去甚远，唐僧式世俗乡愿的懦弱无能、执着生死功名为王畿与吴承恩等人轻视、否定和指责。

（二）相对于龙溪心学所主张的自信本心、明辨是非、无所陪奉、自证自悟，唐僧的乡愿其次表现为自以为是、人妖不辨、善恶不分、明哲保身、悟门难开。

王畿在其文集中明确指出：

> 夫乡党自好，与贤者所为，分明是两条路径，贤者自信本心，是是非非一毫不从人转换；乡党自好即乡愿也，不能自信，未免以毁誉为是非，始有违心之行、殉俗之情。

他心目中的贤者自信本心、是非分明、不顾毁誉、无所陪奉，乡党乡愿则"与狂者作用正相反"，不能自信、不辨是非、违心殉俗、明哲保身，他认为乡愿之人"傲然自以为是"，"似德非德"，"恶之尤深"，"不可与入古人之道"。同时，王畿还主张自证自悟、顿悟渐修，把"悟"、"超悟"、"得悟"视为"千圣学脉"的"真正路头"、君子征学的入门之则、"一切修行"的不二前提，强调"一念之微"的真修实悟。

经过吴承恩改造过的《西游记》中的唐僧显然不在王畿所谓的"贤者"之列，相对于火眼金睛、爱恨分明、除妖惩恶的孙悟空而言，唐僧不但不辨人妖、错勘贤愚、善恶不分，而且固执己见、一错到底。如《西游记》第二十七回，"尸魔三戏唐三藏，圣僧恨逐美猴王"中，肉眼凡胎的唐僧三番两次错把尸魔当作良民，对孙悟空的除妖行为进行无情指责，在妖魔现出本相后仍然执迷不悟，反复念起紧箍咒直至孙悟空禁不得疼痛、跪于路旁，硬是一纸贬书将一路保驾护航的功臣逐回花果山。而对于经常在唐僧面前唆嘴挑拨、拈言拈语的八戒，唐僧却处处偏袒、屡听其言。难怪孙悟空要抱怨唐僧：

> 师父错怪了我也。这厮分明是个妖魔，他实有心害你。我倒打死他，替你除了害，你却不认得，反信了那呆子谗言冷语，屡次逐我。

第五十六回，唐僧师徒路遇强盗，悟空除恶惩凶，打死强盗，救下师父，唐僧不感激，反而怪罪悟空"杀死多人，坏了多少生命，伤了天地多少和气"，"凶恶太甚，不是个取经之人"，口念紧箍咒直勒得悟空面红耳赤、眼胀头昏、满地打滚，赶走了悟空，却为六耳猕猴所扮假悟空的出现创造了机会，引来真假猴王之难。

第六十五回，妖邪"黄眉大王"假设小雷音寺，唐僧一见便"慌得滚下马来，倒在地上"，不顾悟空"此处少吉多凶"的劝告，"即命八戒取袈裟，换僧帽，结束了衣冠，举步前进"，致使"四众皆遭大厄难"。

不仅如此，《西游记》中的唐僧遇到事情总是不自觉地明哲保身，极力为自己开脱，第十四回，孙悟空打死六贼，对师父说："我若不打死他，他却要打死你哩。"三藏却道："我这出家人，宁死绝不敢行凶。我就死，也只是一身，你却杀了他六人，如何理说？此事若告到官司，就是你老子做官，也说不过去。"还说："早还是山野中，无人查考；若到城市，倘有人一时冲撞了你，你也行凶，执着棍子，乱打伤人，我可做得白客，怎能脱身？"

第二十七回，对孙悟空除掉尸魔的行为，唐僧指责道："你在这荒郊野外，一连打死三人，还是无人检举，没有对头；倘到城市之中，人烟凑集之所，你拿了那哭丧棒，一时不知好歹，乱打起人来，撞出大祸，教我怎的脱身？"

第五十六回，孙悟空替唐僧打死强盗后，唐僧却道："你到森罗殿下兴词，倒树寻根，他姓孙，我姓陈，各居异姓。冤有头，债有主，切莫告我取经僧人。"

同时，取经路上，身为师父的唐僧对于佛祖菩萨、乌巢禅师等人的指点不能领会，难开悟门，倒是他的徒弟孙悟空能及时顿悟真言，对唐僧时时指引。

如第十九回"浮屠山玄奘受心经"中，三藏再拜乌巢禅师，

> 请问西天大雷音寺还在那里。禅师道："远哩，远哩！只是路多虎豹难行。"三藏殷勤致意，再问："路途果有多远？"禅师道："路途虽远，终须有到之日，却只是魔瘴难消。我有《多心经》一卷，凡五十四句，共计二百七十字。若遇魔瘴之处，但念此经，自无伤害。"

唐僧对于禅师的话难以体悟，"又扯住奉告，定要问个西去的路程端的"。倒是悟空冷笑着说："不必问他，问我便了。"

又如第八十五回中，唐僧面对阻路的高山"渐觉惊惶，满身麻木，神思不安"，也是孙悟空提醒其师记住《密多心经》中四句颂子，并点拨他："心净孤明独照，心存万境皆清"，"但要一片志诚，雷音只在眼下，似你这般恐惧惊性，神思不安，大道远矣，雷音亦远矣"，唐僧受到悟空的指点，方才打开悟门，"心神顿爽，万虑皆休"。

要之，吴承恩承龙溪心学思想，将笔下的唐僧改造成一名世俗乡愿，是当时的封建大夫、理学俗儒的真实写照，作者对其进行弱化、轻嘲、讽喻，也正与此前此后的学者们产生共鸣，王阳明、李贽、黄宗羲都曾批评理学乡愿们平时高谈阔论，一旦国家有难，朝廷却无可倚之臣。吴承恩怀着"胸中磨损斩邪刀，欲起平之恨无力"的激情，不满于封建乡愿儒生的软弱性格、匮乏能力和迂腐拘执。

三 压抑真性

作为一名高僧，同时作为一位男性，如何摆正真性和欲望的关系，这是唐僧形象研究中不可回避的一个问题。对于这一问题的不同回答，则是基于不同时代背景、不同创作主体所持有的不同创作意图及文学哲学主

张。《西游记》对于唐僧形象"压抑真性"的刻画，也表明了作者受到龙溪心学的影响而对于世俗乡愿的矫情饰性的批判态度。

《大唐西域记》、《大慈恩寺三藏法师传》旨在弘扬佛法，玄奘作为佛门领袖、释门伟器，以第一主人公的身份，毫无疑问地要在作品中谨守释家五戒中的重要一戒——"不淫邪"。因此，在这两部取经题材的作品中，玄奘献身佛法、矢志不渝，扮演的是一个纯粹的高僧形象，而不是一位普通的凡俗男性，故作品更多地着重于描述玄奘自幼学佛、克服重重艰险西行求法、游学访道、光大佛学的漫漫旅程，对于玄奘作为一位男性的真性与欲望则完全没有涉及。唯有在《三藏法师传》卷五中，述及玄奘法师与戒日王探讨"制恶见论"时，提道："王有妹。聪慧利根。善正量部义。坐于王后。闻法师序大乘宗涂奥旷小教局浅。夷然欢喜称赞不能已。"这是作品中唯一一处提及异性对法师的欣赏和青睐的地方，但文中也完全没有只言片语来描写玄奘的反应和感觉。可见，这两部作品中对于玄奘的塑造是与作品的佛学主旨和宗教题材分不开的。

宋以后，程朱理学成为我国封建社会后期的官方哲学，在其"存天理、灭人欲"的人性理论体系指导下，《大唐三藏取经诗话·经过女人国处第十》中，途经文殊、普贤为验试唐僧禅心而幻化出来的"女人之国"，唐僧眼中看见："两行尽是女人，年方二八，美貌轻盈，星眼柳眉，朱唇榴齿，桃脸蝉发，衣服光鲜，话语柔和，世间无此"，"满面含笑，低眉促黛"，耳畔听到女王曰："和尚师兄，岂不闻古人说：'人过一生，不过两世。'便只住此中，为我作个国主，也甚好一段风流事！"他的反应却是："再三不肯，遂乃辞行。"并合掌留诗曰："愿王存善好修持，幻化浮生得几时？一念凡心如不悟，千生万劫落阿鼻。休嗜绿鬓桃红脸，莫恋轻盈与翠眉。大限到来无处避，髑髅何处问因衣？"对女王进行了一番劝诫和警谕。《取经诗话》之后的《西游记杂剧》第十七出"女王逼配"中，女王扯住唐僧说："我和你成其夫妇，你则今日就做国王，如何？"唐僧的回答是："善哉，我要取经哩。"面对女王的反复挑逗和强逼，唐僧直喊："善哉。善哉。我是出家人。"紧急关头大叫："谁救贫僧也"，"孙悟空救我"。可见，程朱理学学术背景下文学作品中的唐僧是被作为禁欲主义的典型形象来塑造的。

到了王畿的时代，程朱理学依然是封建统治阶级进行思想统治的工具，但是随着明中后期商业的迅速发展，社会生活中价值观念的悄然转变，主体个性和自然人性逐渐受到了重视。王畿尽管也主张"无欲者，心之本体"，但却有着与程朱理学"存天理、灭人欲"的人性观不同的哲学诠释，认为"无欲"，并非对真性的束缚和压抑，是要在自然的前提下展现"心之本体"的真实呈露，他强调"直心以动，自见天则"，要求"真性流行，尽己之性，尽人物之性"，他宽容于"口之欲味，目之欲色，耳之欲声，鼻之欲臭，四肢之欲安佚"等"性之不容已者也"，他理解于"心之生理"、"心之生机"等自然天则，即人性的自然属性，甚至开始悄然欣赏至情、本性之情，他指出"性情者，心之体用"①，"性者，心之生理，情则其所乘以生之机"②，"情归于性，是为至情"③。吴承恩受龙溪心学的影响和熏陶，更加重视个性、关注真性，自然而然地对程朱理学的束缚人性和乡愿俗儒们的压抑真性、矫情饰性产生厌恶心理。于是，《西游记》中，唐僧被塑造成一位被灌输了朱学价值观中"无一毫人欲之伪"存留心中的"圣人之德"之思想要求，而对自己作为一位凡俗男性、血肉之躯所具有的真性、至情进行有自觉意识的克制、压抑的复杂形象，是作者并不认同并加以讽喻的对象。这一点，亦可谓是《西游记》中唐僧形象被弱化的一个方面。

相对于《大唐西域记》和《三藏法师传》中玄奘的过人胆识与高远志向，以及《大唐三藏取经诗话》中唐僧的无边法力而言，《西游记》中的唐僧则被吴承恩改造得不那么令人高山仰止、超凡入圣，唐僧虽然仍旧是取经团队的领头人，但他却没有他三个徒弟所具有的火眼金睛、七十二变、三十六变、上天下海、斩妖除魔的神异本领，成为取经团队中唯一一名肉眼凡胎、血肉之躯的普通世俗男性。因此，作品在许多情节中区别于取经故事中的圣人形象而有意识地描写了唐僧胸中难以掩饰的七情六欲，

---

① 《书顾海阳卷》，《王畿集》卷十六，第 476 页。
② 《遗徐柴油崖语略》，《王畿集》卷十六，第 461 页。
③ 《答王敬所》，《王畿集》卷十一，第 277 页。

并在这种真性至情萌发之际，刻画出唐僧作为一个谨守朱学理念的僧儒而对自我深藏的情田尘心加以刻意的压抑和克制。

如《西游记》第二十三回"三藏不忘本，四圣试禅心"，述及黎山老母、南海观音、普贤、文殊等化成妇人美女下凡试探唐僧师徒的禅心。当一听说"小妇娘女四人，意欲坐山招夫"时，唐僧首先是"推聋装哑，瞑目宁心，寂然不答"，继而"如痴如蠢，默默无言"，再者便是"坐在上面，好便似惊雷的孩子，雨淋的虾蟆；只是呆呆挣挣，翻白眼打仰"。从唐僧的这一系列变化中，我们可以体味到，唐僧面对"小妇娘女"及其"家资万贯、良田千顷"并没有毅然决然地坚定地说"不"，正是其真性萌发、真情涌动于心的表现，但意念之中瞬间意识到自己的僧人抑或儒士的身份，故而只好用推聋妆哑、寂然不答、如痴如蠢、默默无言的方式来"瞑目宁心"，极力克制和压抑真情真性的自然流露。当菩萨所扮妇人鉴于唐僧的表现继续验试时，唐僧的自我情感已经达到了可以控制的顶峰，故而"好便似惊雷的孩子，雨淋的虾蟆；只是呆呆挣挣，翻白眼打仰"。正在此时，猪八戒心痒难挠怪师父"怎么伴伴不睬"，"那师父猛抬头，咄的一声喝退了八戒道：'你个孽畜！我们是个出家人，岂以富贵动心，美色留意，成得个甚么道理。'"这一声喝表面是在喝猪八戒，实则是在喝斥唐僧自己不能僭越程朱理学的"圣人之德"，不能任心中的至情至性有一丝展露。正如猪八戒所言："都这们扭扭捏捏拿班儿，把好事都弄得裂了。"

又如《西游记》第五十四回"法性西来逢女国，心猿定计脱烟花"，将西梁女国描写成一个人间国度，把女儿国国王塑造成一位凡俗女子、一个活生生的人。当美丽多情、聪慧灵秀、有情有欲的女王见到唐僧"丰姿英伟，相貌轩昂"时不觉"心欢意美"、"淫情汲汲，爱欲恣恣"、"展放樱桃小口，呼道：'大唐御弟，还不来占凤乘鸾也？'"她表示"以一国之富，愿招御弟为王，我愿为后，与他阴阳配合，生子生孙，永传帝业"。此处的女王显得那么真率大胆、情真意切，她毫不掩饰自己对至情至爱的热烈渴盼，身上闪耀着人性解放的时代光辉。而相比之下，作者则是用女王的真率大胆来讽喻唐僧的压抑真性。面对女王的主动出击，唐僧并非完全无意于"一国之富"、"倾国之容"，但在真性与禁欲的矛盾对抗中，他时时用程朱理学的封建伦理观念来扑灭真实的人性火苗。在这一痛苦的对抗中，唐僧的表现就只能是"耳红面赤，羞答答不敢抬头"，抑或是"战兢兢立站不住，似醉如痴"，甚至于纠结得"止不住落下泪来"。

除此之外，如《西游记》第五十五回"色邪淫戏唐三藏，性正修持不坏身"中面对琵琶洞蝎子精，唐僧的"面黄唇白，眼红泪滴"、"咬定牙关，声也不透"、"战兢兢"、"如痴如哑"；第七十二回"盘丝洞七情迷本，濯垢泉八戒忘形"中面对盘丝洞蜘蛛精，驻足观看后的苦恼；第八十二回"姹女求阳，元神护道"中面对陷空山无底洞金鼻白毛老鼠精，唐僧的"羞答答"虚与周旋，却又狼狈不堪、惊魂不定……刻画的都是唐僧面对女妖的挑逗所表现出来的于真情至性的欲行又止的压抑、欲说还休的克制，这种压抑和克制、闪烁和迟疑正是作者承龙溪心学思想而将唐僧改造为不同于取经故事的佛学高僧和禁欲典型的乡愿俗儒的真实刻画。正是基于此，作者在《西游记》中才用唐僧的痛苦压抑衬托了孙悟空的自然真性，同时也让唐僧与孙悟空的地位发生了强与弱的根本性置换。

余论　龙溪心学的传播与《西游记》诗词的哲学内蕴

　　《李卓吾先生批评西游记》总结《西游记》是："游戏之中，暗传密谛"，强调"《西游记》极多寓言，读者切勿草草放过"，指出"篇中尚多隐语，人当着眼。不然，何异痴人说梦？却不辜负了作者苦心！"认为小说中许多文字都不可作平常语看，而是蕴含着极深刻的微言大义，向读者暗示着作者所要表达的哲学宗旨和理念。也就是说，《西游记》的主题思想是通过象征意味表现出来的。那么，作者是以何为载体来达到作品于游戏表面传达密谛宗旨的目的呢。笔者认为，此载体正是《西游记》中的诗词。

　　《西游记》作为中国古典章回小说的经典之作，尽管以神魔故事为表现题材，充满了浪漫主义的幻想色彩，但仍然极好地延续了自《论语》始就有的引诗入文的著文方式。《西游记》百回本中存在着大量的诗词歌赋、骈言韵语，或长或短，不一而足。据笔者统计，全书包括回目诗、回末诗在内，总计引用诗词韵文共 800 余首，在数量上堪居古典小说之冠。当然，《西游记》诗词的艺术水平参差不齐，历来研究者都从总体上忽视其价值而评论甚少。的确，这部小说所引诗词中确有一部分是作者为其著作增添诗体美、和谐感与节奏感而做的点缀，显得可有可无；也确有一部分诗词铺张罗列、前后重复且叙述形容多落俗套，艺术性不强，格调不高。然而，我们不能因此而将《西游记》诗词的价值从整体上完全否定，只要分门别类、细加品味，就能拨云见雾，理出《西游记》诗词中的精华所在。

如果对《西游记》诗词进行分类的话，大致可以分为两类。第一类属于叙述性的，如人物出场或亮相时自报家门、交代身份来历、描摹相貌衣着，如神魔相斗时叙述刀枪来往、铺排各自神通，如对取经沿途春景秋色、奇山秀水的细致描绘，如对西天路上的山庄别院、仙洞瑶府的刻意形容等。第二类属于评论性的，主要包括回前的开篇明义，回中的有诗为证及回末的总结评论。这类诗词尽管在篇幅数量上不占多数，但笔者认为，相对第一类诗词来说，包孕了丰富的内蕴，透露出作者的生活情趣、价值选择、人生感悟及世道人心、社会百态，更重要的是字里行间演绎了《西游记》这部神魔小说所隐含的哲学主旨和作者的哲学倾向，从而表现出更高的艺术价值，成为《西游记》无法分割的部分，是《西游记》诗词中的精华，也是本节的主要研究对象。

笔者认为，《西游记》的这部分诗词是作者创作动机的直接体现，是作者思想的直接表白。《西游记》正是基于对龙溪心学之"真"、"狂"、"无欲"、"自悟"的深刻体认才在作品中运用这部分诗词成功演绎作品自然天成真本性、狂者为尊谨放荡、涤垢寡欲六根净、顿悟渐修成正果等哲学主旨，阐发作者的哲学主张的。

一　自然天成真本性

王畿极力提倡自然人性，主张"以自然为宗"①、"君子之学贵于自然"②、"人力不得而与"③，由此而倡导自然天成、混沌立基，崇尚"不学不虑，天则自然"，肯定"盖然出于天成"的良知本体和"无工夫中真工夫"的自然致知。这些崇尚自然，强调"天之所为"、"不假外求"的自然人性论和对"真人"、真性、"真我"的倡导，直接导致了嘉靖万历时期个性解放思潮的产生。

产生于这一时代背景下的《西游记》，通过一定数量的诗词韵文成功表达了作者对"自然"的认同和对"真性"的追求。小说第一回开宗明

---

① 《答季彭山龙镜书》，《王畿集》卷九，第212页。
② 《心泉说》，《王畿集》卷十七，第504页。
③ 《别曾见台漫语摘略》，《王畿集》卷十六，第464页。

义："空寂自然随变化，真如本性任为之"，旗帜鲜明地概括了《西游记》主张顺应自然、任性而为的哲学主旨和对本性之真的礼赞。所谓"自然"，首先是指天生如此，天之所为即是自然。小说第一回标目"灵根孕育源流出，心性修持大道生"，孙悟空那受"天真地秀，日月精华"的出身，正是天之所赋，是"人心"的混沌纯洁状态，"正合婴儿之本论"，这与王畿的"混沌立基"、"盎然出于天成"的良知本体不谋而合。而在后文中，小说也一以贯之地反复强调孙悟空是"天地育成之体，日月孕就之身"、"天地生成灵混仙，花果山中一老猿"、"生身父母是天地，日月精华结圣胎。仙石怀抱无岁数，灵根孕育甚奇哉"、"父天母地，石裂吾生"、"混元体正合先天，万劫千番只自然"……这些韵文均从出身上交代了孙悟空的天造地就、自然天成，暗示了作者主张保持人心的纯朴自然状态、要求"令干干净净，从混沌中立根基"①，肯定心体自然的哲学倾向，由此而从一个侧面诠释了"自然"的第一重含义。

"自然"的第二重意义是指排斥人之所为。一方面小说多次强调"天有神而地有鬼，阴阳轮转；禽有生而兽有死，反复雌雄。生生化化，孕女成男。此自然之数，不能易也"、"生死寿夭，本诸自然"……表达了顺应自然、依从天则的哲学要求和主张。另一方面，作品明确提出"心生种种魔生，心灭种种魔灭"和"法本从心生，还是从心灭。生灭尽由谁，请君自辨别。既然皆己心，何用别人说？"从心体的自然性过渡到功夫的自然性，指出人格的完善、理想人格的获得并不是刻意、执着地去追求可以完成的，所谓"直心以动，自见天则"②，在为学的功夫上，作者显然主张"见性明心"，不假外求，排斥人力所为，反对外在束缚对人性的制约，强调良知的作用不是外来的，是它自然而然所具有的，要求从先天心体作用上入手来完成对理想人格的超越。正有基于此，《西游记》才用诗韵化的语言向读者频频交代"人有二心生祸灾"、"神昏心动遇魔头"，提醒人们"休要胡思乱想，只要定性存神，自然无事"。"心净孤明独照，心存万境皆清。差错些儿成惰懈，千年万载不成功。但要一片志诚，

---

① 《斗山会语》，《王畿集》卷二，第28页。
② 《云间乐聚册后语》，《王畿集》卷十五，第415页。

雷音只在眼下。"并借孙悟空之口解释:"老孙拜他为师父,指我长生路一条,他说身内有丹药,外面采取枉徒劳。"认为"外物不生闲口舌,身中自有好阴阳。"同时,用哲理化的诗句提示读者"有用用中无用,无功功里施功。还如果熟自然红,莫问如何修种"。"佛在灵山莫远求,灵山只在汝心头。人人有个灵山塔,好向灵山塔下修。"总之,"不论成仙成佛,须从个里安排"。作品中的这类韵文比比皆是,它们与前面交代悟空出身的骈文一起共同诠释了作者在哲学上对于"自然"的强烈要求和崇尚。

除此之外,在"花果山福地,水帘洞洞天"中"无拘无束、自在逍遥"、真率自然的孙悟空,也被作者塑造成活脱脱的自然人、超脱封建礼法的"真人",它身上所体现出来的本性之真和率性而为的"真我"风采,同样是作者运用诗词韵文向读者展示和推崇的龙溪心学思想和精神。小说描写孙悟空在"仙山福地,古洞神州",过着"青松林下任他顽,绿水涧边随洗濯"、"不伏麒麟辖,不伏凤凰管"、"不归人王法律,不惧禽兽威服"的生活,感叹"人间纵有珍馐味,怎比山猴乐更宁"。尽管如此"自由自在",而向往自由的他仍然希望"躲过轮回,不生不灭,与天同寿";尽管已经"超升三界之外,跳出五行之中",而率真不羁的他"因在凡间嫌地窄,立心端要住瑶天",向往"去来自在任优游,也无恐怖也无愁"的理想境界。在天宫,孙悟空并没有为天庭的礼数所束缚,仍然"无事牵萦,自由自在","会友游宫,交朋结义","今日东游,明日西荡,云来云去,行踪不定"。《西游记》正是用这些排比性的诗词韵语生动地刻画出了一个从天产石猴到"斗战胜佛"的孙悟空不懈追求自由、反对束缚、展示真性的过程,从而也极好地代言了《西游记》基于龙溪心学思想和个性解放思潮的影响而在主旨上倡导"真我本性",欣赏"率性而行"的哲学倾向。

二 狂者为尊谨放荡

对"自然"的崇尚、对"真人"的强调,是中晚明个性解放思潮的特点之一。而作为对这种自然人性论的肯定和延伸、对个性解放的热情呼唤，王畿在其文集中进一步突出地表现出对"狂者"人格的向往与追求、对"超乎天地之外，立于千圣之表"① 的"狂者"风范的推许与赞美，他极力赞赏"旨高而韵远"、"心事光明达特"、"略无迴护盖藏之态"② 的"狂者"品质；高度肯定志向高远、人格独立、蔑视权威、反叛传统、真率自然、个性鲜明、光明磊落、不俗不媚的所谓"狂者"气象。当然，"狂者之意，只是要做圣人，其行有不掩，虽是受病处"③，故王畿也提出狂者须"克念"，"若能克念，时时严密得来，即为中行矣"④。

《西游记》作者正是基于对这一时代强音——"狂者"风范的情感认同和热切渴望，而在作品中运用大量的诗词韵语刻画出一个"称王称圣任纵横"、"宇宙长空任我狂"、强者为尊、心高不羁的丰满鲜活的孙悟空形象，成功诠释了《西游记》在哲学主旨上对"狂者"人格的认同。小说从描写天产石猴"花果山前为帅首，水帘洞里聚群妖"，凭着自己的英勇气概带领群猴进驻水帘洞，令其拜己为"千岁大王"，并自称"美猴王"，开始就将"狂者"自尊自信、唯我独尊的人格特征赋予了孙悟空。有诗为证：

> 三阳交泰产群生，仙石胞含日月精。借卵化猴完大道，假他名姓配丹成。
>
> 内观不识因无相，外合明知作有形。历代人人皆属此，称王称圣任纵横。

正是对"狂者胸次"的向往，他才会在访道途中将高唱"狂笑自陶情"的樵夫误认作神仙而心生倾慕；正是有了"强者为尊"的气势，他才会强"借"兵器、大闹冥司，"索兵器，施法施威；要披挂，骋凶骋势"、"弄神通，打绝九幽鬼使；恃势力，惊伤十代慈王"致使"四海千山皆拱

① 《龙南山居会语》，《王畿集》卷七，第167页。
② 《与阳和张子问答》，《王畿集》卷五，第126页。
③ 《与梅纯甫问答》，《王畿集》卷一，第5页。
④ 同上。

伏，九幽十类尽除名"；正是有了志存高远的独立人格，他才会有"玉皇大帝传宣旨，太白金星捧诏来。请我上天承职衔"后仍然"官封弼马不开怀"的愤怒，"尖嘴咨牙弼马温，心高要做齐天圣"，他"初心造反谋山洞，大胆兴兵闹御阶"，直至"金星复奏玄穹帝，再降招安敕旨来。封做齐天真大圣，那时方称栋梁材"，才肯罢休；正是凭着强烈的人格尊严和平等意识及对等级制度的反叛，他才会因未入蟠桃会尊席而意识到人格受到侮辱，由此"几番大闹灵霄殿，数次曾偷王母桃"、"灵霄宝殿弄威风"；也正是有了蔑视权威、反叛传统的"狂者"气象，他才会大胆喊出"皇帝轮流做，明年到我家"的口号，公开提出"灵霄宝殿非他久，历代人王有分传。强者为尊该让我，英雄只此敢争先"，这种"妖猴作乱惊天地"、"欺心要夺斗牛宫"的英雄气概令诸神惊骇、令玉帝无奈；更是因了狂放不羁的鲜明个性，他才会在"五行山下定心猿"后的取经途中一以贯之地保持着一份永不颓废的"狂者"情怀，时时高喊"宇宙长空任我狂"，处处不忘"随风变化逞英豪"。由此可见，《西游记》用诗词韵文的形式，一步步形象生动地将孙悟空的狂者风范和时代个性给予了充分展示和极力歌颂。除此之外，《西游记》在将作者对狂士、豪杰的倾羡赋予孙悟空形象的同时，也用言简意赅的诗句将猪八戒"纠纠威风欺太岁，昂昂志气压天神"、"逞雄撞入广寒宫"、"全无上下失尊卑"和沙僧"英雄天下显威名，豪杰人家做模样。万国九州任我行，五湖四海从吾撞。南天门里我为尊，灵霄殿前吾称上"的狂者之风点到即止。综上，《西游记》能够将作者在龙溪心学影响下对理想人格的追求和作品赞赏狂者品质的哲学倾向如此鲜明地透露出来，《西游记》诗词功不可没。

如前所述，一味地狂放不羁并不是王畿心目中的最高理想的人格，因此他们主张要在保持"狂者胸次"的基础上，不忘"克念"。这种哲学要求也为《西游记》作者所认同。作品也通过许多诗词来向读者传递对于"欺天诳上"、"恶贯满盈"的孙悟空种种极端行为的不满和反对。如："官封弼马心何足，名注齐天意未宁"、"堪叹妖猴不奉公，当年狂妄逞英雄。欺心搅乱蟠桃会，大胆私行兜率宫"、"伏逞豪强大势兴，降龙伏虎弄乖能。偷桃偷酒游天府"、"只为心高图阔极，不分上下乱规箴"等是孙悟空由"狂者"走向狂荡的写照;"些些狂妄天加谴,眼前不遇待时临"、"欺诳今遭刑宪苦,英雄气概等时休"、"欺天罔上思高位,凌圣偷丹乱大伦。恶贯满盈今有报,不知何日得翻身"、"恶贯满盈身受困,善根不绝气还升"、"欺天诳上声名坏"、"自遭我佛如来困,何日舒伸再显功"等是孙悟空一味放荡不羁所造成的客观后果;而"意马胸头休放荡,心猿乖劣莫教嚷"、"猿马牢收休放荡,精神谨慎莫峥嵘"、"马猴合作心和意,紧缚牢拴莫外寻"、"紧闭牢拴休旷荡,须臾懈怠见参差"、"若得英雄重展挣,他年奉佛上西天"则表明了作者提出狂者为尊谨放荡的要求和途径。总之,这些语句都承载着作者在龙溪心学影响下,对狂放不羁、任意妄为、放纵自我的孙悟空的一定程度的批判和由此所引发的对"狂者克念"、由狂入圣的思考。

三　涤垢寡欲六根净

与"狂者克念"的要求相联系,王畿认为:"无欲者,心之本体。"① "有所不为不欲者,良知也;无为无欲者,致知也。"② 当然,王畿也意识到,只有圣人才能做到无欲,于是提倡"寡欲":"圣人自然无欲,是即本体便是工夫,学者寡欲以至于无,是做工夫求复本体"③,"夫人心本虚,有不虚者,欲累之也。心之有欲,如目之有尘……君子寡欲以致虚也"。④ "意之所向便是欲,寡之又寡,以至于无。"⑤ "人者,心也,求放心之要在于寡欲。……夫心有所向则为欲,无所向,则为存将。有所向,觉之早而亟反之,是为寡欲之功,存之之法。"⑥ 王畿的无欲心体说及其提倡的寡欲功夫说,成为后来何心隐的"寡欲"说的张本。

《西游记》这部哲理寓言性小说吸收了龙溪心学的哲学主张,而在大量的诗词韵文中贯注了"无欲"、"寡欲"的思想,正如清代张书绅在其

---

①　《南雍诸友鸡鸣凭虚阁会语》,《王畿集》卷五,第112页。

②　《复阳堂会语》,《王畿集》卷一,第8页。

③　《答季彭山龙镜书》,《王畿集》卷九,第212页。

④　《虚谷说》,《王畿集》卷十七,第497页。

⑤　《大象义述》,《王畿集》附录一,第652页。

⑥　《子荣惟仁说》,《王畿集》卷十七,第508页。

《新说西游记总批》中所说："《西游记》当名'遏欲传'"，作品对于"欲"的哲学态度和倾向被作者用骈言韵语的方式清晰地表露出来。小说描写天生地造的孙悟空为求长生而漂洋过海，而他一来到南赡部洲地界，就"见世人都是为名为利之徒，更无一人为身命者。"正是：

> 争名夺利几时休？早起迟眠不自由。骑着驴骡思骏马，官居宰相望王侯。
>
> 只愁衣食耽劳碌，何怕阎君就取勾。继子荫孙图富贵，更无一个肯回头。

可谓开篇明义地交代了作者对于名利、权位、富贵等所谓"世情嗜欲"的不屑与谴责。后文中也有类似的韵语与之呼应："争名的，因名丧体；夺利的，为利亡身；受爵的，抱虎而眠；承恩的，袖蛇而去"，"买金贩锦人如蚁，夺利争名只为钱"。作者向往着"蓑衣当被卧秋江，鼾鼾睡，无忧虑，不恋人间荣与贵。窈蒸醉了卧松阴，无挂碍，无利害，不管人间兴与败"，"草履麻绦粗布被，心宽强似着罗衣"的清静生活和"口舌场中无我分，是非海内少吾踪"、"善恶一时忘念，荣枯都不关心"、"目不视恶色，耳不听淫声"、"无荣无辱无烦恼"、"无爱无思自清净"、"绝念无思心自宁"的"无欲"境界，认为前面提到的孙悟空"官封弼马心何足，名注齐天意未宁"、"尖嘴咨牙弼马温，心高要做齐天圣"、"欲思宝马三公位，又忆金銮一品台"等以及取经途中唐僧师徒所遇到的八十一难中有相当一部分也都是因为"有欲"使然，所以作者认为："情乱性从因爱欲，神昏心动遇魔头"，"人有二心生祸灾，天涯海角致疑猜"，"起念断然有爱，留情必定生灾"，"树大招风风撼树，人为名高名丧人"，要求唐僧师徒能够"打破人间蝴蝶梦"，"打开欲网，跳出情牢"，指出"情欲原因总一般，有情有欲自如然。沙门修炼纷纷士，断欲忘情即是禅"。"素素纯纯寡爱欲，自然享寿永无穷。""色邪永灭超真界，坐享西方极乐城。"此外，小说中更多的是将种种世情嗜欲、习心杂念、名关利索比作遮蔽心体的尘垢、污秽，认为只有随时扫除、涤垢寡欲才能修成正果、"平安无阻拜莲台"，才能更好地完成道德修养。这样的诗句在《西游记》中多次出现，如："扫除心上垢，洗净耳边尘"；"心地频频扫，尘情细细除，莫教坑堑陷毗卢。本体常清净，方可论元初"；"割断尘缘离色相，推干金海悟禅心"；"洗心涤虑，脱俗离尘"；"但凭洗涤无尘垢，也用收拴有琢磨"；"清清净净绝尘埃，果正飞升上界"；"洗尘涤垢全无染，反本还原不坏身"；"喜怒忧思须扫净，得玄得妙恰如无"。

另外，前文述及《西游记》中作者还颇富象征意义地用了"心猿归正，六贼无踪"一回来要求主体战胜私欲，并在后文中多次用诗句加以呼应。这一回中，孙悟空将象征眼耳鼻舌身意、喜怒爱思欲忧、色声香味触法的"六贼"、"一个个尽皆打死"，而佛教中，眼根、耳根、鼻根、舌根、心根、意根，此六官能生六识之根，故谓六根；色、声、香、味、触、法，此六境能由六根而染尘污，故谓六尘。在《西游记》中，所谓"六根"、"六尘"以及"六识"也都与"六贼"一样成为"欲"的代名词而在诗词中反复出现，用以向读者再三强调作者对"欲"的态度和倾向。诸如："除六贼，悟三乘，万缘都罢自分明"；"剪除六门趣，即赴大雷音"；"万事不思全寡欲，六根清净体坚牢"；"三界空而百端治，六根净而千种穷"；"休逞六根多贪欲，顿开一性本来原"；"至德妙道，渺漠希夷，六根六识，遂可扫除"；"六恶六根缘六欲"；"六尘不染能归一，万劫安然自在行"；"今朝行满方成佛，洗净当年六六尘"；"超六尘而迥出，使千古而传芳"；"神归心舍禅方定，六识袪降丹自成"。

四 顿悟渐修成正果

关于致良知的本体与工夫之关系问题的讨论不可避免地涉及为学的顿、渐、悟、修问题。在"悟"与"修"的轻重上，王畿重在"悟"，他指出："此学全在悟"，"君子之学，贵于得悟，悟门不开，无以征学"①。反复强调了"悟"的重要性，并解释道："悟得无善无恶心体，便从无处立根基，意与知物皆从无生，一了百当，即本体便是工夫，易简直截，更无剩欠，顿悟之学也。"② 当然王畿也同时提出："根有利钝，故法有顿渐，

① 《悟说》，《王畿集》卷十七，第 494 页。
② 《天泉证道纪》，《王畿集》卷一，第 2 页。

要之，顿亦由渐而入，所谓上智兼修中下也。"① 这就是王畿所积极提倡的
"顿悟渐修"、"无工夫中真工夫"，晚年的王畿也重申："理乘顿悟，事属
渐修，悟以启修，修以征悟"，指出了顿悟与渐修的相辅相成。

　　《西游记》在哲学思想上显然受到了王畿的影响而格外强调"悟"。清
代张潮在其《幽梦影》中就明确指出："《水浒传》是一部怒书，《西游
记》是一部悟书，《金瓶梅》是一部哀书。"② 他对《西游记》作出这样的
界定是不无道理的。且不说作品在写须菩提祖师给美猴王取法名时，抑或
机缘巧合抑或意味深长地指出："'广大智慧真如性海颖悟圆觉'十二字。
排到你，正当'悟'字。"也不说，唐僧的三个徒弟的法名中都有一个
"悟"字。仅仅从《西游记》诗词中对"悟"的反复强调就不难理解作者
期望通过作品表达在为学功夫上的哲学倾向之良苦用心。天造地就的美猴
王"水帘洞里为家业，拜友寻师悟太玄"，"鸿蒙初辟原无姓，打破顽空须
悟空"，经须菩提祖师的指点教授，终于"采取阴阳水火交，时间顿把玄
关悟"，"悟彻菩提真妙理断魔归本合元神"；唐僧请缨西去取经，"大有唐
王降敕封，钦差玄奘问禅宗。坚心磨琢寻龙穴，着意修持上鹫峰。边界远
游多少国，云山前度万千重。自今别驾投西去，秉教迦持悟大空"，也是
希望能够彻悟，而取经途中的玄奘法师也经常有"悟彻了《多心经》，打
开了门户"的收获；愚顽懵直的猪八戒在皈依唐僧后的降妖过程中就高
喊："三五年前归正宗，持斋把素悟真空。诚心要保唐三藏，初秉沙门立
此功。"……取经途中的师徒四众，心下明白"禅者静也，法者度也。静
中之度，非悟不成。悟者，洗心涤虑，脱俗离尘是也"，"必须觉中觉了悟
中悟，一点灵光全保护"，"人能悟彻色空禅，何用丹砂炮炼"，故此才能
"悟得色空还本性，诚为佛度有缘人"，"割断尘缘离色相，推干金海悟禅
心"，才能"除六贼，悟三乘，万缘都罢自分明"、"悟出空空真正果，炼
成了了自逍遥"、"沐净恩波归了性，出离金海悟真空"。他们一路"了悟
真如，顿开尘锁"，才能"跳出性海流沙，浑无挂碍，径投大路西来"。正
如诗曰：

---

① 《渐庵说》，《王畿集》卷十七，第500页。
② （清）张潮：《幽梦影》，《西游记资料汇编》，第320页。

妄想不复强灭，真如何必希求？本原自性佛前修，迷悟岂居前后？
悟即刹那成正，迷而万劫沉流。若能一念合真修，灭尽恒沙罪垢。

　　作者正是用这样的诗词韵语明确无误地告诉读者："《西游记》是一部
悟书"。

　　当然，《西游记》的作者也认同龙溪心学的顿悟渐修，认为顿悟之后，
虽"才动便觉，才觉便化"，但也不是一了百当，一劳永逸，还须渐修。
因此，小说中唐僧在打开门户、彻悟之后，仍然"常念常存，一点灵光自
透"，师徒4人在西天取经的"未休止"的过程中斩妖除魔，护持心性，
历经九九之难，冲破名关利索，跳出情牢欲网，才取得真经、修成正果。

　　阿阁老人在《说小说》中指出："《西游》者，中国旧小说界中之哲
理小说也。"① 但这部因其神话题材和诙谐笔法而被鲁迅、胡适认为"此书
则实出于游戏"②、"至多不过是一部很有趣味的滑稽小说"③ 的经典作品，
恰恰是透过书中"真如本性任为之"、"猿马牢收休放荡"、"心猿归正，六
贼无踪"、"了悟真如，顿开尘锁"等大量的诗词歌赋、骈言韵语让读者深
刻体悟到作品于斩妖除魔之外所传达出来的自然、真狂、无欲、自悟的哲
学内蕴，从而成功完成了对龙溪心学影响下《西游记》哲学主旨的诠释。

---

① （清）阿阁老人：《说小说》，《西游记资料汇编》，第 369 页。
② 鲁迅：《中国小说史略》，齐鲁书社 1997 年版，第 133 页。
③ 胡适：《西游记考证》，《中国章回小说考证》，上海书店出版社 1979 年版，第 367 页。

参考文献

一　史料文献、文本文集

（唐）玄奘著，章巽校点：《大唐西域记》，上海人民出版社 1977 年版。

（唐）慧立等著，孙毓棠、谢方校点：《大慈恩寺三藏法师传》，中华书局
　　1983 年版。

李时人、蔡镜浩校注：《大唐三藏取经诗话校注》，中华书局 1997 年版。

隋树森编：《元曲选外编·西游记杂剧》，中华书局 1959 年版。

（清）张廷玉等：《明史》，中华书局 1974 年版。

（清）黄宗羲著，沈芝盈点校：《明儒学案》，中华书局 1985 年版。

朱一玄、刘毓忱编：《西游记研究资料汇编》，南开大学出版社 2002 年版。

（明）王畿著，吴震编校整理：《王畿集》，凤凰出版社 2007 年版。

（明）吴承恩：《西游记》，人民文学出版社 1980 年版。

陈先行、包于飞校点：《（李卓吾评本）西游记》，上海古籍出版社 1994
　　年版。

（明）吴承恩著，刘修业辑校，刘怀玉笺校：《吴承恩诗文集笺校》，上海
　　古籍出版社 1991 年版。

（明）李春芳：《李文定公贻安堂集》，《四库全书存目丛书》本，《四库全
　　书存目丛书》编纂委员会编，齐鲁书社 1997 年版。

（明）聂豹：《双江聂先生文集》，《四库全书存目丛书》本，《四库全书存
　　目丛书》编纂委员会编，齐鲁书社 1997 年版。

（明）耿定向：《耿天台先生文集》，《四库全书存目丛书》本，《四库全书
　　存目丛书》编纂委员会编，齐鲁书社 1997 年版。

（明）邹守益：《东廓邹先生文集》，《四库全书存目丛书》本，《四库全书
　　存目丛书》编纂委员会编，齐鲁书社 1997 年版。

（明）沈恺：《环溪集》，《四库全书存目丛书》本，《四库全书存目丛书》
　　编纂委员会编，齐鲁书社 1997 年版。

（明）唐龙：《渔石集》，《四库全书存目丛书》集部第 65 册，《四库全书
　　存目丛书》编纂委员会编，齐鲁书社 1997 年版。

（明）陈文烛：《二酉园文集·诗集·续集》，《四库全书存目丛书》本，
　　《四库全书存目丛书》编纂委员会编，齐鲁书社 1997 年版。

（明）王慎中：《遵岩集》（四库明人文集丛刊），上海古籍出版社 1999
　　年版。

（明）沈懋孝：《沈太史全集》，明万历年间刻本。

（明）朱曰藩：《山带阁集》，清道光十五年宜禄堂刊本。

（明）唐顺之：《荆川先生文集》，《四部丛刊》初编集部。

（明）沈德符：《万历野获编》，中华书局 1959 年版。

（明）李开先：《李开先集》，中华书局 1959 年版。

（明）何良俊：《四友斋丛说》，中华书局 1959 年版。

（明）归有光：《震川先生集》，上海古籍出版社 1981 年版。

（明）王守仁著，吴光、钱明、董平、姚延福编校：《王阳明全集》，上海
　　古籍出版社 1992 年版。

（明）罗洪先著，徐儒宗整理：《罗洪先集》，凤凰出版社 2007 年版。

（明）欧阳德著，陈永革整理：《欧阳德集》，凤凰出版社 2007 年版。

（明）罗汝芳著，方祖猷整理：《罗汝芳集》，凤凰出版社 2007 年版。

（明）邹守益著，董平整理：《邹守益集》，凤凰出版社 2007 年版。

（明）聂豹著，吴可为整理：《聂豹集》，凤凰出版社 2007 年版。

（明）徐爱、钱德洪、董沄著，钱明整理：《徐爱　钱德洪　董沄合集》，
　　凤凰出版社 2007 年版。

二 研究论著

方祖猷：《王畿评传》，南京大学出版社 2001 年版。

彭国翔：《良知学的展开——王龙溪与中晚明的阳明学》，上海三联书店 2005 年版。

孟晓路：《儒家之密教——龙溪学研究》，河北大学出版社 2007 年版。

刘修业：《古典小说戏曲丛考》，作家出版社 1958 年版。

胡适：《中国章回小说考证》，上海书店出版社 1979 年版。

鲁迅：《中国小说史略》，齐鲁书社 1997 年版。

苏兴：《吴承恩年谱》，人民文学出版社 1980 年版。

苏兴：《吴承恩小传》，百花文艺出版社 1981 年版。

刘怀玉：《吴承恩论稿》，南京大学出版社 1991 年版。

沈承庆：《话说吴承恩——〈西游记〉作者问题揭秘》，北京图书馆出版社 2000 年版。

刘怀玉：《吴承恩与〈西游记〉》，东方出版中心 2008 年版。

李时人：《西游记考论》，浙江古籍出版社 1991 年版。

张锦池：《西游记考论》，黑龙江教育出版社 1997 年版。

刘勇强：《奇特的精神漫游——西游记新说》，生活·读书·新知三联书店 1992 年版。

马旷源：《西游记考证》，云南人民出版社 1993 年版。

杨俊：《西游新论》，黑龙江人民出版社 1996 年版。

蔡铁鹰：《〈西游记〉之谜》，中州古籍出版社 1998 年版。

蔡铁鹰：《西游记成书研究》，中国文联出版公司 2001 年版。

蔡铁鹰：《西游记的诞生》，中华书局 2007 年版。

陈文新、乐云：《〈西游记〉：彻悟人生》，武汉大学出版社 2002 年版。

竺洪波：《四百年〈西游记〉学术史》，复旦大学出版社 2006 年版。

台湾"中央"图书馆编：《明人传记资料索引》，中华书局 1987 年版。

吴震：《明代知识界讲学活动系年》，学林出版社 2003 年版。

袁震宇、刘明今：《明代文学批评史》，上海古籍出版社 1991 年版。

王运熙、顾易生主编：《中国文学批评史新编》，复旦大学出版社 2001 年版。

侯外庐等：《宋明理学史》，人民出版社 1984 年版。

蒙培元：《理学的演变》，福建人民出版社 1984 年版。

张立文：《宋明理学研究》，中国人民大学出版社 1987 年版。

马积高：《宋明理学与文学》，湖南师范大学出版社 1989 年版。

姜广辉：《理学与中国文化》，上海人民出版社 1994 年版。

宋克夫：《宋明理学与章回小说》，武汉出版社 1995 年版。

嵇文甫：《晚明思想史论》，东方出版社 1996 年版。

韩经太：《理学文化与文学思潮》，中华书局 1997 年版。

许总主编：《理学文艺史纲》，江苏教育出版社 2001 年版。

杨国荣：《王学通论》，上海三联书店 1990 年版。

陈来：《有无之境——王阳明哲学的精神》，人民出版社 1991 年版。

杨国荣：《心学之思——王阳明哲学的阐释》，上海三联书店 1997 年版。

牟宗三：《从陆象山到刘蕺山》，上海古籍出版社 1997 年版。

左东岭：《王学与中晚明士人心态》，人民文学出版社 2000 年版。

宋克夫、韩晓：《心学与文学论稿——明代嘉靖万历时期文学概观》，中国社会科学出版社 2002 年版。

三　论文要目

刘远达：《试论〈西游记〉的思想倾向》，《思想战线》1982 年第 2 期。

金紫千：《也谈〈西游记〉的主题》，《文史哲》1984 年第 2 期。

王齐洲：《〈西游记〉与宋明理学》，《天津社会科学》1992 年第 4 期。

杨俊：《试论〈西游记〉与"心学"》，《云南社会科学》1993 年第 1 期。

宋克夫：《吴承恩与明代心学思潮及〈西游记〉的著作权问题》，《湖北大学学报》1996 年第 1 期。

黄霖：《关于〈西游记〉的作者和主要精神》，《复旦学报》1998 年第 2 期。

朱恒夫：《〈西游记〉：艺术化了的心学》，《东南大学学报》1999 年第 4 期。

毛晓阳：《修心与修命——〈西游记〉"心性修持观"与王畿"性命合一论"比较》，《福州师专学报》2001 年第 3 期。

程毅中：《心经与心猿》，《文学遗产》2004 年第 1 期。

薛梅：《吴承恩与心学人物交游考证》，《湖北大学学报》2008 年第 2 期。

武道房：《王畿"现成良知"说与公安派文论的形成》，《文学评论》2012
　　年第 3 期。

吴震：《王艮与王畿合论》，《浙江学刊》1986 年第 4 期。

杨国荣：《王畿与王学的衍化》，《中州学刊》1990 年第 5 期。

于春松：《王畿的先天正心之学及其评介》，《甘肃社会科学》1992 年第
　　3 期。

彭国翔：《王龙溪先生年谱》，《中国文哲研究通讯》第 7 卷第 4 期，（台
　　北）"中研院"中国文哲研究所 1997 年版。

方祖猷：《王畿与聂豹关于本体良知之辩》，《宁波大学学报》1997 年第
　　1 期。

彭国翔：《明刊〈龙溪会语〉及王龙溪文集佚文——王龙溪文集明刊本略
　　考》，《中国哲学》第十九辑，岳麓书社 1998 年版。

方祖猷：《论牟宗三先生评王畿》，《宁波大学学报》1998 年第 1 期。

方祖猷、付小莉：《"以自然为宗"：王畿哲学的本质特征》，《宁波大学学
　　报》1999 年第 3 期。

方国根：《王畿心学思想的走向和发展——兼论王畿与王阳明及王门后学
　　的异同》，《中国文化研究》1999 年夏之卷。

付小莉：《儒家价值信念的彰显——论王畿哲学对老庄思想的批判性吸
　　收》，《四川大学学报》2000 年第 1 期。

周群：《论王畿对唐宋派文学思想的影响》，《东鲁学刊》2000 年第 5 期。

彭国翔：《王龙溪与佛道二教的因缘》，《中国哲学史》2001 年第 4 期。

彭国翔：《王畿的良知信仰论与晚明儒学的宗教化》，《中国哲学史》2002
　　年第 3 期。

彭国翔：《明儒王龙溪的一念工夫论》，《孔子研究》2002 年第 4 期。

王国良：《论王畿的真性流行之学》，《安徽大学学报》2002 年第 6 期。

董素琴、卢瑞强：《论王畿工夫论的三个层次》，《宁波大学学报》2004 年
　　第 5 期。

董平：《王畿哲学的本体论与方法论》，《学术月刊》2004 年第 9 期。

周群：《易道与身心修养——以"龙溪"、"近溪"的易学思想为例》，《中国哲学史》2007 年第 1 期。

朱承：《王畿哲学的政治向度》，《中州学刊》2011 年第 3 期。

章培恒：《百回本〈西游记〉是否吴承恩所作》，《社会科学战线》1983 年第 4 期。

苏兴：《也谈百回本〈西游记〉是否吴承恩所作》，《社会科学战线》1985 年第 1 期。

杨秉祺：《章回小说〈西游记〉疑非吴承恩作》，《内蒙古师范大学学报》1985 年第 2 期。

章培恒：《再谈百回本〈西游记〉是否吴承恩所作》，《复旦学报》1986 年第 1 期。

陈君谋：《百回本〈西游记〉作者臆断》，《苏州大学学报》1990 年第 1 期。

陈澉：《吴承恩作〈西游记〉的内证》，《北方论丛》1990 年第 2 期。

吴圣昔：《邱处机写过〈西游记〉吗?》，《复旦学报》1990 年第 4 期。

张锦池：《论〈西游记〉的著作权问题》，《北方论丛》1991 年第 1、2 期。

吴圣昔：《陈元之不可能是〈西游记〉作者》，《苏州大学学报》1991 年第 3 期。

敖玉林：《〈西游记〉及其作者与盱眙》，《明清小说研究》2001 年第 4 期。

吴圣昔：《究竟谁是造物主——〈西游记〉作者问题综考辨证录》，《明清小说研究》2002 年第 4 期。

沈伯俊：《〈西游记〉作者补论》，《明清小说研究》2002 年第 4 期。

曹炳建：《回眸〈西游记〉作者研究之我见》，《辽宁师范大学学报》2002 年第 5 期。

薛梅、宋克夫：《吴承恩著〈西游记〉新证》，《明清小说研究》2004 年第 2 期。

钟扬：《〈二郎搜山图歌〉与〈西游记〉》，《明清小说研究》2004 年第 2 期。

黄毅、许建平：《百年〈西游记〉作者研究的回顾与反思》，《云南社会科学》2004 年第 2 期。

石钟扬：《从〈禹鼎志〉到〈西游记〉——〈西游记〉作者新证之三》，《明清小说研究》2006 年第 4 期。

杜贵晨：《从"钺"之意象看〈西游记〉作者为泰安或久寓泰安之人》，《明清小说研究》2007 年第 3 期。

潘承玉：《吴承恩：〈西游记〉著作权的发现》，《东南大学学报》2008 年第 1 期。

萧兵：《无支祁哈努曼孙悟空通考》，《文学评论》1982 年第 5 期。

刘荫柏：《孙悟空人物考》，《云南社会科学》1984 年第 3 期。

刘毓忱：《孙悟空形象的演化——再评"化身论"》，《文学遗产》1984 年第 3 期。

张锦池：《论孙悟空的血统问题》，《北方论丛》1987 年第 5 期。

张锦池：《论孙悟空形象的演化与〈西游记〉的主题》，《学术交流》1987 年第 5 期。

陈应祥：《孙悟空形象的系统思考》，《明清小说研究》1988 年第 3 期。

宁稼雨：《〈西游记〉主人公形象原型精神》，《南开大学学报》1994 年第 4 期。

张晓：《孙悟空的人格与明代中后期人文主义思潮》，《明清小说研究》1996 年第 2 期。

刘桢：《目连与小说〈西游记〉之孙悟空》，《明清小说研究》1996 年第 3 期。

李舜华：《孙悟空形象生成的文化追寻》，《海南大学学报》1999 年第 3 期。

曹炳建：《孙悟空形象的深层意蕴与民族精神》，《河南大学学报》1996 年第 5 期。

宋克夫：《主体意识的弘扬与人格的自我完善——孙悟空形象塑造新论》，《湖北大学学报》2000 年第 2 期。

李舜华：《喜耶，悲耶——孙悟空的心路历程》，《明清小说研究》2000 年第 3 期。

杨子彦：《孙悟空形象演变与人的社会化》，《明清小说研究》2001 年第 3 期。

周先慎：《孙悟空形象的时代精神和文化意蕴》，《东南大学学报》2006 年第 5 期。

宁稼雨：《孙悟空叛逆性格的神话原型与文化解读》，《文艺研究》2008 年第 10 期。

杨扬：《英雄何家，紧箍何力，心行何贵？——孙悟空形象再议》，《东南大学学报》2011 年第 3 期。

孙逊：《〈西游记〉孙悟空猪八戒形象塑造的艺术经验》，《文学评论》1985 年第 1 期。

胡胜：《论百回本〈西游记〉的艺术形象创新——以孙悟空与猪八戒形象的艺术演进为例》，《广州大学学报》2004 年第 12 期。

龚维英：《猪八戒艺术形象的渊源》，《文学遗产》增刊 1983 年第 15 辑。

吴圣昔：《呆子形象面面观——猪八戒剖析》，《福建师范大学学报》1984 年第 2 期。

杨俊：《猪八戒形象新论》，《云南社会科学》1985 年第 2 期。

杨俊：《猪八戒形象的喜剧性》，《明清小说研究》第 3 辑，中国文联出版公司 1986 年版。

朱英荣：《谈猪八戒形象的起源》，《社会科学战线》1989 年第 1 期。

刘耿大：《论〈西游记〉的滑稽美——猪八戒滑稽形象探析》，《青海社会科学》1989 年第 6 期。

陈荣林、周应堂：《一个求生存的典型形象——关于〈西游记〉中猪八戒形象的探讨》，《上海师范大学学报》1994 年第 1 期。

张锦池：《阿 Q 的远祖——猪八戒形象漫论》，《北方论丛》1995 年第 6 期。

张锦池：《论猪八戒的血统问题》，《明清小说研究》1997 年第 2 期。

张叉：《猪八戒贪色之缘由考辨》，《明清小说研究》2002 年第 3 期。

马跃：《猪八戒形象的文化意蕴及理性思索》，《黑龙江社会科学》2006 年第 4 期。

季羡林：《玄奘与〈大唐西域记〉》，《中印文化关系史论文集》，生活·读书·新知三联书店 1982 年版。

李时人：《略论吴承恩〈西游记〉中唐僧出世故事》，《文学遗产》1983 年第 1 期。

竺洪波：《论唐僧的精神》，《明清小说研究》1993 年第 1 期。

李金泉：《〈西游记〉唐僧出身故事再探讨》，《明清小说研究》1993 年
　　第 1 期。

张锦池：《论唐僧形象的演化》，《学习与探索》1995 年第 5 期。

曹炳建：《"醇儒"人格的反思与批判》，《中州学刊》1999 年第 4 期。

席红霞：《论刘备、宋江和唐僧的"醇儒"化》，《河南社会科学》2004 年
　　第 5 期。

张松叶：《论〈西游记〉中唐僧的佛学意义》，《陕西师范大学学报》2007
　　年专辑。

冯军：《水石文化隐喻——〈西游记〉中唐僧与〈红楼梦〉中贾宝玉比较
　　研究》，《中南大学学报》2010 年第 5 期。

颜景常：《〈西游记〉诗歌韵类和作者问题》，《明清小说研究》1988 年
　　第 3 期。

武影：《情陶山水、意慕渔樵——遮谈〈西游记〉诗词中羡隐乐逸思想》，
　　《南都学坛》2003 年第 3 期。

郑海涛：《论词对明代章回小说叙事系统的建构——以〈三国演义〉、〈水
　　浒传〉、〈西游记〉为中心》，《明清小说研究》2008 年第 2 期。